国家社科基金
后期资助项目

生态保护补偿的
法理阐释与制度构造

潘 佳 著

图书在版编目(CIP)数据

生态保护补偿的法理阐释与制度构造 / 潘佳著.
北京：北京大学出版社, 2025. 2. -- ISBN 978-7-301-35743-9

I. D922.684

中国国家版本馆 CIP 数据核字第 20240H8N41 号

书　　　名	生态保护补偿的法理阐释与制度构造 SHENGTAI BAOHU BUCHANG DE FALI CHANSHI YU ZHIDU GOUZAO
著作责任者	潘　佳　著
责 任 编 辑	孙嘉阳
标 准 书 号	ISBN 978-7-301-35743-9
出 版 发 行	北京大学出版社
地　　　址	北京市海淀区成府路 205 号　100871
网　　　址	http://www.pup.cn
新 浪 微 博	@北京大学出版社　@北大出版社法律图书
电 子 邮 箱	编辑部 law@pup.cn　总编室 zpup@pup.cn
电　　　话	邮购部 010-62752015　发行部 010-62750672 编辑部 010-62752027
印　刷　者	北京虎彩文化传播有限公司
经 销 者	新华书店
	730 毫米×1020 毫米　16 开本　16.5 印张　318 千字 2025 年 2 月第 1 版　2025 年 2 月第 1 次印刷
定　　　价	79.00 元

未经许可，不得以任何方式复制或抄袭本书之部分或全部内容。
版权所有，侵权必究
举报电话: 010-62752024　电子邮箱: fd@pup.cn
图书如有印装质量问题，请与出版部联系，电话: 010-62756370

国家社科基金后期资助项目
出版说明

后期资助项目是国家社科基金设立的一类重要项目,旨在鼓励广大社科研究者潜心治学,支持基础研究多出优秀成果。它是经过严格评审,从接近完成的科研成果中遴选立项的。为扩大后期资助项目的影响,更好地推动学术发展,促进成果转化,全国哲学社会科学工作办公室按照"统一设计、统一标识、统一版式、形成系列"的总体要求,组织出版国家社科基金后期资助项目成果。

全国哲学社会科学工作办公室

前　言

党中央、国务院一直高度重视生态保护补偿制度建设。党的十八大提出要建立生态补偿制度,党的十九大提出要建立市场化、多元化生态补偿机制,2019年习近平总书记主持召开中央财经委第五次会议时,强调全面建立生态补偿制度,健全区际利益补偿机制和纵向生态补偿制度。党的二十大要求完善生态保护补偿制度。本书系国家社科基金后期资助项目结项成果,是笔者一直以来调研生态保护补偿法学理论基础,紧跟生态保护补偿法治建设和发展需求的新近思考。

本书立足于生态保护补偿的法学原理剖析,统筹制度和政策实践。行文相继通过生态保护补偿制度发展与概念再界定、生态保护补偿制度的正当性、生态保护补偿制度的法律属性、政府在生态保护补偿制度中的法律定位、生态保护补偿法律关系主体及其权义结构、生态保护补偿专门立法评述与法典化发展六章内容,对生态保护补偿的法理阐释与制度构造给予充分关注。其中,前四部分侧重于基础理论层面的法理探讨,后两部分侧重于法律构造论的阐明。

本书通过广泛研读生态保护补偿基础理论与制度建设的国内外文献,依托长期积累的立法和政策素材,兼顾解释论和立法论的双重视角,综合运用规范性分析法、比较分析法、归纳法和实证分析法等多种研究方法。在具体叙述中,对生态保护补偿的关键法理问题、争议难点和法律构造进行了深入而细致的探讨。

众所周知,法学语境下的生态保护补偿是一个持续多年的议题。没有学界前辈的前期贡献,便没有本书写作的动力和创作源泉。一直以来,尽管生态保护补偿的立法和政策制度建议很多,但基础理论研究依然薄弱,致使支撑和解释生态保护补偿专门立法展开的关键法理和制度诉求远不能满足现实需求。同时,对于当前生态保护补偿立法的新近成果,我们亦需给予回应。上述问题恰是本书探讨的重点。简言之,本书的创新在于,系统分析并论证了影响生态保护补偿整体制度存在和发展而又存有争议的关键法理议题和制度构造,提供了切实可行、与时俱进的理论支撑。本书的推进虽颇费时力,但深知自身学识有限,难以尽善尽美。观点存在不成熟之处在所难免,恳请大家批评指正!

笔者多年来的学术旨趣均围绕生态保护补偿的法律制度和理论而展开,十余年来产出的成果基本上离不开这一话题,本书修改成型之际,恰逢《生态保护补偿条例》颁布之时。自 2020 年起,笔者有幸受聘为国家发展改革委起草专家组成员,全程参与了《生态保护补偿条例》的立法工作,这一经历强化了笔者对这一问题进一步关切的信心。本书的形成可以追溯到早年博士期间参与的导师汪劲教授的课题,自此便与生态保护补偿结下不解的法学之缘。作品的成形,离不开恩师早年的指导和一直以来的关心与提携。汪老师一直关心我的科研工作进展,在学术道路中不断给予我鼓励和帮助。正是老师的认可和支持,才将我引入学术殿堂,对此深感感激,难以言表。

在本书撰写过程中,北京物资学院法学院的硕士研究生苏静、郭家孜、马龙飞、邢云志等同学帮忙进行了大量的校对工作;笔者参考了学界前辈与同仁的众多文献,在此表示感谢。本项目立项和结项评审时,外审专家提出了宝贵的修改意见,同时对各位专家一并表达谢意。

潘　佳

北京物资学院法学院

2024 年 5 月

目　录

绪论 ……………………………………………………………………… 1
　　第一节　研究背景与意义 …………………………………………… 1
　　第二节　研究现状 …………………………………………………… 3
　　第三节　研究方法及进路 …………………………………………… 11

第一章　生态保护补偿制度发展与概念再界定 ……………………… 14
　　第一节　法规政策中的"生态保护补偿"沿革 …………………… 14
　　第二节　理论层面的"生态保护补偿"概念发展 ………………… 35
　　第三节　生态保护补偿的概念界定及分类 ………………………… 43
　　本章小结 ……………………………………………………………… 50

第二章　生态保护补偿制度的正当性 ………………………………… 52
　　第一节　生态保护补偿制度正当性的总体分析 …………………… 52
　　第二节　重点领域补偿制度的正当性依据 ………………………… 55
　　第三节　流域补偿制度的正当性根据 ……………………………… 67
　　第四节　区域补偿制度的正当性基础 ……………………………… 77
　　本章小结 ……………………………………………………………… 94

第三章　生态保护补偿制度的法律属性 ……………………………… 96
　　第一节　生态保护补偿的法规范属性辨析 ………………………… 96
　　第二节　生态保护补偿公私协议的法律属性辨析 ………………… 106
　　本章小结 ……………………………………………………………… 121

第四章　政府在生态保护补偿制度中的法律定位 …………………… 122
　　第一节　两权分离：生态保护补偿的核心议题 …………………… 122
　　第二节　公众与政府：角色质疑与现实追问 ……………………… 128

第三节　央地关系:生态保护补偿的政府分权逻辑 …………… 131
　　第四节　生态保护补偿中政府与市场的边界 ………………… 134
　　本章小结 …………………………………………………… 137

第五章　生态保护补偿法律关系主体及其权义结构 ……………… 138
　　第一节　重点领域补偿主体及其权义构造:以草原为例 …… 138
　　第二节　区域补偿主体及其权义构造:京津风沙源区实践 … 150
　　第三节　流域生态保护补偿主体及其权义构造 ……………… 161
　　第四节　一体化的生态保护补偿主体及其权义构造 ………… 175
　　本章小结 …………………………………………………… 178

第六章　生态保护补偿专门立法评述与法典化发展 ……………… 180
　　第一节　生态保护补偿为什么要专门立法 …………………… 180
　　第二节　《条例》解读及其评述 ……………………………… 221
　　第三节　生态保护补偿制度的法典化塑造 …………………… 230
　　本章小结 …………………………………………………… 250

结　语 ……………………………………………………………… 252

绪　　论

第一节　研究背景与意义

西方国家早在20世纪中后期便出现了通过财产利益的转化来解决危机的行为方式——作为经济与生态"双赢"的PES（全称Payment for Environmental/Ecological Services，生态系统服务付费）方式。当时，西方发达国家逐渐认识到清洁空气、水、野生生物等具有价值，有学者将其称为"自然服务"[①]，还有学者称其为"生态系统服务功能"[②]。2005年联合国发布的《千年生态系统评估报告》提出，生态系统服务功能是指人类从生态系统中所获得的效益。目前，国际社会已通过充分使用市场机制，建构了包含直接的对应交易、限额制交易、公共型补偿、慈善型补偿及生态认证等多种生态保护补偿的框架体系。

国内对生态保护补偿的关注源于国际上生态系统服务价值观念的兴起与国内生态保护形势的严峻[③]，就政策实践看，"生态补偿"这一称谓产生较早。直到2008年修订《中华人民共和国水污染防治法》（以下简称《水污染防治法》）时，"生态保护补偿"概念才正式在法律中出现，此后，2014年修订的《中华人民共和国环境保护法》（以下简称《环境保护法》）将"生态保护补偿"确立为一项基本制度，随着2016年国务院办公厅《关于健全生态保护补偿机制的意见》的实施，"受益者补偿"原则、"保护补偿"的范围得以明确，为此，长期大量使用的"生态补偿"概念，因各界对其涉及的补偿原则、范围、利益主体等核心要素一直存在争议，已经逐渐被"生态保护补偿"概念所取代。党的十八大以来，以习近平同志为核心的党中央高度重视生态保护补偿制度建设。党的十八大提出要建立生态补偿制度，党的十九大提出要建立市场化、多元化生态补偿机制，党的十九届四中全会要求落实生态补偿制度，党的二十大继续要求完善生态保护补偿制度。2024年4月，国务院公布了《生态

[①] W. E. Westman, "How Much Are Nature's Services Worth?", *Science*, 1977, 197(4307): 960-964.
[②] P. Ehrlich and A. Ehrlich, "Extinction: The Causes and Consequences of the Disappearance of Species", *Bioscience*, 1982, 53(4): 254-255.
[③] 刘晓莉：《我国草原生态补偿法律制度反思》，载《东北师大学报（哲学社会科学版）》2016年第4期。

保护补偿条例》(以下简称《条例》),截至 2024 年 5 月,我国大部分省份均颁布了专门以"生态保护补偿"命名的地方综合性生态保护补偿文件,由此,"生态保护补偿"的称谓已经被广泛接受。当前的生态保护补偿,既是环境法律体系和政策中一项重要的环境经济制度,也是以财政、资金等形式为主要实施手段的机制。

目前,我国各地通过贯彻落实党中央、国务院的生态保护补偿政策及有关法律法规,实践中已经取得了一定的成效。但生态保护补偿制度在实施过程中出现了诸多问题,集中表现为保护者的牺牲和投入得不到合理补偿,受益者不愿意支付,甚至存在受益者无偿占有生态利益的现象,导致生态保护与经济利益关系的扭曲。这不仅使得生态保护的推进面临很大困难,也影响了地区及利益相关者的关系。特别是政出多门的自上而下的政策推进方式,不利于稳定预期,影响了新时代生态保护补偿制度法治化的开展和生态文明实效的进一步巩固。为此,不断有人呼吁有效的法学理论和立法跟进。

国内生态保护补偿的研究热潮自始未中断过,在法学领域多集中于制度研究和实践探索,关于生态保护补偿的基础理论研究稍显薄弱,导致现有的法学理论难以支撑生态保护补偿实践在新时期的发展需求。当前,生态保护补偿实践正在朝向法治化、多领域、多元化的更高层次发展,亟待夯实相关理论,以发挥其指导功效。当前,关涉生态保护补偿制度构建的关键理论问题,主要集中于概念界定、正当性、法律属性、政府功能等内容,这几方面均存在研究均较为薄弱且争议较多的问题。其中,生态保护补偿的概念界定尤为关键,它需综合考量补偿主体、受偿主体、补偿标准、补偿方式等要素。生态保护补偿制度在我国经历了不平凡的发展历程,为何得以存续至今,其正当性基础是什么,这是首先要直面的重要议题。我国的生态保护补偿实践具有鲜明的政府主导性,政府究竟如何定位和发挥作用便显得尤其关键。生态保护补偿的制度属性又是关涉整个制度构建的关键所在,也是争议点和难点。囿于自然资源公有制的特殊国情以及政府主导生态保护补偿实践的特殊性,更使得补偿之实施具有外观上的公法或者公私交融的色彩。而正是这一直觉上的公法或者公私交融行为,极容易导致生态保护者与受益者之间的应有关系错位,导致实践中生态受益者的"行政自大",使得公权力主体行为之肆意。而究竟这种直觉上的公法行为性质是否准确呢?却鲜有学者进行深入反思和关注。而且,对生态保护补偿制度属性在理论上还一直存在争议,争议的核心便是究竟属"公"还是属"私"。正是由于长期以来对于生态保护补偿所规范的行为性质界定不清晰,致使利益相关主体的角色功能没有厘清,以至于生态保护补偿的权利义务关系长期处于不明确状态。为此,只有明晰了制度属性,才能探讨主体权利义务关系,生态保护补偿法律制度构建的核心就是要明晰不同的主体及其权利义务关系,这便是生态保护补偿法律构造致力于解决的要义。

就制度构建及实践而言,《条例》已经正式颁布。生态保护补偿的制度构建,需要在理性考虑立法必要性的基础上,全面审视制度实践,并结合前面的理论探讨,以进行既合乎法理又具备正当性的建构和解释。

总之,本书不仅对于推动生态保护补偿专门立法的科学性具有重大意义,而且将致力于解决实践中的瓶颈问题,深化及拓展生态保护补偿的基础理论研究。

第二节 研究现状

生态保护补偿的法理阐释与制度构造研究,主要涉及五个方面内容:一是生态保护补偿概念的立法界定;二是生态保护补偿的正当性问题;三是政府在生态保护中的法律地位和作用;四是生态保护补偿的制度属性;五是生态保护补偿的主体及权义结构,即法律构造。本节虽在文末谈及制度构建,但相关论述较多,不在此重点进行文献综述。

一、概念界定研究

国外的生态保护补偿概念有两种称谓:一个是被较多使用的 PES(Payment for Environmental/Ecological Services,生态系统服务付费);另一个是"保护地役权"(原词表述为 conservation easement, conservation covenant, conservation restriction,或者 conservation servitude)。根据物权权能,物权的限制包括占有限制、使用限制、收益限制与处分限制,生态保护补偿中的物权限制,显然是对物权使用的限制,是对基于合法开发利用自然资源使用权的限制,这也是地役权行使的方式。

就我国的研究而言,"生态保护补偿"脱胎于"生态补偿"这一概念,而且,在学理中一直大量使用的"生态补偿"称谓在多数研究中与本书所界定的生态保护补偿概念具有相似性。国内生态补偿的相关研究始于 20 世纪 80 年代,"生态补偿"一词早于"生态保护补偿"的出现。词源意义上的"生态补偿"概念,理论上最早于 1984 年由环境学者宋宗水提出,当时使用的是"生态效益补偿"这一概念,主要针对"森林生态效益"问题,强调对防护林生态效益的经济补偿。① 后来,1991年《环境科学大词典》也对生态补偿机制进行了界定②,实质是自然生态系统的自我调节和平衡③。通过文献分析发现,20世纪80年代中期至90年代初,"生态补偿"及其相关概念正处于研究阶段,主要集中在制度与理念的倡导层面,且研究多集中于耕地、林业领域,采用自然科学或者经济学方法进行。20世纪90年代后,开始有学者提出生态补偿作为外部成本内部化的观点,生态补偿开始被赋予经济意义。④ 如陆新元等学者用外部性理论论证生态补偿的可行性⑤,章铮⑥、庄国泰等⑦认为生态补偿是使外部成本内部化的手段;洪尚群等认为生态补偿机制旨在激励与协调生态环境保护与建设的利益相关者⑧。

2010年后,生态补偿、生态保护补偿的研究明显增多,早已经成为一个各界关注的热点问题,笔者在中国知网分别以"主题""篇名""关键词"等,对生态补偿、生态保护补偿进行检索,截至2023年5月,其学科分布在基础科技、工程科技、农业科技、哲学与人文科学、社会科学、经济与管理科学等均有涉及;研究方法既有定量、定性,也有两者的结合;研究对象扩展到农业、森林、草原、湿地、沙漠、大气、流域、自然保护区、重点生态功能区等各个领域。

二、生态保护补偿的正当性研究

生态保护补偿正当性的研究不多,代表性研究中,国内学者高敏、王权典2010年撰文《关于生态补偿正当性的思考——以受补偿主体行为的性质为视角》,该文试图对整体上的生态补偿予以探讨,文章谈到:生态补偿实践以受补偿主体提供生态服务为前提,但是通过研究美国相关司法案例的发展史及其变化,发现受补偿主体的行为性质难以确定为损害或增进利益,损害和增进利益的区分没有统一的客观标准,不能成为生态补偿正当性的理论基础。生态补偿的正当性由社会条件决定,有其局限性。⑨黄琮童博士2015年撰文《浅

---

① 宋宗水:《新安江水库防护林的经营与经济补偿》,载《农业经济丛刊》1984年第2期。
② 《环境科学大辞典》编辑委员会编:《环境科学大辞典》,中国环境科学出版社1991年版,第326页。
③ 韩卫平:《生态补偿概念的法学界定》,载《甘肃政法学院学报》2016年第2期。
④ "生态服务付费"于2005年6月由侯元兆、吴水荣在《森林生态服务价值评价与补偿研究综述》一文揭出,载《世界林业研究》2005年第3期。
⑤ 陆新元、汪冬青、凌云等:《关于我国生态环境补偿收费政策的构想》,载《环境科学研究》1994年第1期。
⑥ 国家环境保护局自然保护司编:《中国生态环境补偿费的理论与实践》,中国环境科学出版社1995年版,第81—87页。
⑦ 同上书,第88—98页。
⑧ 洪尚群、马丕京、郭慧光:《生态补偿制度的探索》,载《环境科学与技术》2001年第5期。
⑨ 高敏、王权典:《关于生态补偿正当性的思考——以受补偿主体行为的性质为视角》,载《山西省政法管理干部学院学报》2010年第1期。

论生态补偿的正当性——以理论发展史为视角》,结合国际社会 PES 理论的发展历史和我国生态补偿自身理论发展的历史,对生态补偿正当性基础进行分析,对我国生态补偿理论的正当性加以分析并对未来理论发展提出了自己的看法。① 还有学者对具体领域的生态保护补偿正当性进行了探讨。代表性研究中,任世丹 2014 年撰文《重点生态功能区生态补偿正当性理论新探》指出,重点生态功能区生态补偿是伴随我国主体功能区战略的实施而出现的新兴事物,它实质上是土地用途管制下的行政补偿,行政补偿理论、土地发展权及特别牺牲理论是重点生态功能区生态补偿的正当性依据。② 笔者 2022 年撰文《流域补偿制度的正当性标准》认为,以"纯粹的水环境质量提升标准"作为理论基础,本质上具备科学性,但尚须正视该标准持有的学说论证困境;从政府的环境治理职责和纯粹的水环境质量提升型流域补偿应协同并存,纯粹的水环境质量提升型补偿具备法律依据且可以破解区域协调发展的关键难题三方面着手,可以深入阐明流域补偿制度的正当性依据。③

三、政府法律地位研究

生态保护补偿源于科斯理论,20 世纪 60 年代又出现庇古税理论。至此,先后存在过以市场为基础的科斯型和政府干预下庇古型生态补偿两种制度模式。④ 庇古理论认为,市场失灵才是外部性的根源,只有政府才能解决。目前,全球范围绝大部分是包含政府干预的(税收或补贴)庇古型生态补偿。为了调和生态补偿的科斯理论与庇古实践的张力,有学者开始尝试市场与政府良性互动的理论。科斯认为外部性来源于产权界定不清晰,该理论的前提在于商品化程度高的生态服务才有可能建立起产权交易市场。然而,生态系统的关联性和整体性使其很难独立出来。就世界范围来看,科斯型与庇古型的补偿适用和生态服务涉及的地理区域和层级关系密切。国外的相关案例表明,在生态功能区建设、横向区域补偿、公共生态服务的供给方面,庇古型生态补偿发挥了主要作用。然而,与此同时,政府在集体购买、监督与激励上

---

① 黄琰童:《浅论生态补偿的正当性——以理论发展史为视角》,载《中国政法大学学报》2015 年第 2 期。
② 任世丹:《重点生态功能区生态补偿正当性理论新探》,载《中国地质大学学报(社会科学版)》2014 年第 1 期。
③ 潘佳:《流域补偿制度的正当性标准》,载《行政法学研究》2022 年第 2 期。
④ 20 世纪 60 年代初,为了应对环境危机,经济合作与发展组织(OECD)成员国大力倡导庇古税的环境问题解决方案。然而,政府供给的生态补偿制度具有明显的缺陷:政府总是出于某种偏好支持某个领域的生态补偿;早期的实践中,庇古税由污染者来承担负外部性的损失,而生态服务提供者并没有得到相应的经济补偿。详见王彬彬、李晓燕:《生态补偿的制度建构:政府和市场有效融合》,载《政治学研究》2015 年第 5 期。

的无效率也显著存在。①

国外许多国家允许土地等自然资源的私有存在,尽管政府也时常参与生态系统服务付费实践,但基本上是明显的民事交易行为,而由于我国的生态保护补偿系公有制背景下政府主导行为实践,这一类制度才具有特殊的语境意义。尽管如此,对国外相关类型的研究,仍具有比较法意义。国际社会上的生态系统服务主要有四种类型:直接公共补偿,限额交易计划,私人直接补偿以及生态产品认证计划。②

我国政府在生态保护补偿中的法律定位,集中于对政府角色及其所发挥作用的探讨。杜群教授认为,生态补偿的法律关系中,国家扮演了双重角色。③ 有学者指出生态补偿机制以政府补偿为主导,以厘清中央政府和地方政府职责为关键。④ 有学者论述了甘南黄河水源补给区生态补偿方式的选择问题。⑤ 有学者指出,从运行机制视角,可将生态补偿分为行政补偿与市场补偿,行政补偿在生态补偿中起着主导作用,但是市场补偿在其灵活性、低成本性等方面具有行政补偿所不具有的优势,应当充分发挥市场补偿的作用;从被补偿者视角,货币补偿是最直接、最普遍的补偿,实物补偿在某些类型生态补偿中具有稳定社会秩序、保障被补偿者基本生活的重要作用,政策补偿是以政策倾斜的方式对一定区域内的全体居民实施的补偿,智力补偿是以"授之以渔"的补偿方式对被补偿者今后的生存进行保障。⑥ 有学者从中央政府财政转移支付和政府直接投资两个方面阐述国家实施区域生态补偿的基本方式;围绕"区域责任"和发挥市场在资源配置方面的基础力量等问题,阐述另外两种区域生态补偿,即区域之间的"土地置换"和"生态交易"。⑦ 有学者对水源保护中的生态补偿方式等领域的生态补偿方式进行了论述。⑧ 还有学者对生态保护补偿中的政府与市场关系进行了重点关注,如《生态补偿的制度建构:政府和市场有效融合》⑨,《生态补偿中政府与市场有

---

① 王彬彬、李晓燕:《生态补偿的制度建构:政府和市场有效融合》,载《政治学研究》2015 年第 5 期。
② 洪东星:《草原生态建设补偿机制——基于中国西部地区的研究》,经济管理出版社 2012 年版,第 25 页。
③ 杜群:《生态补偿的法律关系及其发展现状和问题》,载《现代法学》2005 年第 3 期。
④ 王清军:《生态补偿主体的法律建构》,载《中国人口·资源与环境》2009 年第 1 期。
⑤ 赵雪雁、董霞、范君君等:《甘南黄河水源补给区生态补偿方式的选择》,载《冰川冻土》2010 年第 1 期。
⑥ 江秀娟:《生态补偿类型与方式研究》,中国海洋大学 2010 年硕士学位论文。
⑦ 丁四保等编著:《区域生态补偿的方式探讨》,科学出版社 2010 年版,第 56—81 页。
⑧ 徐永田:《水源保护中生态补偿方式研究》,载《中国水利》2011 年第 8 期。
⑨ 王彬彬、李晓燕:《生态补偿的制度建构:政府和市场有效融合》,载《政治学研究》2015 第 5 期。

效融合的理论与法制架构》①以及《多元化生态补偿机制中政府与市场关系：演进机理与有效协同》②等。

四、制度属性研究

法律性质的正确认定，是决定制度的责任配置关键。③ 生态保护补偿因涉及自然资源使用限制，国外的相关立法侧重该方面的规定，而生态系统服务付费因在国外没有强力的政府行为，所以至今没有国家有单独的国家立法。在国外，由于生态服务付费等方式基本上是在私有制环境下，按照市场化的方式根据约定或者政策运行，而不是建立在公有制语境下的政府主导模式，因此国外的实践，并不存在法律性质争议，而环境保护地役权制度则多当作民事属性对待。

自罗马法产生伊始，一直到后来的法国法、德国法、日本法等，对所有权等权利的限制，历来是物权规制的重点。在国外，《德国民法典》第226条明确规定"权利的行使不得以加害于他人为目的"④。第903条规定"物的所有人可随意处分其物，并排除他人的任何干涉"，但"不得违反法律和第三人权利"。《日本民法典》第206条规定："所有人于法令限制的范围内，有自由使用、收益及处分所有物的权利。"⑤ 美国环境保护地役权的概念从19世纪50年代由威廉·怀特提出后，在理论方面已经成熟。美国学者将环境保护地役权定义为新型的环境规制手段，丹尼尔·科尔在《污染与财产权》一书中将环境保护地役权归为"混合财产权机制"。美国学术界对于环境保护地役权的问题提出了改革意见，如 Nancy A. McLaughlin 在 "Conservation Easements—A Troubled Adolescence" 一文中对于环境保护地役权的滥用进行了说明并提出了改革方案。Jeffery A. Blackie 在 "Conservation Easements and the Doctrine of Changed Conditions" 中对于环境保护地役权的永久性保护以及情势变更原则提出了改善意见等。⑥

地役权制度起源于古罗马法，由盖尤斯在《法学阶梯》提出，很早就为一些发达国家所确立。《法国民法典》第637条规定："役权系指为供他人不动

---

① 徐丽媛：《生态补偿中政府与市场有效融合的理论与法制架构》，载《江西财经大学学报》2018年第4期。
② 薛菁：《多元化生态补偿机制中政府与市场关系：演进机理与有效协同》，载《云南行政学院学报》2021年第1期。
③ 王成：《法律关系的性质与侵权责任的正当性》，载《中外法学》2009年第5期。
④ 王利明：《民商法研究》（第二辑），法律出版社1999年版，第304页。
⑤ 丁文：《〈物权法〉中物权限制制度的成功与不足》，载《河南省政法管理干部学院学报》2007年第5期。
⑥ 参见于乐平：《环境保护地役权制度研究》，南京大学2014年硕士学位论文。

产的使用或便利而对另一不动产施加的一种负担。"①《德国民法典》第1018条规定:"一块土地为了另一块土地现时所有人的利益得设定权利,使需役地所有人得以某种方式使用该土地,或使在该土地上不得实施某种行为,或排除本于供役地的所有权对需役地行使权利。"②美国1944年的《财产法重述》第450条规定:"地役权是对他人占有土地的一种权益,它赋予地役权对地役权存于其上的土地进行有限使用或享用的权利;赋予地役权人保护自己对土地的这种使用或享用不受第三人干涉的权利;不受土地占有人意志的左右;并不必然随着地役权人对一块土地的占有而产生;可在地产权转让中被设定。"③

  国内在法学层面研究生态保护补偿法律属性的尚不多见,但就该问题本身,一直以来都存在争议,与生态保护补偿性质有关的问题散见于相关专著、报告、公开发表的学术论文、会议论文、硕博论文、报纸等文献载体中。总体而言,生态补偿或生态保护补偿性质的研究尚未引起理论界足够的关注,尚未获得足够充分的理论研究地位,仅在为数不多的学术期刊论文、硕博论文中就某一其他领域专门研究时附带谈及。有关生态保护补偿的法律性质,学界主要分歧如下④:有学者认其是行政法律意义上的行为,主要包括行政征收、行政补偿、行政合同三种⑤;有学者认为,生态补偿具有民事和行政法律关系的双重属性⑥,其中,行政法律行为包括行政机关内部及对民事的补偿⑦;还有观点认为生态补偿体现了经济法性质⑧。由黄锡生、张天泽两位学者撰写的《论生态补偿的法律性质》一文对生态补偿法律性质进行了专门系统研究,作者认为各种补偿形式可以在民事领域和行政领域实现,既可以是国内主体间的补偿,也可以是国际主体间的补偿。生态补偿方式的多样性决定了其法律性质的宽泛性。⑨ 归纳上述观点,主要争议集中于生态保护补偿究竟是民事属性还是行政属性。

---

① 《拿破仑法典》(法国民法典),李浩培、吴传颐、孙鸣岗译,商务印书馆1979年版,第84页。
② 《德国民法典》(第5版),陈卫佐译注,法律出版社2020年版,第431页。
③ 〔美〕约翰·E.克里贝特、科温·W.约翰逊、罗杰·W.芬德利等:《财产法:案例与材料》,齐东祥、陈刚译,中国政法大学出版社2003年版,第454页。
④ 需要说明的是,以下学者论及的均是"生态补偿"这一概念,其使用的概念范畴在内涵和外延上均包含本书使用的"生态保护补偿",因此这样的讨论仍是有意义的。
⑤ 刘旭芳、李爱年:《论生态补偿的法律关系》,载《时代法学》2007年第1期。
⑥ 王新力:《论生态补偿法律关系》,中国海洋大学2010年硕士学位论文。
⑦ 黄锡生、张天泽:《论生态补偿的法律性质》,载《北京航空航天大学学报(社会科学版)》2015年第4期。
⑧ 赵春光:《我国流域生态补偿法律制度研究》,中国海洋大学2009年博士学位论文。
⑨ 黄锡生、张天泽:《论生态补偿的法律性质》,载《北京航空航天大学学报(社会科学版)》2015年第4期。

五、法律构造研究

国外生态补偿的主体分"生态系统服务购买者"和"生态系统服务提供者"两类。具体来说,主要包括政府主体与私主体。私主体基于市场行为而产生,包括交易主体及其他利益相关主体、生态标志认证主体、评估主体、监督管理主体等。有学者认为生态补偿计划的设计与土地利用者与生态系统服务者、利益相关者、监控主体等主体有关。[①] 有学者针对美国联邦公共土地在生态系统服务中的作用,探讨了相关的政策问题和需要研究的问题,其中涉及了生态服务提供者、生态服务接受者、监督管理者、有关政策制定者以及第三方。[②] 还有学者专门论述了"生态系统服务与土地价值"的问题,论及的有关生态系统服务的主体包括土地的开发利用者(需求者)、土地(价值)提供者(供给者)、土地生态价值的评估者和开发利用管理者。[③]

就权利义务的实现形式而言,国际上比较通用的"生态服务付费"(PES)或生态效益付费(PEB)模式主要有四种:一是直接公共补偿(类似中国的天然林保护工程、退耕还林还草工程和生态公益林保护等),即政府向提供生态系统服务的农村土地所有者及其他提供者进行直接补偿,这也是最普通的生态补偿方式。这一类补偿还包括地役权保护,即对出于保护目的而划出自己全部或部分土地的所有者进行补偿。二是限额交易计划(如欧盟的排放权交易计划),即政府或管理机构首先为生态系统退化或一定范围内允许的破坏量设定一个界限("限额"或"基数"),处于这些规定管理之下的机构或个人可以直接选择通过遵守这些规定来履行自己的义务,也可以通过资助其他土地所有者进行保护活动来平衡损失所造成的影响,亦可以通过对这种抵消措施的"信用额度"进行交易,获得市场价格,达到补偿目的。三是私人直接补偿,即法人及其他组织取代政府作为生态系统服务的购买者,除此之外,私人直接补偿与上面所说的直接公共补偿十分相似。这些补偿通常被称为"自愿补偿"或"自愿市场",因为购买者是在没有任何管理动机的情况下进行交易的。各商业团体和/或个人消费者可以出于慈善、风险管理和/或准备参加管理市场的目的,而参加这类补偿工作。四是生态产品认证计

[①] S. Engel and C. Palmer, "Payment for Environmental Services as An Alternative to Logging Under Weak Property Rights: The Case of Indonesia", *Ecological Economics*, 2008, 65(4): 799-800.

[②] J. B. Ruhl, "Ecosystem Services and Federal Publications: Start-up Policy Questions and Research Needs", *Duke Environmental Law & Policy Forum*, 2010, 20(2): 275-290.

[③] Adam I. Davis, "Ecosystem Services and the Value of Land", *Duke Environmental Law & Policy Forum*, 2010, 20(2): 340-384.

划,通过这个计划消费者可以通过选择,为经过独立第三方根据标准认证的生态友好性产品提供补偿。①

有学者认为,PES治理结构包括层级(Hierarchy)、市场(Market)和社区(Community)三部分。② 有学者进一步认为,层级是命令系统,主要涉及政府环境保护决策权的实施;市场是交易系统;社区通过调和多人利益进而形成环保目标。③ 还有学者认为,PES制度框架和产权模糊,需要正式和非正式制度共同来协调参与主体的利益冲突。④

国内研究中,杜群教授最早将生态补偿主体纳入法律关系主体进行研究,认为生态补偿的法律关系主体是有民事责任的自然人和法人,将其分为生态补偿的实施主体和受益主体。⑤ 彭春凝教授也较早地涉足了生态补偿主体问题,认为生态补偿的主体应根据利益相关者在特定生态保护中的责任和地位加以确定,生态补偿主体的确立原则是"破坏者付费原则、使用者付费原则、受益者付费原则、保护者得到补偿原则"。⑥ 有学者系统研究了生态补偿的法律关系,认为"生态补偿法律关系的主体,必须具有相应的行为能力和责任能力,结合实践中生态补偿的多种形式,主要表现为国家、自然人和社会组织、企业等。这种主体划分方法,有益于生态补偿号召更多的社会成员参加到其中,有利于实现环境公平。生态补偿法律关系的客体是各种补偿结果,具体的金钱、政策照顾等均是生态补偿法律关系客体的表现形式。生态补偿法律关系的内容是主体间各种权利义务相累加的结果"。⑦

还有学者从博弈论的角度出发,分析了湿地生态补偿的利益相关者,通过建立湿地生态补偿主体和客体的博弈模型,得出湿地生态补偿主体、客体的纳什均衡策略,并提出针对性的建议。⑧ 有学者研究了油气开发生态补偿

---

① 《中国生态补偿机制与政策研究》,中国环境与发展国际合作委员会官网,2008年1月1日,http://www.cciced.net/xwzx/ghhdt/201607/t20160713_70205.html,访问日期:2024年6月24日。
② A. Vatn, "An Institutional Analysis of Payments for Environmental Services", *Ecological Economics*, 2010, 69(6): 1245-1252.
③ Sarah Schomers and Bettina Matzdorf, "Payments for Ecosystem Services: A Review and Comparison of Developing and Industrialized Countries", *Ecosystem Services*, 2013, 90(6): 16-30.
④ T. Clements, Ashish John and Karen Nielsen et al., "Payments for Biodiversity Conservation in the Context of Weak Institutions: Comparison of Three Programs from Cambodia", *Ecological Economics*, 2010, 69(6): 1283-1291.
⑤ 杜群:《生态补偿的法律关系及其发展现状和问题》,载《现代法学》2005年第3期。
⑥ 彭春凝:《论生态补偿机制中的政府干预》,载《西南民族大学学报(人文社会科学版)》2007年第7期。
⑦ 王新力:《论生态补偿法律关系》,中国海洋大学2010年学位论文。
⑧ 郝春旭、杨莉菲、温亚利等:《中国湿地生态补偿的利益博弈分析》,载《资源开发与市场》2011年第3期。

法律关系的主客体,认为"从法学层面定义生态补偿,按照补偿的相对性将主体分为应当支付补偿的主体、接受补偿的主体和具体实施补偿的主体。国家、企业法人是油气开发生态补偿主体,而自然人目前不能成为补偿主体;油气资源区居民成为受偿主体也即补偿对象;油气资源区政府作为实施主体是嫁接前两者的桥梁;客体为实施生态补偿的行为而非油气资源本身或者自然生态环境"。① 还有学者对具体领域的生态补偿主体及其权利义务关系,进行了专门研究。②

第三节 研究方法及进路

一、主要研究方法

本书综合运用了文献梳理法、价值分析法、实证分析法、比较分析法、规范分析法等研究方法。

文献梳理法通过对国内生态保护补偿法律制度有关文献、理论及国外的相关观点进行分析、提炼,探究主要观点及争议,总结出当前研究存在的情况、明晰需要解决的问题,为进一步的研究提供理论基础。

价值分析法侧重于从应然层面考察生态保护补偿制度正当性、生态保护补偿制度的规范属性,政府的法律地位。实证分析法在探讨法律关系主体及其权义结构时就重点领域、区域、流域补偿等给予了全面的案例剖析。

比较分析法适用于国内外生态保护补偿相关概念和制度的比较分析,以及国内外生态保护补偿政策的比较,旨在说明我国生态保护补偿制度的特殊性,表明为何不能简单移植国外概念。规范性分析涉及法规政策发展沿革、制度应对和应予完善部分。

二、分析进路

法学界有关生态保护补偿的法理阐释与制度构造研究,主要有两种认识进路:第一种考虑到生态保护补偿作为制度及实施中的规范体系,具有部门法的属性,因此将其置于法律部门语境进行全面或者单一的制度考察,旨在

---

① 秦扬、李俊坪:《油气开发生态补偿法律关系主客体界定》,载《西南民族大学学报(人文社会科学版)》2013年第10期。
② 潘佳:《草原生态补偿关系的主体及其权利义务内涵——基于甘肃省天祝县草原补奖政策的分析》,载《哈尔滨工业大学学报(社会科学版)》2015年第4期。潘佳:《区域生态补偿的主体及其权利义务关系——基于京津风沙源区的案例分析》,载《哈尔滨工业大学学报(社会科学版)》2014年第5期。杨晓琰:《森林生态补偿主体及其权利义务关系研究》,载《公民与法(法学版)》2015年第11期。

探求对生态保护补偿制度或者整体机制进行完善,抑或对单一林草水等重点领域制度,或者对财政制度、方式制度等进行完善;第二种是依托对生态保护补偿的理论认知,探求其内在的特殊价值和规律,力图在目的论、价值论和概念与规范解释中寻求突破。第一种研究进路占据绝大多数。

本书认为,生态保护补偿的法理阐释与制度构造有必要结合两种认识思路。从认识的逻辑角度讲,生态保护补偿作为一套外在的制度文本与规范性存在,应当力求内在价值与外在价值的理性统一。因其终归要落地为实施的规范,因此,完备的理论基础便成为制度面向不可或缺的前提。

据此,理论阐释是理解法律构造的前提,进行制度反思与建构,应当首先厘清该类制度的来龙去脉、依存法理和运行规律;其次,在制度体系内部,再讨论其主体和权义机构,直面制度建立与完善的紧迫性、现实性;最后,根据生态保护补偿的制度特性进行立法完善。

具体而言,本书分析进路如下。

引论部分,首先指出,生态保护补偿制度在我国实践中具有特定的发展现状和问题,当前新旧问题交错,不利于稳定预期,影响了新时代生态保护补偿制度法治化的开展和生态文明实效的进一步巩固。但有效的法学研究难以提供关键理论支撑,特别是对一些生态保护补偿关键制度的重大法理问题关注不够,或者争议较大。关涉生态保护补偿制度构建的关键理论问题集中于概念界定、正当性、政府功能、法律属性等内容。随着《条例》的实施,生态保护补偿的制度解释更需要理性结合立法和制度实践,进行合乎法理和正当性的分析。

本论部分包括六章,主要涉及第一、二、三、四、五、六章,其中,基本法理涉及第一、二、三、四章,法律构造涉及第五、六章。

第一章基于梳理政策法规及理论研究中的"生态保护补偿"概念发展,旨在了解"生态保护补偿"概念的来龙去脉,揭示其发展至今呈现出一种什么样的特质,达成了什么样的认识共识,在此基础上,分析当前的生态保护补偿共识概念是否可以解释其特殊性存在,倘若不能,应当基于什么样的理论基础为指导,进行生态保护补偿立法概念的再界定。本书进一步明确了概念再界定的基础。

第二章致力于从价值层面寻求生态保护补偿的正当性。生态保护补偿制度解释及其实施需要从价值层面明确其正当性。制度正当性是关涉生态保护补偿规范体系得以存续的根本,生态保护补偿制度的正当性分析,宜先从制度整体出发,对生态保护补偿的正当性进行一般探讨。生态保护补偿制度涉及不同的领域,呈现出不同制度规律特点,只有进一步探究生态保护补偿不同领域的正当性问题,方能立体透视整个生态保护补偿制度的正当性。为此,本部分将采用总分结构,先对生态保护补偿制度正当性予以总体分析,再分别论证具体领域的正当性,包括重点领域补偿制度的正当性依据、流域补偿制度的正当性根据以及区域补偿制度的正当性基础。

第三章将解释生态保护补偿制度的法律属性。一方面,从整个制度模式角度进行宏观分析;另一方面,从争议最大的公私协议角度进行具体的微观解读。本部分论证并不是非此即彼的绝对二元论断,而是试图总结出更为合理的观点,即尽管将生态保护补偿宏观制度和公私协议制度界定为公法属性未尝不可,但理解为私法属性更为合理。

第四章旨在厘清生态保护补偿中政府角色的法律定位。因为,在我国政府主导的生态保护补偿机制下,明确政府的角色定位,是构建生态保护补偿法律关系的关键。一直以来,政府的角色定位及功能发挥在生态保护补偿实践中面临诸多难题,其直接原因在于政府的自然资源所有者代表身份与生态保护补偿监督管理者身份混同,为此,亟待推进两权分离。进一步讲,政府角色定位的理性回应,取决于三个更深层次关系的厘定:公众与政府的关系、央地财权事权的关系以及政府与市场的关系。

第五章通过对单项生态要素领域、区域、流域的生态保护补偿典型实践分析,梳理各领域生态保护补偿中的法律关系主体,在此基础上归纳生态保护补偿主体及其权利义务结构的一般构造模型。因政府在我国生态保护补偿中的主导作用,有必要单独提炼出政府的角色及应然权义结构。

讨论至此,生态保护补偿的基本法理和制度构造基本明确,最后需要结合立法进行回应,为此,第六章致力于生态保护补偿专门立法的制度评述和法典化进路。毕竟,对生态保护补偿制度的基础理论和法律构造进行探究,终究要服务于现有的制度实践。《条例》实施后,我们需要按照立法规律和立法诉求,遵循制度原理和基本法理,进行科学的立法评价和关键制度解释。同时,在生态环境法典化的大背景下,生态保护补偿专门立法不可能独善其身,理应在法典化的潮流中有所作为。

第一章　生态保护补偿制度发展与概念再界定

生态保护补偿法理阐述和制度构造的前提①在于历史地看待其发展演变,并明晰概念界定。一方面,旨在了解制度的来龙去脉;另一方面,概念存在的意义在于揭示拟定义事物的性质。具体而言,一方面需要从"实然法"的层面,透过各类政策法规②,通过梳理有关"生态保护补偿"规定来探寻其发展沿革;另一方面,通过对各种学说的综合评判,依托法律概念之过程展开,以对本质理论予以建构③,进行形式化的逻辑和语义学分析。

第一节　法规政策中的"生态保护补偿"沿革

"生态补偿"一词,作为和"生态保护补偿"内涵相似的概念,于我国政策法规中较早出现,且时至今日仍为政策法规和学界使用,但是,在不同的历史时期,"生态补偿"的内涵与外延并不一致,官方对其理解不尽相同,多数情况下成为无所不包的"生态保护"概念,直接导致了理论理解与实践适用的混乱。为此,"生态保护补偿"概念得以应运而生,并逐渐地在官方文件中有所涉及。

早在1997年11月,原国家环境保护总局在《关于加强生态保护工作的意见》中使用了"生态补偿"这一概念。这一概念初次提及时只在作为"防止资源开发造成的生态破坏"范畴内,且被限定在湿地开发以及对以矿产资源开发为主的生态破坏恢复治理领域中使用。之后,随着我国生态环境日趋恶化,以及生态系统服务付费的发展,生态补偿逐渐被界定为典型的社会环境

---

① 本书中的生态保护补偿制度,是指在《立法法》和有关生态保护补偿的政策中的生态保护补偿规定。
② 本书所称的法规指《立法法》规定的含有"生态保护补偿"内容的不同效力层级的规范性文件。有关生态保护补偿的政策指:党中央颁布的含有"生态保护补偿"内容的政策文件,国务院及其部门颁布的除行政法规、部门规章外的含有"生态保护补偿"内容的其他规范性文件。本书认为,当前的"生态补偿"是包含"生态保护补偿"的概念范畴,两者的具体关联将在下文重点论述。
③ 朱振:《什么是分析法学的概念分析?》,载《法制与社会发展》2016年第1期。

政策层面的用语。①

我国最早颁布的使用"生态保护补偿"称谓的国家层面的文件是 2004 年 4 月原国家环境保护总局等部门联合发布的《湖库富营养化防治技术政策》，其中提到"鼓励针对退耕还湖(林、草)、休耕(养、捕)等开展农业生态保护补偿政策研究"。一直到 2008 年修订《水污染防治法》时，才第一次在法律层面使用这一概念。随着"生态保护补偿"相继在 2014 年修订的《环境保护法》和 2016 年的国家层面专门文件名中使用，这一概念在官方层面才得以形成，并逐渐地为地方政策实践广泛使用。可以说，政策法规中的"生态保护补偿"就是对多数情况下使用的"生态补偿"概念做出的限缩性纠偏，将范围严格限定在"生态保护者"对"生态受益者"的补偿范畴，旨在化解"生态补偿"长期以来在官方文件中胡乱界定的局面，以便为"生态保护补偿"专门立法的颁布奠定基础。

一、制度变迁与生态保护补偿概念发展

(一) 制度萌芽(1997—2008)

从生态保护补偿概念于 2004 年在官方文件中出现，到 2008 年第一次在法律中提出，是生态保护补偿概念的萌芽时期。然而，此间使用"生态保护补偿"概念的文件很少，多使用"生态补偿"称谓，又鉴于"生态补偿"概念较之于"生态保护补偿"更早出现，对于这一阶段，还可以概括为："生态补偿"概念中孕育脱胎的"生态保护补偿"概念时期。

通过北大法宝检索"生态保护补偿"全文关键词，可以发现，我国最早颁布的使用"生态保护补偿"称谓的国家层面的文件是 2004 年 4 月原国家环境保护总局等部门联合发布的《湖库富营养化防治技术政策》，其中提到"鼓励针对退耕还湖(林、草)、休耕(养、捕)等开展农业生态保护补偿政策研究"。根据该政策，可以看出农业保护补偿的范围有哪些，虽然难以看出概念的内涵，但是上述领域中的"退耕""休耕"等具有明显的自然资源使用权限制意味，即通过限制开发使用资源或者停止原有资源的开发使用，使得生态环境获得恢复的机会，达到保护生态环境的效果。

根据 2005 年 5 月《国务院实施〈中华人民共和国民族区域自治法〉若干规定》第 8 条第 3 款规定："国家加快建立生态补偿机制，根据开发者付费、受

---

① 生态补偿机制的表述形式也从"生态建设和环境保护补偿机制""生态环境恢复补偿机制""生态环境补偿机制"等不同形态逐渐统一为"生态补偿机制"的用法。详见：汪劲：《论生态补偿的概念——以〈生态补偿条例〉草案的立法解释为背景》，载《中国地质大学学报(社会科学版)》2014 年第 1 期。

益者补偿、破坏者赔偿的原则,通过财政转移支付、项目支持等措施,对在野生动植物保护和自然保护区建设等生态环境保护方面作出贡献的民族自治地方,给予合理补偿。"生态补偿的领域和范围开始扩展到野生动植物保护和自然保护区建设等方面,开始强调"保护",补偿的方式明确为"财政转移支付和项目支持"等资金机制为主的途径,而且,将生态补偿的实施纳入"经济和社会发展规划以及西部大开发战略"的国家战略高度进行考量。鉴于此,同年6月,国务院颁布的《关于做好建设节约型社会近期重点工作的通知》提出了"研究建立和完善资源开发与生态补偿机制"。

2005年10月,《中共中央关于制定国民经济和社会发展第十一个五年规划的建议》,确立了生态补偿的原则为"谁开发谁保护、谁受益谁补偿",与前述1997年的《关于加强生态保护工作的意见》和2005年的《国务院实施〈中华人民共和国民族区域自治法〉若干规定》比,补偿的范围进一步缩小和明确,对于"损害者、破坏者赔偿"的要求,则不再纳入补偿范围。2005年《国务院关于落实科学发展观加强环境保护的决定》要求"完善生态补偿政策,尽快建立生态补偿机制。财政转移支付应考虑生态补偿因素,国家和地方可分别开展生态补偿试点"。国务院的这一决定,对于指导此后的生态补偿试点和实践的开展,推动生态补偿有关政策、法规的颁布具有积极作用。譬如,2005年后,中央开始加大依托重大生态环境政策工程,加大对包含各类资源的财政转移支付投入。又如,2006年《国务院2006年工作要点》要求"抓紧建立生态补偿机制";2006年《国务院关于当前水环境形势和水污染防治工作的报告》指出"完善生态补偿政策、机制,开展生态补偿试点"。2006年《国务院关于矿产资源合理利用、保护和管理工作的报告》以及2007年《国务院关于促进畜牧业持续健康发展的意见》分别就建立矿产资源领域和草原领域的生态补偿机制指明了方向。

2007年《少数民族事业"十一五"规划》提出"加快建立和完善资源开发和生态保护补偿机制"。此处的生态保护补偿和资源开发使用结合在一起使用,可以看出政策的初衷具有约束资源破坏行为的目标旨归。

2007年,《国家环境保护总局关于开展生态补偿试点工作的指导意见》提出生态补偿机制是以保护生态环境、促进人与自然和谐为目的,根据生态系统服务价值、生态保护成本、发展机会成本,综合运用行政和市场手段,调整生态环境保护和建设相关各方之间利益关系的环境经济政策。根据这一概念界定,"生态补偿"首先是融合了行政与市场手段的环境经济政策,这其实是建立在对三类经济成本的综合考量基础上,作用机理旨在平衡保护者与建设者等主体的经济利益关系。其次,试点规定的重点领域包括:重要生态功能区补偿、自然保护区补偿、矿产资源补偿、流域水环境补偿。补偿原则在《国家环境保护总局关于开展生态补偿试点工作的指导意见》中被界定为"谁开发、谁保护,谁破坏、谁恢复,谁受益、谁补偿,谁污染、谁付费",根据这一原则,一切对环境资源无论合法、非法的行为,积极的、不利的影响,似乎均可以纳入这一原则,该原则不仅与"生态补偿机制"内涵不相符,而且概念外延极大。也正因为如此,试点以后一个相当长的时期内各界常援引这一原则,使得生态补偿的内涵与外延十分庞大,曾经一度困扰着人们对于该概念的理解及适用,尽管如此,"生态补偿机制概念"的提出从一个层面,为学界理性认知其性质特别是充分讨论生态补偿的概念,打开了一扇窗。而且,为了配合试点的实施,2008年以后,财政部历年都会针对重点生态功能区制定专门的转移支付规范。

2008年2月,全国人大常委会修订了《水污染防治法》,至此,"生态保护补偿"的称谓第一次在国家层面的法律中使用。该法第7条规定,国家通过财政转移支付等方式,建立健全对位于饮用水水源保护区区域和江河、湖泊、水库上游地区的水环境生态保护补偿机制。遗憾的是,相关立法草案和释义并未解释这一概念内涵,我们也无从得出进一步的信息。但是生态保护补偿的概念已经历了从政策文件的倡导到正式法律规定的转变,上升到了制度机制层面。

据此,由于"生态补偿"显然早于"生态保护补偿"的提出,从2004年在国家政策文件出现"生态保护补偿"到2008年在法律中出现,此间大多数法规政策仍使用"生态补偿"的称谓,所以,这一时期的"生态保护补偿"仍在"生态补偿""孕育"之中产生。

(二) 概念引入到制度确立(2009—2014)

从2008年《水污染防治法》的修订到2014年《环境保护法》的修订,是生态保护补偿概念的发展时期,特别是2014年修订《环境保护法》后,"正外部性"补偿概念内涵开始明晰。在这一阶段,尽管2008年的《水污染防治法》使用了"生态保护补偿",但是此后使用"生态保护补偿"概念的文件仍不多见,一直到2014年《环境保护法》修订后,"生态保护补偿"的称谓才开始增多。

2010年12月,《全国主体功能区规划》由国务院正式发布,值得注意的是,该规划提出了"人类需求既包括对农产品、工业品和服务产品的需求,也包括对清新空气、清洁水源、宜人气候等生态产品的需求。从需求角度,这些自然要素在某种意义上也具有产品的性质。保护和扩大自然界提供生态产品能力的过程也是创造价值的过程,保护生态环境、提供生态产品的活动也是发展"。这一认知,可以间接地推论出,需求生态产品方与提供生态产品方是一对权利义务主体,这是生态保护补偿得以发生的前提。一方作为环境受益者的代表,与提供清新的空气、清洁的水源和宜人的气候等生态产品的保护者之间形成交易关系。

2011年《中华人民共和国国民经济和社会发展第十二个五年规划纲要》明确提出"建立生态补偿机制",具体要求为"按照谁开发谁保护、谁受益谁补偿的原则,加快建立生态补偿机制。加大对重点生态功能区的均衡性转移支付力度,研究设立国家生态补偿专项资金。推行资源型企业可持续发展准备金制度。鼓励、引导和探索实施下游地区对上游地区、开发地区对保护地区、生态受益地区对生态保护地区的生态补偿。积极探索市场化生态补偿机制。加快制定实施生态补偿条例"。并且,以图表专栏的形式,细化了十四类生态保护和修复重点工程,具体包括:天然林资源保护二期工程、退耕还林还草、防护林体系建设、京津风沙源治理、重点自然生态系统保护、草原生态保护与建设、水土保持与河湖生态修复、岩溶地区石漠化综合治理、黄土高原地区综合治理、西藏生态安全屏障保护与建设、三江源自然保护区生态保护与建设、祁连山水源涵养区生态保护和综合治理、甘南黄河重要水源补给生态功能区生态保护与建设和青藏高原东南缘生态环境保护。这些工程实际上也是生态补偿的政策工程,既包括单纯的生态建设投入,还涉及对保护者限制开发使用并予以补偿的模式。以此为契机,同年10月,《关于加强环境保护重点工作的意见》指出"加快建立生态补偿机制和国家生态补偿专项资金,扩大生态补偿范围"。

2012年11月,党的十八大报告提出建立反映市场供求和资源稀缺程度、体现生态价值和代际补偿的资源有偿使用制度和生态补偿制度。2013年3月,十二届全国人大一次会议要求健全资源性产品价格形成机制和生态补偿制度。不难发现,这一时期的生态补偿规定开始置于自然资源有偿使用的视角下进行规范,官方开始尝试自然资源有偿使用和生态补偿制度的协调化安排。在笔者看来,生态补偿系在自然资源合法开发使用前提下产生的制度设计与机制安排,自然资源本身是集经济、生态、其他价值于一体的,通过对资源开发使用的"干预",由政府购买自然资源的生态价值(即生态产品),调整利益关系,来实现资源有偿使用。从今后的一个时期看,两者的协调是必然问题,甚至可以实现一体化制度设计。由此,生态补偿的发生逻辑实际上是对资源开发使用的各种限制,从而产生的政府与保护者权利义务的再配置。

2013年4月,十二届全国人大二次会议审议了《国务院关于生态补偿机制建设工作情况的报告》。报告再次对"生态补偿机制"进行了界定,即在综合考虑生态保护成本、发展机会成本和生态服务价值的基础上,采取财政转移支付或市场交易等方式,对生态保护者给予合理补偿,是明确界定生态保护者与受益者权利义务、使生态保护经济外部性内部化的公共制度安排。与2007年《国家环境保护总局关于开展生态补偿试点工作的指导意见》相比,需要支付的补偿范畴一致,即"生态保护成本、发展机会成本和生态服务价值",补偿方式更强调作为经济手段的"财政转移支付或市场交易",尤其强调对生态环境的正外部行为的补偿核心是协调生态受益主体和保护主体的关系,如此一来,生态补偿的特性逐渐明晰:即作为一种旨在使得外部经济行为内部化的制度安排,通过对保护者有关财产权损失的弥补,调整保护者与受益者的权利义务关系,实质上已经将生态补偿的范围限定在了"保护补偿"。该意见对于理论和实务界理解生态补偿的范围,特别是财产权属性具有重要价值。

2014年4月,全国人大常委会修订了《环境保护法》,其中,第31条规定了"生态保护补偿"制度:"国家建立、健全生态保护补偿制度。国家加大对生态保护地区的财政转移支付力度。有关地方人民政府应当落实生态保护补偿资金,确保其用于生态保护补偿。国家指导受益地区和生态保护地区人民政府通过协商或者按照市场规则进行生态保护补偿。"虽然未对"生态保护补偿"予以界定,然而,概念所揭示的生态保护补偿概念具有明显的进步意义:首先,通过使用"生态保护补偿"这一概念重申了作为"保护补偿"的制度属性;其次,将主体关系界定为生态受益地和保护地的关系。此后,越来越多的部门文件开始使用"生态保护补偿",这体现了生态保护补偿的形成方式为"协商"或者"市场化"方式。

回顾这一时期的"生态补偿"与"生态保护补偿"立法,呈现出如下特点:第一,补偿约束的利益关系主体逐渐明确,即规范生态受益者与生态保护者的关系;第二,补偿的范围逐渐清晰,即主要涉及对环境保护正外部性的利益弥补,补偿范围为发展机会受限以及各种保护性投入;第三,补偿发生在自然资源合法使用过程中,补偿方式结合了财政与市场两种手段;第四,生态保护补偿关系调整方法为协商或市场方式。

(三) 制度确立到形成专门政策(2015年至今)

随着2014年《环境保护法》的修订,特别是在2016年首个以"生态保护补偿"命名的国家文件《关于健全生态保护补偿机制的意见》(以下简称《意见》)颁布后,不仅国家层面使用"生态保护补偿"的规范性文件越来越多,而且至今几乎所有的省份均颁布了冠以"生态保护补偿"称谓的综合性实施办法或者规定。这标志着生态保护补偿已经从法律层面的单项制度发展为专门的具有指导价值的政策文件。这一阶段可以概括为:基于"保护补偿"范畴的概念形成时期。从 2016 年后,"生态保护补偿"的官方认识趋于一致,均属于"保护补偿"的概念理解与认知。

2015 年 4 月,中共中央、国务院联合颁布了《关于加快推进生态文明建设的意见》。其中,明确了具有生态补偿性质领域为森林、草原、水土保持、自然保护区等生态建设和修复工程,该文件进一步指出,生态补偿的原则为"生态损害者赔偿、受益者付费、保护者得到合理补偿",调整对象是"生态保护者与受益者权利义务",补偿方式为转移支付制度为主的资金补助,还包括产业转移等方式,其范围不仅包括重点生态功能区补偿、生态受益地区与保护地区之间、流域上游与下游之间的补偿,其至包括生态环境损害评估制度。同年 9 月,中共中央、国务院颁布了《生态文明体制改革总体方案》,它提出"健全资源有偿使用和生态补偿制度",指出"完善生态补偿机制",具体要求包括:探索建立多元化补偿机制,逐步增加对重点生态功能区转移支付,完善生态保护成效与资金分配挂钩的激励约束机制。制定横向生态补偿机制办法,以地方补偿为主,中央财政给予支持。鼓励各地区开展生态补偿试点,继续推进新安江水环境补偿试点,推动在京津冀水源涵养区、广西广东九洲江、福建广东汀江—韩江等开展跨地区生态补偿试点,在长江流域水环境敏感地区探索开展流域生态补偿试点。

2016 年《意见》由国务院办公厅发布实施。《意见》是首个以"生态保护补偿"命名的国家层面文件,将生态补偿的范围限定在"保护补偿",对生态保护补偿从总体要求、各领域重点任务、体制机制创新及强化组织实施层面进行了全面规范。随着《意见》的实施,越来越多的国家层面文件开始使用"保护补偿"这一概念,与之前文件相比,该意见进步之处在于,明确了受益者补偿的原则,而且将补偿的领域严格限定在具有"保护补偿"性质的重点领域、区域及流域。

2016 年 12 月,财政部、环境保护部、发展改革委、水利部联合颁布了《关于加快建立流域上下游横向生态保护补偿机制的指导意见》,这是首个国家层面流域生态保护补偿的专门政策。其旨在充分调动流域上下游地区的积极性,加快形成"成本共担、效益共享、合作共治"的流域保护和治理长效机制,使得保护自然资源、提供良好生态产品的地区得到合理补偿,促进流域生态环境质量不断提高。《关于加快建立流域上下游横向生态保护补偿机制的指导意见》认为,流域上游承担保护生态环境的责任,同时享有水质改善、水量保障带来利益的权利。流域下游地区对上游地区为改善生态环境付出的努力做出补偿,同时享有因水质恶化、上游过度用水的受偿权利。流域横向生态保护补偿主要由流域上下游地方政府自主协商确定,中央财政对跨省流域建立横向生态保护补偿给予引导支持,推动建立长效机制。流域生态保护补偿基准、补偿方式、补偿标准、联防共治机制等,应通过流域上下游地方政府签订具有约束力协议等方式进行明确。此后,2020年和2021年相继颁布了黄河与长江的全流域建立横向生态保护补偿机制实施方案。

2018年12月,国家发展改革委、财政部、自然资源部、生态环境部等印发了《建立市场化、多元化生态保护补偿机制行动计划》(以下简称《计划》)。该《计划》从总体要求层面为生态保护补偿的未来发展指明了方向,认为我国亟须建立政府主导、企业和社会参与、市场化运作、可持续的生态保护补偿机制,激发全社会参与生态保护的积极性。到2020年,市场化、多元化生态保护补偿机制初步建立,全社会参与生态保护的积极性有效提升,受益者付费、保护者得到合理补偿的政策环境初步形成。到2022年,市场化、多元化生态保护补偿水平明显提升,生态保护补偿市场体系进一步完善,生态保护者和受益者互动关系更加协调,成为生态优先、绿色发展的有力支撑。遗憾的是,该《计划》并未界定何为市场化的生态保护补偿,从政策内容观之,实际上几乎将我国生态环保领域的所有市场化行为均纳入了进来,该文件实际为"建立市场化、多元化生态环境保护机制行动计划",仅有绿色标识制度及鼓励生态保护地区和受益地区开展的横向生态保护补偿制度才属于生态保护补偿的范畴。

为贯彻落实党中央、国务院的决策部署,进一步健全生态保护补偿机制,提高资金使用效益,2019年颁布了《生态综合补偿试点方案》。2021年颁布了《关于深化生态保护补偿制度改革的意见》,提出要围绕生态文明建设总体目标,加强同碳达峰、碳中和目标任务衔接,进一步推进生态保护补偿制度建设,发挥生态保护补偿的政策导向作用。

2024年4月6日,国务院全文公布《条例》,生态保护补偿在国家层面开始有了较高位阶的专门立法。

据此,直到2016年《意见》的颁布,"生态保护补偿"才得以确立。值得注意的是,自2016年《意见》颁布后,不仅"十三五"规划纲要以及《海洋环境保护法》使用了"生态保护补偿"概念,而且,从地方层面看,几乎所有省份均颁布了有关生态保护补偿机制的实施意见,还有一些地区制定了生态保护补偿地方性法规或者规章。

遗憾的是，《条例》颁布之前，鲜有对生态保护补偿进行文件解释的规定。值得注意的是，2021年10月南京市政府发布的《南京市生态保护补偿办法》对生态保护补偿的概念进行了说明。根据《南京市生态保护补偿办法》第2条，生态保护补偿是指通过财政转移支付或者市场交易等方式，对生态保护者因履行生态保护责任所增加的支出和付出的成本，予以适当补偿的活动。这一概念指明了生态保护补偿的发生逻辑，即"因保护环境使得经济发展受限"，该解释使之与单纯的生态建设和生态投入区别开来。

由此，2016年《意见》颁布后至今，生态保护补偿已经从法律层面的单项制度发展为专门的具有指导价值的国家及地方政策文件，且生态保护补偿的概念外延也相对清晰。

（四）生态保护补偿制度的发展特点

具体而言，通过历史地梳理生态保护补偿的有关内容，总结出形式意义上生态保护补偿的发展演变特点如下：

第一，我国政府对补偿原则的认知，实际上经历了一个曲折的发展历程，直到2016年《意见》颁布后，"受益者补偿"原则才真正确立，与之相关的基于"保护补偿"的补偿范围才得以明确，这使得损害者赔偿、污染者破坏者及开发使用者付费等对生态环境产生不利影响的内部化行为被排除在外。当前官方对生态保护补偿的范围界定大体是合理的，使用"生态保护补偿"这一称谓更为科学。理由在于，根据"开发者保护、污染者治理"的要求，更能解决生态与环境破坏的修复，以及污染者治理问题，譬如排污收费、环境损害赔偿、恢复草原植被、排污许可与总量控制制度等。生态保护补偿实际是针对，而且应当针对新出现的社会需求产生制度回应，不应该重复而且继续容纳既有的法律范畴，由此，必然体现为一种对环境生态效益"正外部性"补偿的创新性制度安排。

第二，生态保护补偿制度的核心主体已被逐渐限定于保护者与受益者。保护者是指生态环境的保护者，受益者是指生态环境的受益者。而环境损害赔偿及受偿主体、污染破坏者及单纯的开发资源付费主体与受偿主体，不是生态保护补偿意义上的主体。生态保护补偿制度规范的重点是保护者与受益者的权利义务，从实践看，当务之急是"加快形成受益者付费、保护者得到合理补偿的运行机制"。

第三，生态保护补偿已经成为环境保护基本法上的重要制度。根据《环境保护法》，国家建立、健全生态保护补偿制度。国家加大对生态保护地区的财政转移支付力度。有关地方人民政府应当落实生态保护补偿资金,确保其用于生态保护补偿。国家指导受益地区和生态保护地区人民政府通过协商或者按照市场规则进行生态保护补偿。

第四,生态保护补偿开始逐渐对发展受限导致的财产损失予以补偿。如根据2021年《南京市生态保护补偿办法》规定,生态保护补偿是生态受益者对生态保护者因履行生态保护责任所增加的支出和付出的成本予以补偿。

第五,流域生态保护补偿的基本政策得以确立,重要大江大河的全流域补偿机制确立,流域生态保护补偿由地方政府自主协商形成,通过协议确定基本的权利义务关系。

二、生态保护补偿制度梳理与概念解释

对国家层面有关生态保护补偿政策法规的历史考察,旨在纵向梳理生态保护补偿相关制度内容的来龙去脉。为了全面理解生态保护补偿在当前各政策法规中的实质内涵,还需要静态地解读当前国家层面及地方层面涉及生态保护补偿内容的实质规定,以为概念界定尽可能提供详尽的支持。如前所述,生态保护补偿称谓的动态演变呈现出融合"正外部性+财产权限制+生态保护目的"的三元特性,这些特点可以初步为法规政策层面的生态保护补偿规定分析框定范围。

(一)国家层面含有生态保护补偿制度的主要规范及规定

当前,我国生态保护补偿的规范性体系为:以《环境保护法》中的生态保护补偿基本制度为统领,资源领域专门法中的保护补偿规范为补充,国家层面《意见》和《关于深化生态保护补偿制度改革的意见》为指导,其他有关行政法规、部门规章为衔接,地方性法规、地方政府规章相互配合的制度体系。具体言之,国家层面含有生态保护补偿内容的主要规范及规定详见表1-1至表1-3。

行政法规、行政规范性文件及部门规章层面,笔者在北大法宝检索发现,中共中央、国务院、全国政协,以及中共中央与国务院联合发布的含有生态保护补偿内容的文件,主要涉及自然保护区、海洋环境、退耕还林、流域、湿地、森林补偿、草原、矿区生态环境恢复补偿、主体功能区划等方面。总体而言,这些规范基本涵盖了"生态保护补偿"的区域补偿、湿地、荒漠、水流、森林、草原、海洋、耕地等重要领域,其中绝大多数在2014年《环境保护法》修订之后发布。

表 1-1 我国现行法律有关生态保护补偿的规定

法律	制定/最后修改时间	具有生态保护补偿性质的制度措施
青藏高原生态保护法	2023年4月制定	第43条 国家加大财政转移支付力度,通过提高转移支付系数、加计生态环保支出等方式,对青藏高原生态功能重要区域予以补偿。青藏高原省级人民政府应当将生态功能重要区域全面纳入省级对下生态保护补偿转移支付范围,促进生态保护同民生改善相结合……
黄河保护法	2022年10月制定	第102条 国家建立健全黄河流域生态保护补偿制度。 国家加大财政转移支付力度,对黄河流域生态功能重要区域予以补偿。具体办法由国务院财政部门会同国务院有关部门制定。 国家加强对黄河流域行政区域间生态保护补偿的统筹指导、协调,引导和支持黄河流域上下游、左右岸、干支流地方人民政府之间通过协商或者按照市场规则,采用资金补偿、产业扶持等多种形式开展横向生态保护补偿。 国家鼓励社会资金设立市场化运作的黄河流域生态保护补偿基金。国家支持在黄河流域开展用水权市场化交易。
黑土地保护法	2022年6月制定	第22条第2款 国家加大对黑土地保护措施奖补资金的倾斜力度,建立长期稳定的奖励补助机制。 第23条 国家实行用养结合、保护效果导向的激励政策,对采取黑土地保护和治理修复措施的农业生产经营者按照国家有关规定给予奖励补助。
湿地保护法	2021年12月制定	第36条 国家建立湿地生态保护补偿制度。 国务院和省级人民政府应当按照事权划分原则加大对重要湿地保护的财政投入,加大对重要湿地所在地区的财政转移支付力度。 国家鼓励湿地生态保护地区与湿地生态受益地区人民政府通过协商或者市场机制进行地区间生态保护补偿。 因生态保护等公共利益需要,造成湿地所有者或者使用者合法权益受到损害的,县级以上人民政府应当给予补偿。
乡村振兴促进法	2021年4月制定	第34条 国家健全重要生态系统保护制度和生态保护补偿机制,实施重要生态系统保护和修复工程,加强乡村生态保护和环境治理,绿化美化乡村环境,建设美丽乡村。
草原法	2021年4月修正	第48条第2款 对在国务院批准规划范围内实施退耕还草的农牧民,按照国家规定给予粮食、现金、草种费补助。

(续表)

法律	制定/最后修改时间	具有生态保护补偿性质的制度措施
长江保护法	2020年12月制定	第76条 国家建立长江流域生态保护补偿制度。国家加大财政转移支付力度,对长江干流及重要支流源头和上游的水源涵养地等生态功能重要区域予以补偿。具体办法由国务院财政部门会同国务院有关部门制定。 国家鼓励长江流域上下游、左右岸、干支流地方人民政府之间开展横向生态保护补偿。 国家鼓励社会资金建立市场化运作的长江流域生态保护补偿基金;鼓励相关主体之间采取自愿协商等方式开展生态保护补偿。
森林法	2019年12月修订	第7条 国家建立生态效益补偿制度。
土地管理法	2019年8月修正	第30条第2款 国家实行占用耕地补偿制度。
野生动物保护法	2022年12月修订	第19条第1款 因保护本法规定保护的野生动物,造成人员伤亡、农作物或者其他财产损失的,由当地人民政府给予补偿……
防沙治沙法	2018年10月修正	第25条第3款 采取退耕还林还草、植树种草或者封育措施治沙的土地使用权人和承包经营权人,按照国家有关规定,享受人民政府提供的政策优惠。 第33条第2款 县级以上地方人民政府应当按照国家有关规定,根据防沙治沙的面积和难易程度,给予从事防沙治沙活动的单位和个人资金补助、财政贴息以及税费减免等政策优惠。 第35条 因保护生态的特殊要求,将治理后的土地批准划为自然保护区或者沙化土地封禁保护区的,批准机关应当给予治理者合理的经济补偿。
海洋环境保护法	2023年10月修订	第35条第1款 国家建立健全海洋生态保护补偿制度。
水污染防治法	2017年6月修正	第8条 国家通过财政转移支付等方式,建立健全对位于饮用水水源保护区区域和江河、湖泊、水库上游地区的水环境生态保护补偿机制。
环境保护法	2014年4月修订	第31条 国家建立、健全生态保护补偿制度;加大对生态保护地区的财政转移支付;指导受益地区和生态保护地区人民政府通过协商或者按照市场规则进行生态保护补偿。
渔业法	2013年12月修正	第28条 ……县级以上人民政府渔业行政主管部门可以向受益的单位和个人征收渔业资源增殖保护费,专门用于增殖和保护渔业资源……

(续表)

法律	制定/最后修改时间	具有生态保护补偿性质的制度措施
水土保持法	2010年12月修订	第31条 国家加强江河源头区、饮用水水源保护区和水源涵养区水土流失的预防和治理工作,多渠道筹集资金,将水土保持生态效益补偿纳入国家建立的生态效益补偿制度。 第32条 开办生产建设项目或者从事其他生产建设活动造成水土流失的……应当缴纳水土保持补偿费……
海域使用管理法	2001年10月制定	第30条 因公共利益或者国家安全的需要,原批准用海的人民政府可以依法收回海域使用权。依照前款规定在海域使用权期满前提前收回海域使用权的,对海域使用权人应当给予相应的补偿。

表1-2 中央层面发布的含生态保护补偿制度的主要法规或政策规定

法规或政策	发布机关	发布时间	与生态保护补偿相关的内容
生态保护补偿条例	国务院	2024年4月	全文
关于深化生态保护补偿制度改革的意见	中共中央办公厅、国务院办公厅	2021年9月	全文
关于落实《政府工作报告》重点工作部门分工的意见(2019)	国务院	2019年3月	自然资源部、生态环境部、水利部、国家林草局、国家发展改革委等按职责分工负责健全生态补偿机制
自然保护区条例	国务院	2017年10月修订	自然保护区核心区内原有居民确有必要迁出的,由自然保护区所在地的地方人民政府予以妥善安置
"十三五"生态环境保护规划	国务院	2016年11月	建立健全生态保护补偿机制、区域生态保护补偿机制,加快建立多元化生态保护补偿机制
风景名胜区条例	国务院	2016年2月修订	因设立风景名胜区对风景名胜区内的土地、森林等自然资源和房屋等财产的所有权人、使用权人造成损失的,应当依法给予补偿。政府或者政府部门修改风景名胜区规划对公民、法人或者其他组织造成财产损失的,应当依法给予补偿

(续表)

法规或政策	发布机关	发布时间	与生态保护补偿相关的内容
关于健全生态保护补偿机制的意见	国务院办公厅	2016年4月	全文
退耕还林条例	国务院	2016年2月修订	第四章 资金和粮食补助
关于大力实施促进中部地区崛起战略的若干意见	国务院	2012年8月	支持在丹江口库区及上游地区、淮河源头、东江源头、鄱阳湖湿地等开展生态补偿试点。鼓励新安江、东江流域上下游生态保护与受益区之间开展横向生态环境补偿
全国主体功能区规划	国务院	2010年12月	确立了重点生态功能区
关于2009年促进农业稳定发展农民持续增收的若干意见	中共中央、国务院	2008年12月	启动草原、湿地、水土保持等生态效益补偿试点
蓄滞洪区运用补偿暂行办法	国务院	2000年5月	为了保障蓄滞洪区的正常运用,确保受洪水威胁的重点地区的防洪安全,合理补偿蓄滞洪区内居民因蓄滞洪遭受的损失;规定了补偿对象、范围、标准、补偿程序等

表1-3 国家有关部门发布的含生态保护补偿制度的主要规章与政策规定

法规与政策	发布机关	发布时间	与生态保护补偿相关的内容
支持长江全流域建立横向生态保护补偿机制的实施方案	财政部、生态环境部、水利部、国家林业和草原局	2021年4月	全文
支持引导黄河全流域建立横向生态补偿机制试点实施方案	财政部、生态环境部、水利部、国家林业和草原局	2020年4月	全文
关于做好水电开发利益共享工作的指导意见	国家发展和改革委员会等6部委	2019年3月	完善水电开发征地补偿安置政策

(续表)

法规与政策	发布机关	发布时间	与生态保护补偿相关的内容
建立市场化、多元化生态保护补偿机制行动计划	国家发展和改革委员会、财政部、水利部等9部门	2018年12月	全文
关于海域、无居民海岛有偿使用的意见	国家海洋局	2018年7月	制定海洋生态保护补偿制度
关于深入推进生态环境保护工作的意见	农业农村部	2018年7月	完善生态补偿政策
关于建立健全长江经济带生态补偿与保护长效机制的指导意见	财政部	2018年2月	对中央和地方财政支持长江经济带生态补偿与保护进行了全面规定
关于加强长江经济带工业绿色发展的指导意见	工业和信息化部、国家发展和改革委员会、科学技术部、财政部、环境保护部	2017年6月	鼓励长江经济带建立地区间、上下游间生态补偿机制,推动上中下游开发地区和生态保护地区进行横向生态补偿
关于进一步加强渤海生态环境保护工作的意见	国家海洋局	2017年5月	建立健全海洋开发利用活动生态补偿制度
探索实行耕地轮作休耕制度试点方案	农业部等10部委	2016年6月	详细规定了休耕方案
关于加快推进渔业转方式调结构的指导意见	农业部	2016年5月	建立健全渔业生态补偿机制
关于进一步加强区域合作工作的指导意见	国家发展和改革委员会	2015年12月	完善对重点生态功能区的生态保护补偿机制,支持地区间建立横向生态保护补偿制度
关于贯彻实施国家主体功能区环境政策的若干意见	环境保护部、国家发展和改革委员会	2015年7月	加大对禁止和限制开发区环境保护资金投入、财政转移支付、生态补偿力度;制定和落实科学的生态补偿制度和专项财政转移支付制度;将生态保护补偿机制建设工作纳入地方政府的绩效考核;推进实施生态保护补偿及监测考评机制

(续表)

法规与政策	发布机关	发布时间	与生态保护补偿相关的内容
关于加强国家重点生态功能区环境保护和管理的意见	环境保护部、国家发展和改革委员会、财政部	2013年1月	在中央财政要继续加大对国家重点生态功能区的财政转移支付力度的同时,探索建立地区间横向援助机制
重点流域水污染防治规划(2011—2015年)	环境保护部、国家发展和改革委员会、财政部、水利部	2012年5月	推进建立流域跨省生态补偿机制,强化退牧还草等生态保护措施,提高水源涵养能力,试点实施生态补偿机制

(二)地方层面有关规范性文件及规定

我国的生态保护补偿工作几乎都是自上而下地在地方政府的层层安排与推动下具体实施的。为此,各地省市人大和省市政府以及政府部门也相应地制定了一些生态保护补偿的地方规范性文件和政策。而且,在1994年原国家环保局在部分省份试点征收生态环境补偿费之前,山西、陕西、内蒙古、云南、河北等地已经率先进行了征收生态环境补偿费工作。①

对省级及以下地方生态保护补偿立法与政策文件的类别进行分析,可以发现除甘肃省外,地方制定与生态补偿相关的地方性法规、规章或政策中数量最多的是在综合性环境与资源保护法规与政策中规定生态补偿条文以及生态保护补偿具体实施办法;次多的是对森林、流域生态补偿领域的实施规定;再之后是自然保护区、海洋以及矿产资源开发生态环境恢复补偿领域的实施规定。此外,少数省市地方人民政府或主管部门在湿地、农业、土壤、防治沙化和荒漠化、水资源保护和草原生态补偿领域作出了规定。

从全国各地实施生态保护补偿的经验看,浙江省在制定地方生态保护补偿法规与政策方面走在了各地的前列。早在2005年,浙江省德清县就制定了《关于建立西部乡镇生态补偿机制的实施意见》,对生态补偿的原则、范围、资金筹措、资金使用作出了明确规定。2012年7月,浙江省政府颁发了《关于进一步完善生态补偿机制的若干意见》,明确了省内开展生态补偿的原则、步骤和方法。之后,浙江省许多县市都制定了相关的实施意见或方案。我国绝大多数省级及市级政府都颁布了本地区的《关于健全生态保护补偿机制的实施意见》或者《关于深化生态保护补偿制度改革的实施方案》,且主

---

① 任勇、冯东方、俞海等:《中国生态补偿理论与政策框架设计》,中国环境科学出版社2008年版,第92页。

要于2016年后颁布。但是,生态保护补偿专门的地方政府规章还不多。2012年4月,广东省政府颁布了《广东省生态保护补偿办法》(2014年修订)。2016年9月,南京市政府颁发了《南京市生态保护补偿办法》,这两个规定的实施,走在了国家和其他地方立法的前列。2020年12月,海南省人大制定了《海南省生态保护补偿条例》。

在森林生态补偿领域,自1998年《森林法》设立森林生态效益补偿基金制度以后,为配合中央森林生态效益补偿基金的实施,各省相继设立了本省的森林生态效益补偿基金并制定了实施办法及其方案。例如,2008年1月福建省厦门市财政局和厦门市林业局联合制定了《厦门市级财政森林生态效益补偿基金管理暂行办法》,设立市级财政补偿基金,对本辖区的生态公益林一律按照每年每公顷180元的平均标准给予补偿。2021年,武汉市财政局、武汉市园林和林业局修订了《武汉市森林生态效益补偿资金管理办法》。

在重点生态功能区以及自然保护区和区域生态补偿等领域,早在2008年2月,辽宁省财政厅制定的《辽宁省东部重点区域生态补偿政策实施办法》,界定了区域生态补偿的范围、补偿资金测算指标、补偿资金计算公式、补偿资金下达和管理以及相关部门的职责等内容。2010年10月,青海省先于其他地区将《三江源生态补偿机制试行办法》上报国务院审批,探索建立了三江源生态补偿长效机制。2012年4月,广州市城市管理委员会制定《广州市生活垃圾终端处理设施区域生态补偿暂行办法》。2022年7月,齐齐哈尔市政府制定了《齐齐哈尔市嫩江流域跨行政区界水环境生态补偿办法(试行)》,对此前实施的《齐齐哈尔市嫩江干流跨行政区界水环境生态补偿办法》和《齐齐哈尔市乌裕尔河、双阳河流域跨行政区界水环境生态补偿办法》予以合并。

在中央财政支持重点流域生态保护补偿试点的同时,各地主要城市在饮用水源地保护和行政辖区内中小流域上下游探索生态补偿机制。例如,北京市与河北境内水源地之间的水资源保护协作;天津市安排专项资金用于引滦水源保护工程;江西省安排专项资金,对"五河一湖"①及东江源头保护区进行生态保护补偿;江苏、湖北、福建分别开展了流域生态保护补偿,根据断面水质是否达标确定上下游之间的补偿。浙江省在全省8大水系开展流域补偿试点,是中国第一个实施省内全流域补偿的省份。截至2022年5月,全国已有18个省份、13个流域(河段)探索开展跨省流域上下游横向生态保护补偿。其中近七成已实施至少一轮补偿协议,新安江、九洲江流域已签署三轮

---

① "五河一湖"是指:赣江、抚河、信江、饶河、修河和鄱阳湖。

跨省流域上下游横向生态补偿协议,东江、汀江—韩江、引滦入津流域已履行完成第二轮协议。同时,全国已有31个省(自治区、直辖市)开展省内流域生态补偿机制建设,其中浙江、重庆、山东、天津等14个省份实现了省内流域生态补偿全覆盖。①

在湿地生态补偿领域,各地主要依托森林、草原和自然保护区建设开展湿地生态补偿工作。黑龙江省于2003年6月颁布了我国第一个地方性湿地保护法规《黑龙江省湿地保护条例》,在第8条第3款规定,各级人民政府应当鼓励和支持退耕还湿等湿地恢复,并对在湿地保护和恢复工作中做出突出贡献的单位和个人给予表彰奖励。此后,《黑龙江省湿地保护条例》于2010年、2015年、2018年进行了三次修改。辽宁省人大常委会于2007年10月制定了《辽宁省湿地保护条例》,将湿地保护补助纳入省级财政预算。2011年5月,中共苏州市委员会、苏州市人民政府在《关于建立生态补偿机制的意见(试行)》中,规定对重要生态湿地所在村每年予以50万元的生态补偿。2021年12月,武汉市人民政府颁布了《武汉市湿地自然保护区生态补偿办法》,以有效保护本市湿地资源,维护湿地生态系统安全。目前,几乎所有省份都开展了卓有成效的湿地保护补偿实践。

在海洋生态保护补偿领域,早在1996年1月,天津市人民政府就发布了《天津市海域环境保护管理办法》,规定开发利用海洋资源应当遵照谁开发谁保护、谁利用谁补偿和开发利用与保护增殖并重的方针。海南省人大常委会在2008年通过的《海南省海洋环境保护规定》要求政府"应当逐步加大对海洋环境保护、海洋生态建设和海洋环境监测能力建设的资金投入,所需经费纳入同级财政预算,给予资金保障"。2015年后,海洋补偿领域逐渐朝向专门规范的趋势发展,广西、连云港、山东、苏州、厦门、珠海、河北等省市先后颁布了涉及海洋补偿的综合性或某一领域规定,如2017年11月《连云港市政府办公室印发关于加强海洋生物资源损失补偿管理工作的意见的通知》、2020年6月《河北省海洋生态补偿管理办法》、2020年12月《山东省海洋环境质量生态补偿办法》。

(三) 生态保护补偿相关制度中的概念特点

通过进一步考察,结合我国各地开展的森林、草原、流域、海洋、土地等生态保护补偿法规政策实践,可以归纳出我国生态保护补偿相关制度特点

---

① 刘桂环、谢婧、王夏晖、文一惠:《以流域生态保护补偿助推水生态产品价值实现》,中国环境网,2022年5月23日,https://www.cenews.com.cn/news.html?aid=976708,访问日期:2024年8月16日。

如下:

第一,实质意义上的生态保护补偿概念界定,大多存在于各政策文件,而非立法中。生态保护补偿是我国政府主导的生态补偿活动,其主要的文件依据为,涉及各领域生态保护补偿工程政策的规章和其他规范性文件,特别是省级以下的各领域生态保护补偿实施文件来贯彻落实,而且很多文件在属性上往往不属于《立法法》中的法律、行政法规、部门规章、地方性法规、自治条例和单行条例、规章,而是属于设区市以上政府颁布的其他规范性文件,或者不属于规范性文件的范畴,与"正式的规则"比,这些文件更多地以"软法"的形式发挥重要作用,就实践看,生态保护补偿"软法"实际上发挥着主要作用,如同罗特曼教授所言——软法所指的规范虽然没有法律拘束效力(体现为传统形式主义、实证主义意义)的,但实际与传统法律功能一致,行动者会将它们视为塑造其行为的依据,自愿地普遍遵守,以及信奉这些规范。① 但是,以政策文件形式规定生态保护补偿概念,不可避免地带来地区、部门差异。

第二,法规、规范性政策文件的实质意义上生态保护补偿及相关概念规定具有高度分散性。规范性文件的制定者包括中央人民政府和地方各级人民政府。虽然大部分地方政府文件是对中央政府文件的细化,但前者在数量上远远超过后者,并且前者更具灵活性,可以在比较前沿且成熟的生态保护补偿领域单独制定文件。

第三,法规、规范性政策文件与生态保护补偿规定通常只专注于某个生态保护领域,进一步导致生态保护补偿具体领域概念的差异。在每个生态保护补偿具体领域,生态保护补偿概念、补偿资金来源和使用、补偿方式、补偿范围和标准等方面均不统一,并且经过一段时间的实践,每个领域已然形成了各自相对封闭的体系。由于生态系统的整体性,对这些领域的保护措施有交叉重叠的地方。例如,对水和流域的保护常常会与森林、草原、土地的保护相交叉;对森林、草原的保护常常与湿地保护相重叠,而自然保护区的保护则会涉及更多的生态保护补偿领域。

第四,生态保护补偿相关规定中,既涉及对环境资源使用完全限制的补偿,如退耕还林草,还涉及对环境资源使用部分限制的补偿,如休牧、轮牧、草原补奖、流域补偿等。

以上方面,可以视为实质意义上政策法规层面生态保护补偿概念的特点。

---

① 沈岿:《软法概念之正当性新辨——以法律沟通论为诠释依据》,载《法商研究》2014 年第 1 期。

三、对法规政策层面概念的进一步反思

尽管目前我国初步形成了生态保护补偿的立法体系,但由于生态补偿专门立法颁布较晚,使得补偿概念与原则界定一直不一致,导致概念构成的法律关系主体及其权利义务关系、补偿管理体制、生态补偿的投入机制、违反法定义务的罚则等基础性重要因素都缺乏明确统一的规范,或者规定之间相互冲突不协调。由于生态保护补偿相关规范仅仅是原则性地谈及补偿问题,且不具有操作性;又由于生态保护补偿作为一项制度的推定,在我国常依托阶段性的政策工程来推行,生态保护补偿及其概念要素在纷繁复杂的政策文件中表述不一、内涵不一,更加剧了理解的困难。

尽管如此,无论是含有生态保护补偿称谓的规范性文件,还是生态保护补偿相关规定内容,其彰显的概念内涵目前已经在实定法层面呈现出一些共性特点,主要包括:第一,生态保护补偿的基本原则为受益者补偿,保护者接受补偿;第二,生态保护补偿的范围既包括生态环境建设,也包括因限制环境资源开发利用而产生的保护活动;第三,生态保护补偿的主要实现方式为财政转移支付等资金方式;第四,生态保护补偿涉及对个体的补偿,以及区域补偿、流域补偿等多个类型;第五,生态保护补偿规范的法律关系性质既涉及指导关系,也涉及管理关系。

《条例》的颁布,对生态保护补偿机制的手段、依据、补偿对象、属性、补偿形式等进行了规范,一定程度上解决了实务界的困难。至此,其他法规政策均没有进行概念界定。

根据《条例》第2条第2款规定:"本条例所称生态保护补偿,是指通过财政纵向补偿、地区间横向补偿、市场机制补偿等机制,对按照规定或者约定开展生态保护的单位和个人予以补偿的激励性制度安排。生态保护补偿可以采取资金补偿、对口协作、产业转移、人才培训、共建园区、购买生态产品和服务等多种补偿方式。"该条第3款规定:"前款所称单位和个人,包括地方各级人民政府、村民委员会、居民委员会、农村集体经济组织及其成员以及其他应当获得补偿的单位和个人。"

本条解读如下,首先,生态保护补偿机制的手段有财政纵向补偿、地区间横向补偿、市场机制补偿等;其次,开展生态保护补偿的依据是规定或者约定,生态保护补偿的对象是开展生态保护的单位和个人;再次,生态保护补偿的属性是激励性制度;最后,补偿形式有资金补偿、对口协作等。

遗憾的是,《条例》对诸多关键问题规定还不明晰,没有从根本上化解各界困惑:第一,生态保护补偿的目标到底是什么? 第二,生态保护补偿的范围

到底是什么,所有激励正外部性的生态保护与补偿规范都是生态保护补偿吗?所有因保护环境被限制发展机会而接受补偿的正外部性行为规范,都是生态保护补偿吗?第三,各类被限制发展的生态保护者、生态建设者、生态受益者等都是生态保护补偿的法律关系主体么,政府及其相关部门在其中角色和地位如何?第四,生态保护补偿的法律关系属性除激励制度外,究竟是行政指导性质的法律关系,还是行政关系,抑或是私法关系等?为更好地理解和诠释概念,笔者认为仍有必要从学理层面考察概念,而且后续立法有对概念再次完善的必要。

发展至此,生态保护补偿所体现的受益者对保护者"正外部性"的补偿属性已经明确,基于这一基本范畴,补偿所体现的对特殊利益者,即财产权受限制者的损失弥补,开始为地方立法实践所认知,据此,可以看出:从生态补偿提出伊始到《水污染防治法》修订前,还没有出现"生态保护补偿"概念。当时的生态补偿概念主要侧重于对环境公益的保护,随着2004年"生态保护补偿"于国家层面文件所使用,其初衷便具有"自然资源使用权限制"的特点,一直到2008年修订的《水污染防治法》将生态保护补偿提升到法律层面的机制高度,是生态保护补偿概念的萌芽和产生时期。2008年后到《环境保护法》修订时期,是生态保护补偿概念的发展时期,2014年修订的《环境保护法》已经突出对生态保护者与受益者关系的协调,一直到2016年"生态保护补偿"才在官方文件中将范围限定在"保护补偿",并明确了具体的领域。

生态保护补偿概念发展至今,已经对多数情况下使用的生态补偿概念进行了必要的修正,使得其涵盖的范围和主体关系(即直接约束生态保护者与受益者的关系)更加清晰。尽管"生态保护补偿"认识获得了一定共识,但目前国家层面规范性文件中出现的和"生态保护补偿"有关的概念仍然很多,主要包括:生态补偿、生态补偿机制、生态效益补偿、生态环境补偿、生态环境恢复补偿等,这些概念体现在不同的法律、法规、规章等文件中,现有规定在《条例》颁布前均没有对其解释,对实务界理解和适用依然造成了很大困扰。生态保护补偿有关的概念不仅在综合性生态保护补偿规定方面界定不一致,而且在森林、草原、湿地等重点领域以及区域、流域等领域界定也不尽一致,造成了理解和法律适用的困难。《条例》颁布后,在一定程度上回应了上述难题,但并未根本解决概念界定的诸多难题,仍需要从学理层面进行追问。

第二节 理论层面的"生态保护补偿"概念发展

一、国内外研究中"生态保护补偿"之概念演变

（一）国外概念

从国际社会看,"生态保护补偿"的相关实践早于其理论研究。现有研究表明,"生态保护补偿"的相关概念发展至今,国外对其认知已基本形成共识,即体现"受益者补偿"要求的生态需求者对服务者的补偿——这一点表明,在补偿范围和规范的利益关系方面,与我国当前官方、学界主流认知的"生态案保护补偿"概念是一致的。

20世纪20年代以来至今,国外已经形成了许多生态补偿的成功案例,引发国际社会的广泛关注。国际上关于生态补偿的研究集中于生态或环境服务付费;调整保护者与受益者在环境与生态方面的经济利益关系[1];对生态系统服务的功能予以价值评估;公共物品与外部性理论,以及生态补偿理论基础层面的探讨。[2] 生态系统服务的概念始于20世纪60年代（King,1966;Helliwell,1969)[3],1970年,联合国大学（United Nations University）发表的《人类对全球环境的影响报告》使用了"生态系统服务功能"这一概念。[4] 然后,环境服务拓展为全球环境的公共服务功能（Holdren and Ehrlich,1974),后来演化出"自然服务",最后由Ehrlich（1981）确定为生态系统服务。[5] 目前,与国内"生态补偿""生态保护补偿"等相关概念类似的外国提

---

[1] 譬如,国外学者Scott Farrow提出,若想达到环境可持续发展的目标,补偿水平应大于净收益,且净收益用于再投资。Hamdar通过对密西西比州的土地休耕计划（CRP）进行分析,来确定农民退耕的机会成本。Timothy L. McDaniels等从决策和行为研究出发,运用概念框架和一系列应用程序分析了加拿大亚伯达的非市场损失并分析讨论了如何分配补偿。参见：Scott Farrow, "Environmental Equity and Sustainability: Rejecting the Kaldor-Hicks Criteria", *Ecological Economics*, 1998, 27（2）：183-188; Bassam Hamdar, "An Efficiency Approach to Managing Mississippi's Marginal Land Based on the Conservation Reserve Program（CRP）", *Resources, Conservation and Recycling*, 1999, 26（1）：15-24; Timothy L. McDaniels and William Trousdale, "Resource Compensation and Negotiation Support in an Aboriginal Context: Using Community-based Multi-attribute Analysis to Evaluate Non-market Losses", *Ecological Economics*, 2005, 55（2）：173-186.

[2] 彭文英、马思瀛、张丽亚：《基于碳平衡的城乡生态补偿长效机制研究——以北京市为例》,载《生态经济》2016年第9期。

[3] 参见邬建国主编：《现代生态学讲座（III）：学科进展与热点论题》,高等教育出版社2007年版,第346页。

[4] 参见张振明、刘俊国：《生态系统服务价值研究进展》,载《环境科学学报》2011年第9期。

[5] 参见邬建国主编：《现代生态学讲座（III）：学科进展与热点论题》,高等教育出版社2007年版,第346页。

法包括:生态补偿(Ecological Compensation)、生态/环境服务付费(Payment for Ecological/Environmental Service,PES)、生态环境服务市场(Market for Ecological/Environmental Services,MES)和生态环境/服务补偿(Compensation for Ecological/Environmental Services,CES)等。目前,国外更多使用的是 PES 和 MES 概念,多从"服务""产品""数量"和"品质"等对 PES 进行界定[①],如 Fisher(2008)将生态系统服务直接视为产品,人类通过利用可从中获得好处。[②] Farley 等把生态系统服务视为存量资源,生态系统服务能为自然界提供存量服务。[③] Tacconi[④]、Mahantyetal 等将生态补偿解释为环境服务市场(Market for Ecological/Environmental Services,MES)。[⑤]

国外的生态补偿(Ecological Compensation)概念最早于 1965 年由 A. G. Chikishev 提出,是指生态系统的自我调节和恢复。[⑥] 发展到 20 世纪 90 年代,特指若拟批准的项目对自然环境产生了影响,应当依据"没有纯损耗、净损耗"的要求,予以修复、通过措施增强生态系统的服务功能,或者异地重新建设,以保证稳定的生态系统。之后逐渐演变为一种激励性行为机制,即根据生态系统功能提供的价值,向生态保护者与生态建设者提供相应的费用。[⑦] 目前,国际社会上的生态补偿包括两种类型:第一种是针对负外部性资源环境行为的内部化措施,即由资源环境的使用权主体对其造成的生态环境损害和破坏承担责任与补救;第二种是针对正外部性资源环境行为的内部化措施,即由资源环境权益的受益者对资源环境的保护者予以经济利益补偿,便是时下最为常见的生态系统服务付费(Payment for Ecosystem Services,简称 PES)。

---

① 参见李国平、石涵予:《国外生态系统服务付费的目标、要素与作用机理研究》,载《新疆师范大学学报(哲学社会科学版)》,2015 年第 2 期。
② B. Fisher,Kerry Turner and Matthew Zylstra et al. , "Ecosystem Services and Economic Theory: Integration for Policy-relevant Research", *Ecological Applications*,2008,18(8):2050-2067.
③ J. Farley and Robert Costanza, "Payments for Ecosystem Services: From Local to Global", *Ecological Economics*,2010,69(11):2060-2068.
④ Luca Tacconi, "Redefining Paymens for Environmental Services", *Ecological Economics*,2012,73(1):29-36.
⑤ L. Tacconi,Helen Suich and S. Mahanty, "Access and Benefits in Payments for Environmental Services and Implications for REDD+: Lessons from Seven PES Schemes", *Land Use Policy*,2013,31(2):38-47.
⑥ Ecological Compensation(生态补偿)这一概念最早源于 A. G. Chikishev, *Plant Indicators of Soils, Rocks, and Subsurface Waters*, Consultants Bureau,1965:1-2.此外,马歇尔(1910)提出生态环境的外部性问题,庇古在此理论基础上,提出单纯靠市场机制消除环境污染和生态破坏等"负的外部性"作用甚微,此时必须依靠政府,采用行政、法律和经济手段实施干预。后来,理查德·阿贝尔·马斯格雷夫(1996)提出了"谁受益谁付费"思想。详见段铸、程颖慧:《基于生态足迹理论的京津冀横向生态补偿机制研究》,载《工业技术经济》2016 年第 5 期。
⑦ 冯艳芬、刘毅华、王芳等:《国内生态补偿实践进展》,载《生态经济》2009 年第 8 期。

(二) 国内概念

国内"生态保护补偿"这一称谓,最早于理论研究中使用的是环境法学者戚道孟教授,戚教授的观点也是大生态补偿说。① 之后,沈满红(2004)、胡熠(2006)、祁永录(2009)、王承武(2014)等在生态补偿机制的一般探讨、流域或者湿地、矿产资源补偿层面使用这一概念②,这些概念中的生态保护补偿,要么包括开发者付费与损害者赔偿,要么包括污染者付费与保护者得到补偿的双重目的。

2014年之后,尽管以"生态保护补偿"为题目的文献开始增多,但总体上未脱离下文讨论中双重外部性的"生态补偿"界定。③ 所以,总体上观之,学理层面使用"生态保护补偿"这一称谓的,反而已经滞后于政策法规的发展,对其界定并未解释出"生态保护补偿"的应有内涵。虽然目前,使用"生态保护补偿"称谓的研究较少于"生态补偿"为关键词的文献,但笔者通过梳理大量使用"生态补偿"概念的一些学说,发现一些"生态补偿"的概念界定已经逐渐地具备实质意义上"生态保护补偿"概念的基本要义——基于"受益者补偿"要求的对正外部性经济利益之弥补。所以,梳理"生态补偿"的相关概念界定反而更有意义,具体而言,对"生态补偿"概念理论梳理如下。

国内生态补偿的相关研究始于20世纪80年代,"生态补偿"一词早于"生态保护补偿"的出现。词源意义上的"生态补偿"概念,理论上最早于1984年由环境学者宋宗水提出,当时使用的是"生态效益补偿"这一概念,针对"森林生态效益"问题,强调对防护林生态效益的经济补偿。④ 这一观点在当时,特别是在20世纪90年代前的"自然补偿说"的背景下,以经济手段来补偿环境效益很具有前瞻性。之后张诚谦教授在1987年使用"生态补偿"这一称谓,认为生态补偿是通过给予生态系统辅助能量,以达到平衡⑤,1991

---

① 戚道孟:《我国生态保护补偿法律机制问题的探讨》,载《中国发展》2003年第3期。
② 沈满红、陆菁:《论生态保护补偿机制》,载《浙江学刊》2004年第4期;胡熠、黎元生:《论流域区际生态保护补偿机制的构建——以闽江流域为例》,载《福建师范大学学报(哲学社会科学版)》2006年第6期;祁永录、窦全虎:《论高原湿地生态保护补偿机制建立的必要性》,载《中国林业》2009年第16期;王承武、朱英、张可心:《煤炭资源开发生态保护补偿政策回顾与评析研究》,载《环境科学与管理》2014年第4期。
③ 彭丽娟:《生态保护补偿:基于文本分析的法律概念界定》,载《甘肃政法学院学报》2016年第4期。
④ 宋宗水:《新安江水库防护林的经营与经济补偿》,载《农业经济丛刊》1984年第2期。
⑤ 张诚谦:《论可更新资源的有偿利用》,载《农业现代化研究》1987年第5期。

年的《环境科学大词典》也对生态补偿机制进行了界定①,实质是自然生态系统的自我调节和平衡②。总体而言,20世纪80年代中期至90年代初期"生态补偿"及其相关概念处在研究萌芽,制度与理念倡导阶段,集中于耕地、林业的自然科学或者经济学方法研究。

20世纪90年代后,开始有学者提出生态补偿作为外部成本内部化的观点,生态补偿开始被赋予经济意义。③ 比如陆新元等学者最早用外部性理论论证生态补偿的可行性,章铮④、庄国泰等⑤认为生态补偿是使外部成本内部化的手段;洪尚群等认为生态补偿机制旨在激励与协调生态环境保护与建设的利益关系⑥;王金南等认为是根据生态系统服务价值及发展机会成本,运用财政税费等手段,调节相关者经济利益关系的制度安排。⑦

进入2010年后,生态补偿、生态保护补偿的研究明显增多,早已经成为一个各界关注的热点问题,笔者在中国知网别以"主题""篇名""关键词"等,对生态补偿、生态保护补偿进行检索,发现其学科分布在基础科技、工程科技、农业科技、哲学与人文科学、社会科学、经济与管理科学等领域;研究方法既有定量、定性,也有两者的结合;研究对象扩展到农业、森林、草原、湿地、沙漠、大气、流域、自然保护区、重点生态功能区等各个领域;研究内容与关注的重点从之前的生态学,20世纪90年代后的偏经济性分析,倡导性呼吁,到2005年之后的各领域的补偿实践及各学科应对,生态补偿的标准、影响因素、概念、原则、目标、模型等多视角的生态补偿、生态保护补偿研究格局逐渐形成。

目前,使用"生态保护补偿"称谓的研究相对较少⑧,尽管如此,"生态补偿"在理论发展中,已经逐渐地具备实质意义上"生态保护补偿"概念的要义之一——基于"受益者补偿"要求的对正外部性经济利益之弥补。

---

① 《环境科学大辞典》编辑委员会编:《环境科学大辞典》,中国环境科学出版社1991年版,第326页。
② 韩卫平:《生态补偿概念的法学界定》,载《甘肃政法学院学报》2016年第2期。
③ 值得注意的是,"生态服务付费"在我国于2005年6月由侯元兆、吴水荣在《森林生态服务价值评价与补偿研究综述》一文提出,载《世界林业研究》2005年第3期。
④ 国家环境保护局自然保护司编:《中国生态环境补偿费的理论与实践》,中国环境科学出版社1995年版,第81—87页。
⑤ 同上书,第88—98页。
⑥ 洪尚群、马丕京、郭慧光:《生态补偿制度的探索》,载《环境科学与技术》2001年第5期,第40—43页。
⑦ 王金南、万军、张惠远:《关于我国生态补偿机制与政策的几点认识》,载《环境保护》2006年第19期。
⑧ 以"生态保护补偿"为关键词在中国知网检索,其发文数量相对少于以"生态补偿"为关键词的文章。

二、国内关于相关概念理解的主要分歧

如前所述,冠以"生态保护补偿"概念的称谓,其内涵与外延界定并不科学,而一直大量使用的"生态补偿"的概念界定已经逐渐地具备实质意义上"生态保护补偿"概念的基本要义,为此比较"生态补偿"的相关概念理论反而更有意义。

就当前的研究阶段看(主要是 2010 年后),有关"生态补偿"的概念,学界当前主要存在两种认识分歧:一种是广义上的生态补偿说,认为生态补偿既包括"外部不经济性内部化"的补偿活动,也包括"外部经济性内部化"的补偿。另一种是"保护补偿"说,范围严格限定在"外部经济性内部化"层面。两者的差异为:前者是对生态功能和环境污染的补偿、恢复、综合治理等,后者是对丧失的发展机会与进一步的保护性投入的补偿。

(一)"双重外部性"的补偿说

学理研究中的"双重外部性"补偿概念大多使用"生态补偿"这一称谓,认为生态补偿包含正负外部性两种补偿。其中,负外部性指某一行为在带来自身利益的同时给他人或社会造成损害,如环境污染和生态破坏等,是成本的外溢。正外部性的补偿,指个人或组织在环境修复和还原活动中,对环境生态系统造成有利影响,由受益者予以价值补偿。[1] 这一"大生态补偿"说的观点最早在 20 世纪 80 年代中后期提出,一直到今日仍为很多学者所持有。

囿于研究者学科背景的不同,对"大生态补偿"概念的具体理解也不尽一致[2],其中,有代表性的观点如下。

第一种是生态学者的观点。著名生态补偿专家李文华院士(2010)认为,生态补偿以保护生态环境为目的,是根据生态系统服务价值、生态保护成本、发展机会成本,运用政府和市场手段,调节生态保护利益关系的公共制度。补偿主体有生态破坏者、生态受益者和生态使用者,受偿主体是生态保护者。[3] 很显然,作者对生态补偿的认识,将有利于生态系统的建设、保护行

---

[1] 李永宁:《论生态补偿的法学涵义及其法律制度完善——以经济学的分析为视角》,载《法律科学(西北政法大学学报)》2011 年第 2 期。
[2] 持该观点的学者主要有:毛显强、钟瑜、张胜:《生态补偿的理论探讨》,载《中国人口·资源与环境》2002 年第 4 期;李爱年:《生态效益补偿法律制度研究》,中国法制出版社 2008 年版,第 49 页;沈满洪、陆菁:《论生态保护补偿机制》,载《浙江学刊》2004 年第 4 期;刘子刚、刘喆、卫文斐:《湿地生态补偿概念和基本理论问题探讨》,载《生态经济》2016 年第 2 期;卢洪友、杜亦譞、祁毓:《生态补偿的财政政策研究》,载《环境保护》2014 年第 5 期。
[3] 李文华、刘某承:《关于中国生态补偿机制建设的几点思考》,载《资源科学》2010 年第 5 期。

为的补偿以及破坏资源和生态系统的行为的赔偿均纳入进来。在此基础上,将生态补偿作为一种调整生态保护有关的利益关系机制,特别是作为制度的经济手段予以考量。此外,毛显强①、沈满洪②等学者也曾提出了与李文华院士类似的观点。

第二种是经济学者的观点。中国 21 世纪议程管理中心(2012)指出,生态补偿是针对生态系统服务生产、消费和价值过程中生态系统服务不可持续使用等问题的解决方案。③ 该释义揭示了两个关键点:其一,生态补偿是一种经济利益分配机制;其二,目标为生态系统服务的可持续使用。然而,作者基于纯经济学的视角,仅从制度功能角度出发看待生态补偿,对于我们法学所关注的补偿核心主体及其关系等问题,则难以从中寻找到有效的信息。

第三种是法学学者的观点。李爱年教授等(2006)认为,生态补偿是通过国家对致使生态功能减损的资源使用者收费,以及对以改善、维持或增强生态功能为目的作出特别牺牲者给予补偿。④ 并在后续的研究中,进一步提出:生态补偿的本质是行政法律活动,主要包括行政补偿、行政征收、行政合同三种,可以分为两类:一类是对自然资源的合法开发使用收费;另一类是对生态功能的有益提供者和权益受损者的回报和损失弥补。⑤ 在笔者看来,两位学者对补偿法律性质的界定虽然不符合逻辑,但是他们较早认识到生态补偿应当包含对权益受损者的损失弥补,具有一定的进步性。

汪劲教授(2014)认为,生态补偿是指在综合考虑生态保护成本、发展机会成本和生态服务价值的基础上,采用行政、市场等方式,由生态保护受益者或生态损害加害者通过向生态保护者或受损者支付金钱、物质或其他方式,弥补其成本支出以及其他相关损失的行为。这一概念包含如下要点:生态补偿有别于生态损害赔偿,以合法地开发使用环境资源为前提⑥;包括生态保

---

① 毛显强认为,生态补偿是指通过对损害(或保护)资源环境的行为进行收费(或补偿),提高该行为的成本(或收益),从而激励损害(或保护)行为的主体减少(或增加)因其行为带来的外部不经济性(或外部经济性),以达到保护资源的目的。详见毛显强、钟瑜、张胜:《生态补偿的理论探讨》,载《中国人口·资源与环境》2002 年第 4 期。
② 沈满洪认为生态补偿机制包括对生态保护贡献者作出补偿、对减少生态破坏者给予补偿以及对生态破坏中的受损者进行补偿。详见沈满洪、陆菁:《论生态保护补偿机制》,载《浙江学刊》2004 年第 4 期。
③ 中国 21 世纪议程管理中心编著:《生态补偿的国际比较:模式与机制》,社会科学文献出版社 2012 年版,第 1—15 页。
④ 李爱年、刘旭芳:《对我国生态补偿的立法构想》,载《生态环境》2006 年第 1 期。
⑤ 刘旭芳、李爱年:《论生态补偿的法律关系》,载《时代法学》2007 年第 1 期。
⑥ 生态损害赔偿是因违法行为造成生态破坏后果所应承担的责任,而生态补偿是在合法行为给自然生态造成影响的情况下而适用的制度,生态补偿的义务承担必然基于合法的生态资源使用行为。

护受益者向保护者补偿以及生态损害加害者向受损者补偿两类①。不难发现,汪劲教授围绕有关主体及其权利义务作为法学语境下的关键词展开,揭示了补偿含有基于财产权受益这一基本前提,但是从补偿范围看依然属于广义的生态补偿。

第四种是生态补偿行政管理工作人员的观点。国家海洋局的李晓璇等同志(2016)对海洋生态补偿进行了解释,他们认为生态补偿的概念主旨为:一是对修复、破坏与保护海洋生态的成本予以补偿;二是对因修复、破坏与保护而损失的经济、社会和生态效益予以补偿;三是对因修复和保护行为放弃的发展机会予以补偿。②该解释一方面指出了生态补偿的经济利益调整功能;另一方面,强调了作为两种外部性行为的内化属性。分析补偿范围时,前两方面是对保护成本的细化,最后一方面实际是对发展机会成本的特定化。与李文华、汪劲两位学者的概念相比,不同之处在于并未考虑生态系统自身的服务价值。但是,该概念仍然揭示了补偿是基于财产权受限的事实。

(二)"正外部性"兼"保护补偿"说

近年来,哥斯达黎加、哥伦比亚、美国等开展的环境服务支付项目表明,国外的生态补偿已不限于旨在激励生态保护正外部性的内部化。③ 在我国,"正外部性行为内部化"的补偿概念仍然多使用"生态补偿"这一称谓。其认为,生态补偿不只包括正外部性的"保护"补偿。实际上,"正外部性行为内部化"的补偿概念已经与本书提出基本假设的"生态保护补偿"内涵接近,具有实质意义上的"生态保护补偿"色彩。该观点于2006年提出④,后来逐渐被发展完善。

目前,基于"正外部性"的"保护补偿"说,有代表性的观点如下。

---

① 汪劲:《论生态补偿的概念——以〈生态补偿条例〉草案的立法解释为背景》,载《中国地质大学学报(社会科学版)》2014年第1期。
② 李晓璇、刘大海、刘芳明:《海洋生态补偿概念内涵研究与制度设计》,载《海洋环境科学》2016年第6期。
③ 李国平、李潇、萧代基:《生态补偿的理论标准与测算方法探讨》,载《经济学家》2013年第2期。
④ 针对我国生态补偿的基本定位和外延,任勇等中国环境与发展国际合作委员会生态补偿项目组成员于2006年提出,中国的环境保护工作领域基本上划分为环境污染防治和自然生态保护(与建设)两大领域。无论从数量还是结构来看,中国的环境污染防治政策体系都比较丰富和完善,相比之下,生态保护政策体系较为薄弱,呈现出严重的结构短缺问题,基于市场机制的经济激励政策基本处于空白。因此,提出较为恰当的生态补偿外延是:主要针对生态保护领域,与排污费、资源费类制度并存。参见杨光梅、闵庆文、李文华等:《我国生态补偿研究中的科学问题》,载《生态学报》2007年第10期。

第一种观点侧重于环境科学的视角。曹明德教授(2010)提出:生态补偿,是指生态系统服务功能的受益者向生态系统服务功能的提供者支付费用。显然,该界定与国际上通用的生态系统功能服务收费内涵一致。曹教授从环境科学的角度,说明了"外部经济性内部化"的补偿观,然而,我们难以从法学视角得出全面的认知。①

第二种观点侧重于法学视角。如,李永宁教授(2011)认为法学上的生态补偿是指由国家或其他受益的组织和个人进行价值补偿的环境法律制度。② 李永宁教授系我国较早从正外部性角度对生态保护补偿概念进行法学研究的学者,其概念界定对后续学者的研究具有重要的参考价值。之后,一些学者提出了类似的观点,但均未超越这一概念,实际上与李教授的观点并无本质区别。

与李教授观点相比,韩卫平教授(2016)作出了相对简单的概念解释。他认为,生态补偿是为了激励生态环境建设和保护行为,由相关受益主体对特定生态环境建设者和保护者付出的成本或作出的牺牲予以补偿的法律行为,并进一步提出基于"外部经济性内部化"的定义。理由在于:第一,生态补偿的起源是改革开放初期的生态建设,旨在通过受益者补偿受损者来激励生态建设和保护行为;第二,解决环境污染和破坏的负外部行为,通过现有制度安排便可实现目标。正是由于当前缺少对生态环境正外部行为的制度设计,生态保护积极性才被挫伤。为此,生态补偿手段作为生态环境正外部性的有力回应进入法学视野。③

笔者在一定程度上认同两位学者从"外部经济性内部化"的视角将生态补偿的法学内涵限定在"保护补偿"范畴,也认同补偿是建立在对保护者付出的成本或牺牲予以补偿的基础上。然而,笔者并不认同把单纯的环境建设、修复者纳入补偿范围。此外,依据本书的逻辑,上述观点并未表达生态保护补偿的本质属性。

第三种观点侧重于经济地理学视角。国家发展改革委国土开发与地区经济研究所课题组(2015)认为,生态补偿是指以保护生态环境为目的,通过将生态保护中的经济外部性内部化,采用公共政策或市场手段,调整生态保

---

① 曹明德:《对建立生态补偿法律机制的再思考》,载《中国地质大学学报(社会科学版)》2010年第5期。
② 李永宁:《论生态补偿的法学涵义及其法律制度完善——以经济学的分析为视角》,载《法律科学(西北政法大学学报)》2011年第2期。
③ 韩卫平:《生态补偿概念的法学界定》,载《甘肃政法学院学报》2016年第2期。

护区与生态受益区等区域利益关系的制度。①

第三种观点更像是对区域补偿的界定。这一概念解释将利益关系调整的对象限定在区域层面。依本书观点,依然没有触碰问题的核心——区域发展权受限的弥补。有鉴于此,综合前面分析,在笔者看来,生态保护补偿的概念界定应当把握的核心要义为——对预期经济利益的限制与弥补。

第三节 生态保护补偿的概念界定及分类

如前所述,尽管从政策实践到学理层面,使用"生态保护补偿"的称谓逐渐增多,"生态保护补偿"的范围已经在规范性文件和学理层面被逐渐限缩,但是,一方面,"生态补偿"的称谓仍然以无所不包的混乱概念形式被广泛使用;另一方面,现有的专门立法和制度实践虽然将"生态保护补偿"与使用较多的"生态补偿"进行了概念界分和范围界定,但仍然存在较大问题——无法把补偿活动与其他正外部性生态保护区分开来。毕竟,生态保护补偿是一项新的制度安排,有其新的特性和存在基础,而生态保护行为从人类历史出现便有之,将生态保护补偿仅仅描述为环境正外部性行为无法解释出该概念的特殊性,更没能抓住其核心矛盾,因此,务必对这一概念予以反思以及重新界定。

一、生态保护补偿概念界定的基本要求

目前,有关生态保护补偿的概念认识,政策法规及理论研究层面形成的一个基本共识为:生态保护补偿是基于受益者补偿原则,由生态受益者对生态保护者或者建设者的环境正外部性进行的补偿。但是,尚缺乏足够的理论依据和对概念内涵外延清晰的厘定,没能揭示出这一概念的特殊性。为此,有必要重新界定概念。

(一)体现特殊性与范围明确性

首先,生态保护补偿是一项新的制度安排,有其新的特性和存在基础。从人类历史出现便出现了具有正外部性的生态环境行为。如果将生态保护补偿仅仅描述为环境正外部性行为,能否体现其特殊性呢?这是需要考量的。

其次,在生态保护补偿的正外部性行为中,有学者提出应当限于为保护

---

① 国家发展改革委国土开发与地区经济研究所课题组:《地区间建立横向生态补偿制度研究》,载《宏观经济研究》2015 年第 3 期。

生态环境而导致发展机会受限的损失弥补。这一界定使得生态保护补偿的特殊性得以彰显,但是发展机会受限或者机会成本损失仅仅作为一个经济学或者至少是一个非法律学术语,应当如何从法律概念上看待这一特殊性呢?而且,为保护环境所有的发展权受限与补偿都是生态保护补偿吗?多年前有无类似制度实践呢?倘若有的话,又该如何界定概念以彰显生态保护补偿的特殊之处呢?

也即是说,生态保护补偿概念的界定,应当基于科学的认识论和特定的制度产生背景,表明这一制度与其他制度实践的显著差异和特殊之处。这一特殊性使得生态保护补偿的范围得以框定,即只有体现出其他制度无法揭示的个性存在,生态保护补偿概念才有存在的必要。

(二) 明晰制度目标与外延

如前所述,有关生态保护补偿制度目标的认识,仍存在三种观点:第一种观点认为生态保护补偿目标是实现良好生态环境;第二种观点认为生态保护补偿目标是实现对发展机会受损者的经济利益弥补;第三种观点为前两种目标的结合。前两种观点为一元化的目标定位论,第三种观点为二元目标论。可以说,生态保护补偿目标定位,直接关乎生态保护补偿的基本原则与制度定位,是必须正视的话题,生态保护补偿概念的法律界定,必须明确目标,不能回避或者模糊处理。

我国丰富多彩的生态保护补偿制度实践已经说明了生态保护补偿类型的多样性,并在学理上获得了支持。尽管如此,生态保护补偿的具体类型应当涵盖哪些领域,在应然层面仍有不同认识。从法律角度进行概念界定,应当明确生态保护补偿制度适用的具体领域,以有效指导制度的展开。

二、生态保护补偿概念的立法界定及展开

生态保护补偿概念的法律界定,有必要通过逻辑谨严的法学技术性语言体系来诠释[1],以权利义务的平衡与协调为逻辑起点[2],对生态保护补偿的为什么存在、范围、谁给谁补偿以及两者的权利义务关系、补偿什么、反映了什么样的法律性质等问题逐一回应。目前,已有文件和理论提出了这一基本事实:生态保护补偿是基于自然资源使用权受限的补偿。但是,尚缺乏足够的理论依据和对概念内涵外延清晰的厘定。总之,当前正外部性行为内部化观

---

[1] 王凌皞:《论评价性法律概念的解释基准及其方法——以儒家"正名"学说为出发点》,载《学习与探索》2016 年第 10 期。
[2] 史玉成:《生态补偿的理论蕴涵与制度安排》,载《法学家》2008 年第 4 期。

点,没能揭示出其与其他环境生态正外部性行为的差异。而且,《条例》关于概念的界定,没有回应一些关键难题和困惑,待后续立法完善的时机成熟时,还是有重新界定概念的必要。

(一) 概念中的补偿范围

学界多认为,生态保护补偿制度旨在激励生态环境正外部行为。为此,生态保护补偿概念应当包含生态建设行为、生态保护行为及各种生态投入行为。在笔者看来,该认知将环境侵权与生态破坏及其责任承担、自然资源税费、环境税费等负外部行为内部化的制度区别开来,并无不当。但仍有一些范畴的正外部行为不应纳入生态保护补偿概念,包括:单纯的生态建设行为、公众及组织自发的旨在履行环境社会责任的生态保护行为,以及政府之间将资金投给污染防治以及生态修复、植被恢复等投入性保护行为。以上这些行为自始有之,甚至古代社会便已出现,依靠既往的制度便能调整,不具备生态保护补偿概念发生的现代性时空要件以及概念存在的特殊性要求。所以,生态保护补偿制度应当不包含单纯的生态建设与保护性投入行为。

实际上,生态保护补偿的出现,是现代性问题,也是发展中的问题。生态投入与建设由来已久,生态保护补偿是人类社会在后工业文明时代对资源开发使用强度过大,面临因承载力不足导致潜在生态危机甚至影响生态安全时所采取的经济手段。这一经济手段直接作用于开发使用环境资源的个人或组织,通过限制或停止其开发使用,使一定区域的生态环境免受过度使用的"威胁",从而恢复或更好地发挥其生态效益。开发使用资源的主体享有合法的准物权,国家作为受益者的代表与之谈判,约定经济发展受限的方式及义务,并对其经济发展受限的成本与投入进行补偿。据此,生态保护补偿的逻辑起点是环境资源开发使用者的发展机会受限,这使其与单纯的生态建设、保护和投入以对正外部性生态效益进行补偿区别开来。

进一步讲,传统农耕社会甚至游牧民族时代早就存在的这类单纯生态建设问题,并不涉及深刻的利益冲突与矛盾,不大可能需要用生态保护补偿的专门法律来应对,也没有资源和机构能够应对。太多诸如此类的问题在城市生活中凸显为或转化为需要以法律制度规则的方式来应对的问题,生态保护补偿作为一种制度化的协调机制才有产生的必要。也就是说,特别是现代文明社会因发展,一种利益的实现,因依托现有的法律一般强制标准下的利益分配模式无法实现,不得不需要建立在对另一种利益的限制其至剥夺的基础上,从而引发公民对于财产权安全的普遍性社会关注时,才产生了一种新的模式来重新配置既有利益格局,用新的机制重新审视有关利益主体的关联,当他们发生一种具有法律意义的行为时,用一种合乎法理、公理与情理的方式对待这一模式的性质,力求解决利益冲突,生态保护补偿制度才得以产生。

作为一种普遍的制度规范,首先,应当回应调整的是一种什么性质的利益关系,并正确对待有关主体的权利义务及其实现方式。其次,作为利益的限制与弥补,必然涉及利益的衡平与调节,需要以利益调整为主要目的的普遍法律规则,以处理涉及限制利益者与被限制利益者,以及两者内部不同利益阶层、利益群体的冲突。最后,鉴于生态保护补偿的功能需要在实践中体现,同时它也是一种实施机制,需要配备专门的组织机构、资金保障手段和特殊的运行模式来保证补偿目的实现。以上便是不同于传统生态建设与投入的特性,生态保护补偿的发生逻辑与产生机理。

(二) 概念中的补偿标准

保护生态环境导致地区、组织、个人等发展机会受损及利益补偿,这使得生态保护补偿制度与单纯的生态建设、生态保护及投入区别开来,值得肯定,但仍存在两点不足:一是发展机会受损的法学旨趣不明显,没有突出是什么发展机会受损以及利益弥补的范围所在;二是因保护生态环境导致的发展机会受损这一概念范围依然过大,没有将这一概念与传统的已存在三十余年的退耕还林草、退耕还湿等自然资源征收类制度区别开来,造成理解混乱。

本书认为,生态保护补偿仅限于对生态保护者环境资源使用权一定程度上受限导致的预期直接经济利益损失进行弥补,这是界定生态保护补偿标准的重要依据,该范围界定是对实然层面的生态环境补偿制度实践的抽象总结。同时,将经济学语境中常出现的发展机会受限限定为环境资源使用权受限,突出了法律概念表述的修辞。将环境资源使用权受限附以"一定程度上"的限定称谓,旨在将其与征收类的生态保护传统制度相区别,仅限于超越财产权社会义务但低于征收类限制的非全面环境资源使用权限制及其补偿。由此,未来生态保护补偿标准的制度设计,至少不应低于直接损失。当然,在概念再界定时,有必要预留空间,在综合考虑生态保护成本、发展机会成本和生态服务价值的基础上,进行合理补偿,以更贴近实际。

(三) 概念中的制度目标、方式与类型

关于制度目标,生态保护补偿目标决定了其制度功能。无论是实现良好生态环境的生态保护补偿目标,还是实现对发展机会受益者进行经济利益弥补的生态保护补偿目标,两者并不冲突。本书认为,生态保护补偿的制度目标应秉持兼采两者的二元论。理由在于,实现对发展机会受损者的经济利益弥补是生态保护补偿的直接目标,实现良好生态环境是生态保护补偿的根本目标。生态保护补偿通常由生态受益者的代表主体启动,多为政府。其旨在实现满足自身要求的良好生态环境这一诉求,该诉求已在所有的生态保护补偿政策文件和《条例》中得以体现。而生态保护补偿的实施均需要干预开发利用主体对环境资源使用权的自由行使,这就意味着相关的私人财产权预期经济利益会减损。为此,生态受益者只有对经济利益进行公平补偿,生态保护者才愿意与生态受益者协同合作,共同接受环境资源使用权限制措施等义务,以实现产出生态受益者需求的生态服务这一目标。

可以说,财产权限制是生态保护的手段,财产权限制的公平弥补是生态保护目标得以实现以及环境规制政策得以长期实施的基础。所以说,生态保护补偿只有通过对环境资源使用受限制利益的公平弥补,才能实现政策的可持续性,否则生态保护补偿不仅正当性缺失,而且将难以持续存在。据此,生态保护补偿作为一种环境经济制度,直接目标必然是公平弥补生态保护者的财产利益,最终目的必然是生态环境保护。

关于生态保护补偿的机制形式和方式,《条例》规定得比较完善、清晰,可以继续借鉴。

(四) 概念再界定及解构

鉴于生态保护补偿总归要以制度、机制、行为等范畴予以落地,又鉴于作为一种立法定义,本书拟以制度为落脚点,对这一概念应然界定如下。

生态保护补偿是指以生态系统的可持续服务为最终目标,在综合考虑生态保护成本、发展机会成本和生态服务价值的基础上,采取财政纵向补偿、地区间横向补偿、市场机制补偿等机制,由生态受益者对生态保护者因环境资源使用权受限而导致的预期直接损失给予合理补偿的激励性制度安排,包括重点领域补偿、区域补偿、流域补偿、市场化补偿等。生态保护补偿可以采取资金补偿、对口协作、产业转移、人才培训、共建园区、购买生态产品和服务等多种补偿方式。

生态保护者包括地方各级人民政府、村民委员会、居民委员会、农村集体经济组织及其成员以及其他应当获得补偿的单位和个人。

根据这一概念内涵可以看出,生态保护补偿发生在生态受益者与生态保护者之间,主要包括环境资源使用权受限与相应的补偿两种活动,以一定方式实现生态系统可持续发展,旨在合理弥补环境资源使用权限制导致的直接损失。该概念所揭示的本质是:生态保护补偿制度体现了基于环境资源使用权限制所产生的利益弥补,是一种特殊的权利义务关系。

生态保护补偿概念揭示出生态保护补偿是具有相同规范属性的制度总称。根据我国各领域补偿实践,由于环境资源使用权限制与补偿的客体不同,可以总结出四类生态保护补偿制度类型,这便是其概念外延。第一种是以湿地、草原、森林等环境要素为补偿对象的重点领域生态保护补偿;第二种是流域生态保护补偿;第三种是区域生态保护补偿;第四种是市场化的生态保护补偿。

其中,重点领域生态保护补偿,是针对森林、草原、湿地、海洋、水流、耕地等重点领域环境要素的补偿。在实施层面,由代表生态环境受益者的中央政府、地方各级政府,对因重点领域环境资源使用权一定程度上受限而使得某一范围内该环境要素得到保护的生态保护者个体,给予相应的经济利益损失弥补。因环境资源使用权限制使得保护效果直接作用于重点领域的环境要素,因此称为重点领域生态环境保护补偿。

采用这样的分类标准的理由在于,《条例》《关于深化生态保护补偿制度改革的意见》大体采用了上述分类标准并获得广泛的实践认同。虽然实践中有观点认为湿地属于生态系统,不属于要素,但将湿地作为环境要素而置于重点领域补偿范畴更符合我国法规政策与实践:首先,对于湿地这一特殊生态环境要素,将其置于重点领域补偿范围,符合上述国家文件中将湿地作为环境要素来对待的基本态度;其次,任何环境要素均可以成为独立的生态系统,如森林、草原、湿地等,倘若以此为逻辑,将无法精细化区分生态保护补偿类型。

流域生态保护补偿,是由水环境受益地政府对因保护流域水环境、水生态而限制发展的水环境保护地政府进行补偿。因其保护的对象直接作用于流域,所以被称为流域生态保护补偿。流域补偿在我国包括:用于支持横向补偿的中央或上级对流域治理的专项投入补偿,以及地方流域政府间的自主补偿两种类型。

区域生态保护补偿,是由受益地政府对保护地政府因发展权受限而予以补偿,旨在协调人地关系中的区域关系。由于保护地区发展权受限的效果从整体意义上直接作用于受益地所在区域,所以被称为区域补偿。区域生态保护补偿又分为纵向补偿与横向补偿,纵向补偿主要包括国家重点生态功能区的中央财政转移支付制度,以及对自然保护地内环境资源使用主体一定程度上自由开发利用受限的补偿;横向补偿通过地方政府间的横向生态产品提供与供给交易,或者生态受益地政府对自然资源使用受限的保护地政府进行补偿。

重点生态功能区转移支付是中央政府将一揽子资金无偿拨付给重点生

态功能区所在地使用。因该类区域整体被《全国主体功能区规划》定为禁止或限制开发区,区域发展利益受到一定损失,作为生态受益者代表的中央政府,应当给予补偿。自然保护地补偿,是对自然保护地所在区域的补偿。《全国主体功能区规划》实施时,横向补偿此前多在功能区规划的背景下实施。生态保护地区一般被定位于为全社会提供优质的生态产品和服务;生态受益区被定位于提供丰富而优质的物质产品,两个区域可以通过补偿,实现区域间生态与经济协调发展。①

目前,有观点认为我国不存在市场化的生态保护补偿活动,理由在于市场化的保护补偿仅仅是 PES 的形式,我国不存在一对一的纯粹交易型的生态保护补偿模式。在笔者看来,这种认识是片面的,没有认识到市场行为的特性及其不同类型。市场化的补偿,通过赋予生态资源商品的属性,将生态环境成本纳入各主体决策,使开发、利用生态环境资源的生产者、消费者享有相应的对价。因此,市场化补偿有着鲜明的特征。市场化补偿有助于提高效率,以更低的成本灵活地实现环境目标②,但市场机制自身存在的问题使得其无法替代政府规制。③

首先,补偿主体的多元化。在生态保护补偿市场运作的过程中,主体不再是单一的政府组织,主体呈现多元化,环保组织、政府、生态服务供给者、生态环境受益者都参与到市场之中。多元化的补偿主体通过价格杠杆实现了资源价值在主体间转移,客观上起到优化生态资源配置的作用。其次,补偿主体的完全平等自愿性。生态利益相关者依托开放的市场平台直接参与其中,主体在地位上完全平等。各交易主体均从自己真实的意愿出发,与意愿一致者形成交易。最后,补偿机制的市场激励性明显。与政府补偿相比,市场补偿更多的是在价格机制引导下,市场主体自愿决定补偿与否、补偿的数额与方式,能够根据提供生态服务质量的优劣,参与市场竞争,实现利润最大化。

可以说,现有的市场化交易行为属于"生态保护补偿"的逻辑范畴。生态保护补偿制度实践包括以政府为主体的生态保护补偿活动和以市场为主体的生态保护补偿活动。我国特殊的公有制环境,政府在其中发挥了主导作用。尽管是意思自治下的交易行为,但不同于完全开放状态下的市场交易,(其)不具有市场充分竞争、买卖双方主体选择的多元化、信息透明充分等

---

① 金波:《区域生态补偿机制中的区域分工模式研究》,载《工业技术经济》2011 年第 7 期。
② S. Pagiola, J. Sishop and N. Landell-Mills, *Selling Forest Environmental Services: Market-based Mechanisms for Conservation and Development*, London, Earthscan Publications, 2002, p.6.
③ S. Lockie, "Market Instruments, Ecosystem Services, and Property Rights: Assumptions and Conditions for Sustained Social and Ecological Benefits", *Landuse Policy*, 2013, 31(2): 90-97.

(特点)。政府参与下的生态保护补偿活动与市场交易不同,是弱市场化的行为。市场化的补偿,在国内外存在两种模式,即直接型补偿模式与间接型补偿模式。市场化补偿与我国政府主导下的生态保护补偿存在显著区别。政府主导的生态保护补偿制度并非以营利为目标,而是纯粹基于其存续所需的特定财产关系。

消费者用高于市场一般农产品的价格支付有机农产品,实际上是购买了生态农业提供的良好生态环境。生态旅游是对清洁的空气、清洁的水资源、健康的绿色生态环境等良好的生态服务直接付费。在生态标志方面,农夫山泉品牌是一个典型案例。农夫山泉公司认为水源地人民为保护水源牺牲了一定经济发展,因此该公司希望为水源地环境保护尽一份力,在每瓶水中拿出一分钱捐献给水源地。对于国家而言,其主要义务是提供公共环境服务,一般不提供奢侈性环境产品或服务。因此,一般而言,国家并不构成奢侈性环境消费所引致生态保护补偿法律关系的直接主体。这些奢侈性环境消费品往往是可以被明确产权的,并由特定主体予以提供。

以上,是关于生态保护补偿的立法概念及分类。无论是概念内涵,还是具体的制度类型界定,其核心要义均是一致的,即表明了生态保护补偿是基于环境资源使用权受限而产生的激励性利益弥补制度。

本 章 小 结

生态保护补偿不仅是保护生态的经济手段,还是以法规政策为形式,以社会利益为旨归的经济利益分配行为模式。对生态保护补偿制度的科学认知,首先,需要从相关的政策法规文件出发,明确补偿的来龙去脉,其次,还有赖于从学理概念的解释入手,以求得制度实践及理论研究的双重理性。

动态地纵向解读有关生态保护补偿及其相似概念的发展沿革,直到 2016 年《意见》颁布后,"受益者补偿"原则才真正确立,基于"保护补偿"的补偿范围才得以明确。为此,生态保护补偿制度规范的重点是保护者与受益者的权利义务关系。此外,生态保护补偿作为一种经济行为手段,以财政等资金形式补偿生态保护者因保护生态损失的预期利益已被少数规范性文件提及,但是缺乏深厚的理论依据。静态地归纳,我国当前生态保护补偿的立法体系为:以《环境保护法》中的生态保护补偿基本制度为统领,资源专门法中的生态保护补偿规范为补充,国务院制定的《条例》为专门指导,其他具有生态保护补偿内容的行政法规性文件、部门规章为衔接,地方性法规、地方政府规章相互配合的制度体系。总体而言,这些规范基本涵盖了"生态保护补偿"的森林、草原、湿地、荒漠、海洋、水流、耕地等重点领域和禁止开发区域、重点生态功能区等诸多区域。

有关生态保护补偿概念的理论认知,从最初的"自然补偿"到后来的"破坏者付费""污染者担责",再发展到目前的"受益者补偿",补偿的范围逐渐清晰,核心主体得以确定,由于生态破坏加剧和资源生态功能的减损,人们才认识到对其进行补偿。目前,有关"生态保护补偿"概念的认识,在补偿范围、原则等相关方面已经趋于一致,即强调对"正外部性"生态保护行为的补偿。然而这一概念仍存在缺陷,未能揭示生态保护补偿的特性,忽略了生态保护补偿是基于环境资源使用权受限而引发的利益弥补关系,为此,有必要重新界定概念。本书认为,生态保护补偿是生态受益者对生态保护者环境资源使用权受限致损给予利益弥补的环境经济制度。这一概念可以随着《条例》的实施,适时修改完善。根据因环境资源使用权限制产生的保护对象不同,可以分为三类生态保护补偿制度类型:第一种是以湿地、草原、森林等环境要素为补偿对象的重点领域生态保护补偿制度;第二种是流域生态保护补偿制度;第三种是区域生态保护补偿制度。三类制度类型,还可以进行更为细致的界分。总体而言,无论是概念内涵的解释,还是外延框定,其核心要义均体现了与环境资源使用权限制有关的利益弥补。

总之,法规政策演变及理论研究中对"生态保护补偿"概念的认识已经趋于一致,而且《条例》也进行了概念界定。然而,现有的概念定义依然存在诸多问题,有必要适时对生态保护补偿制度及其活动进行再界定。该界定的核心要义为:生态保护补偿制度是建立在环境资源使用权受限基础上的经济利益弥补制度。可以说,通过对概念沿革的梳理,以及基于新的理论基础进行概念再界定,可以初步印证生态保护补偿制度作为一种权利限制与补偿的属性。但是,深入认识其制度属性,仍需要结合制度实践与法理进行进一步论证。

第二章 生态保护补偿制度的正当性

生态保护补偿立法及其制度实践,需要从价值层面明确其正当性。制度正当性是生态保护补偿规范体系得以存续的根本,生态保护补偿制度的正当性分析,有必要先从制度整体出发,对生态保护补偿的正当性进行一般探讨。生态保护补偿制度涉及不同的领域,呈现出不同制度规律特点,只有进一步探究生态保护补偿不同领域的正当性问题,方能立体透视整个生态保护补偿制度的正当性。为此,本部分将采用总分结构,先对生态保护补偿制度正当性予以总体分析,再分别论证具体领域的正当性,包括重点领域补偿制度的正当性依据,流域补偿制度的正当性根据,以及区域补偿制度的正当性基础。由于市场化补偿可依据私法关系进行规范,运作中往往不涉及公权力干预下的深刻利益冲突,其正当性不存在质疑。由此,制度整体的正当性和分领域制度的正当性,将是论证对象。

第一节 生态保护补偿制度正当性的总体分析

总体而言,生态保护补偿制度的正当性体现为五个方面:第一,提升生态保护补偿工作的规范化与法治化;第二,充分调动生态保护补偿参与主体的积极性;第三,稳预期、固根本、利长远;第四,秉持绿色发展,兼顾多元价值;第五,保护生态环境,推动生态文明建设。

一、提升生态保护补偿工作的规范化和法治化

生态保护补偿是一场长期实施、广泛覆盖的系统工程。我国生态保护补偿制度实践,已经覆盖 31 个省、自治区、直辖市以及新疆生产建设兵团。经过多年的探索和实践,我国生态保护补偿制度体系已基本建立。国家财政对重要生态系统、生态功能重要区域的补助机制逐步完善,区域间合作建立的生态保护补偿机制稳步拓展,市场化、多元化生态保护补偿机制建设取得新成效。生态保护补偿制度的存在,可使各类补偿活动中的部门职责和相关方权利义务关系更加清晰,特别是相关立法中的各类生态保护补偿制度,能够为生态保护补偿工作的持续开展夯实法治化基础。我国各地区和有关部门

通过多年实践,在推进生态保护补偿工作中取得了积极成效。生态保护补偿制度的存在,有助于将生态保护工作中提炼的重要原则和方法在立法和规范层面予以固化,提升生态保护补偿的法治化水平,推进生态保护补偿机制建设进一步规范化。我国的生态保护补偿成就是全球可持续发展的重要组成部分,中国特色生态保护补偿制度的形成,为世界各国提供了可借鉴的中国方案和中国智慧,以实际行动为推动构建人类命运共同体贡献了中国力量。

二、充分调动生态保护补偿相关主体的积极性

生态保护补偿的直接目标是充分调动各方参与生态保护的积极性。我国生态保护补偿机制建设与制度设计,均从本土国情出发,采取主动、积极的方法,帮助相关主体更好地履行生态保护约定义务、法定义务。生态保护地区和生态保护个体,都负有维护生态安全和提高生态环境质量的义务。通过法律、法规、其他规范性文件的规定,我国的生态保护补偿制度以资金补偿作为主要激励方式,目的是充分调动相关主体参与生态保护的积极性,激励相关主体更好地履行补偿义务,进而实现生态保护目标。调动各方参与生态保护的积极性,一方面有助于提高全社会的生态服务享受水平,另一方面可以满足特定地区、特定主体更好地履行生态保护义务的需求以及进一步实现地区生态环境质量提高的需要。作为激励机制的生态保护补偿,基于我们的国情、区域发展水平而构建财政补助制度,促使有关主体以更积极主动的姿态、更负责的态度开展生态保护行为,为长期展开生态保护活动提供可持续的动力。

三、稳预期、固根本和利长远

生态保护补偿的整体性和稳定性较强,但对各级政府的要求分散在国务院部门和地方政策中,政策缺乏系统性、衔接性和稳定性,个别领域还存在农民未签订生态保护补偿协议、补偿金被村委会截留或协议内容不利于农民权益等现象。生态保护补偿以立法等制度形式存在,克服了政府开展活动立法依据不充分的问题,为中央政府和地方政府充分实施重点领域、流域和区域补偿确立了专门、系统、稳定的长效机制。通过要求政府与生态保护者签订协议,在协议内容上注重保障广大生态保护者的权益,准确把握人民之所想、所盼、所急。生态保护补偿制度功在当代、利在千秋,有利于为稳固"绿色治理"夯实顶层设计,有利于稳定农民预期、保障农民增收和推动乡村振兴,必将为中华民族永续发展奠定坚实基础。

四、秉持绿色发展,兼顾多元价值

我国坚持生态保护补偿的政府主导,长期投入了大量补偿资金。生态保

护补偿制度深入贯彻"绿水青山就是金山银山"理念,为生态产品价值实现提供了重要制度安排,按照"谁受益,谁补偿"的要求,全力助推生态保护者尽可能提供更多、更优质的生态产品,通过明确绿色产业发展支持机制进一步推动产业的生态化。生态保护补偿制度规范了国家生态保护补偿投入机制,引领各部门、各地区完善相关补偿要求和财政规则。生态保护补偿制度兼顾生态效益、经济效益、社会效益。若只重视生态效益,将缺乏经济和社会发展动力,难以持续实现生态效益;若只重视经济社会效益,最终会偏离生态保护补偿的重要使命,背离初心。确立和实施生态保护补偿制度,平衡了生态保护者和受益者之间以及生态保护地区和受益地区之间的利益关系,改善了区域生态环境,最终实现生态、经济和社会效益的共赢局面。为了实施基于环境要素的纵向补偿,我国在森林、草原、湿地、耕地、水流等补偿领域持续加大资金支持力度,不仅改善了生态环境,实现了绿水青山、蓝天碧草,还增加了农民等主体的收入,促进了传统农业生产结构调整和生产生活方式的积极改变。流域补偿较早从新安江流域开始试点,而后逐步扩大到全国。目前,几乎所有省份都开展了卓有成效的流域补偿。流域补偿机制在提高流域水环境质量、促进流域社会经济可持续发展等方面都发挥了显著作用。在区域补偿方面,通过实施重点生态功能转移支付、自然保护地补偿、其他横向区域补偿等生态综合补偿,不仅提升了基本公共服务水平,稳固了生态屏障地位,还衍生出扶贫解困、精准脱贫的新途径,有效解决了上中游地区、经济相对落后区域财力不足的困境,将生态优势及时转化为经济优势与社会发展优势。

五、保护生态环境和推动生态文明建设

生态保护补偿是中国特色的环境保护制度,补偿是手段,根本目的是保护和改善生态环境,推动生态文明建设。经过多年发展,我国生态保护补偿制度实施效果显著。一是国家财政补助资金的额度不断增加,自然生态系统的保护水平不断提升。二是区域间生态保护补偿合作网络织密织牢。三是市场化、多元化生态保护补偿市场体系初步构建。生态保护补偿制度是生态文明体系的重要组成部分。生态文明建设是关系人民福祉、关系民族未来的千年大计,生态兴则文明兴,生态衰则文明衰。保护生态环境必须依靠制度、依靠法治。《生态文明体制改革总体方案》提出了生态文明体制建设的"四梁八柱",其中,"资源有偿使用和生态补偿制度"系八项制度之一。党的十八大以来,以习近平同志为核心的党中央把生态文明建设纳入"五位一体"总体布局,将生态保护补偿机制作为落实生态文明战略的重要举措,作出了

一系列重大部署和安排。生态保护补偿,更是依靠制度推进生态文明建设的关键举措,为生态文明建设提供了可靠保障。

第二节 重点领域补偿制度的正当性依据

一、重点领域补偿正当性议题的出现

重点领域生态保护补偿,简称重点领域补偿,是针对森林、草原、湿地、海洋、水流、耕地等重点领域环境要素的补偿,实施层面,由代表生态环境受益者的中央政府、地方各级政府,因重点领域环境资源使用权一定程度上受限而使得某一范围内该环境要素得到保护,对公民、企业、农户等生态保护者个体给予相应的经济利益损失弥补。重点领域补偿制度的实施成效,取决于生态保护目标的实现与个体环境资源使用权限制的关系的有效处理,因而需要协调好环境公益与私人财产权的关系。私人财产权的限制始终会贯穿重点领域补偿制度实践之中,因其涉及公法层面的宪法、行政法问题,也是重要的民法议题,需要从上述部门法角度来围绕私人财产权限制探讨重点领域补偿制度的正当性。

二、正当性的评价焦点:私人财产权限制

重点领域补偿制度的法律属性,一直存在属公还是属私的争议,合理的论述方式是,从公私法不同的角度予以全面评价。基于行为法学的视角,生态保护补偿制度以规范生态保护补偿行为作为调整范式。生态保护补偿行为活动主要由环境资源使用权限制行为和弥补前者受限损失即补偿行为构成。就重点领域补偿制度实施的外观而言,具有较强的公法视角。此外,也可从私法角度进行法律属性解释。不同的解释实践,决定了作为评价对象的相异特质。

(一) 公法视角的财产权限制解释:管制性征收

生态保护补偿中的财产权限制,作用于国有或集体所有的自然资源之上,包括征收及高于财产权社会义务的环境资源使用权限制两种管制类型。根据前章有关生态保护补偿的界定,征收补偿因隶属于传统的制度范畴而不属于严格意义上的生态保护补偿范围。为此,生态保护补偿制度中的私人财产权限制应当指向高于财产权社会义务的环境资源使用权限制这一管制类

型。从公法角度观之,重点领域补偿多表现为管制性征收或准征收。①

　　管制性征收也称准征收、反向征收等,是指行政机关强制管制不动产造成类似征收损失而需要补偿的制度②。其有两种设定方式:一是抽象行政行为;二是具体行政行为。③ 管制性征收补偿限于财产权受过度限制的部分,补偿程度低于征收补偿。④ 美国的管制性征收通过判例确定,有的州也颁布了法律。该制度发展至今形成了一些判断规则:政府行为属性;权利人财产的减损程度及是否有互惠;对权利人经济投资和合理期待的干扰等。德国管制性征收的理论源于 19 世纪末奥托·迈耶的特别牺牲理论。管制性征收称为具有征收效果的干预或者侵害(表述为 Enteigungsleicher Eingriff 或 Enteigender Eingriff),强调为公共利益强制公众承担特别、不公平、不可预期的牺牲。⑤ 政府可划定自然保护区,保护措施对权利人影响较大的,权利人可要求补偿。⑥

　　管制性征收在制度实践中取得了积极成效。早在 20 世纪 80 年代,我国便在多数省份实施了退耕还林、还草、还湿以及退牧还草等政策工程。通过多年的实践,草原、森林、湿地等环境要素以及地区生态得到了恢复,成为当地经济转型与可持续发展的硬实力。低于征收补偿标准的管制性征收补偿,为政府保留了一定财力。管制后良好生态效益的取得,增强了当地对政府实施环境管制的信心。管制性征收政策的实施,尽管具有较快实现生态恢复的结果正义,但依然存在难题。实践中,因政府管制土地致使被管制者利益受损而引发的具有生态保护补偿性质的纠纷是存在的。在(2009)渝五中法行初字第 73 号案例中,政府通过行政规划对土地利用进行管制,权利人只能将其拥有的土地用于公共绿地建设,无法进行商业开发,原用途无法实施。在(2013)粤高法行终字第 711 号案例中,被管制的养殖业无法按照原有方式利用土地,经济利益严重受损。法院基于变更许可产生的管制导致损失应当补偿的规定,指出被上诉人有权依法划定畜禽禁养区,但应补偿受损的合法养殖户。⑦ 类似案例为管制性征收奠定了司法基础。

---

① 王思锋:《财产征收的理论反思与制度重构——以不动产准征收为视角》,载《法学杂志》2014 年第 10 期;张鹏、高波:《土地准征收与补偿:土地发展权视角》,载《南京农业大学学报(社会科学版)》2015 年第 2 期;许迎春:《论美国管制性征收制度及其对我国的启示》,载《法治研究》2019 年第 4 期。
② 刘连泰:《法理的救赎——互惠原理在管制性征收案件中的适用》,载《现代法学》2015 年第 4 期。
③ 彭涛:《论美国管制征收的认定标准》,载《行政法学研究》2011 年第 3 期。
④ 谢哲胜:《财产法专题研究(二)》,中国人民大学出版社 2004 年版,第 159 页。
⑤ 〔德〕哈特穆特·毛雷尔:《行政法学总论》,高家伟译,法律出版社 2000 年版,第 667 页。
⑥ 房绍坤、王洪平主编:《不动产征收法律制度纵论》,中国法制出版社 2009 年版,第 94 页。
⑦ 彭涛:《规范管制性征收应发挥司法救济的作用》,载《法学》2016 年第 4 期。

(二) 私法层面的财产权限制解释:民事合同或保护地役权

重点领域补偿的实施,最终会通过政府等自然资源所有者代表和私主体签订以环境资源使用权限制为内容的协议来落实,于是便产生了将协议视为民事合同或保护地役权合同两种私法层面的解释方式。

重点领域补偿协议依托的民事合同,与保护地役权属性不同。前者为债权,后者为物权。两者又具有互通性。重点领域补偿民事合同实质是环境资源使用权这一特殊物权的处分协议,而保护地役权也多依托地役权合同来实现。由于我国现行民事法律未明确规定和承认保护地役权,因此,重点领域补偿协议可以从地役权合同以外的民事合同视角解读,也可以从地役权合同视角解读。根据《民法典》总则及合同编的基本原则、制度原理,认定某个协议属于民事合同,需要满足主体身份平等、自愿、意思自治、维护私人利益等要求。若从应然角度,重点领域补偿的实施依托的各类协议便具有了解释为民事合同的可能性,笔者在后文会详细阐述。

就私法角度而言,保护地役权多被视为重要领域补偿的应然形式。[1] 保护地役权,又称环境保护地役权、生态地役权等,是基于生态保护目的,各主体与环境资源权利人签订权利限制合同,通过支付费用取得地役权。[2] 虽然保护地役权的法律属性也有公权说与私权说之争,但其还是用传统私法方法解决公私利益协调的尝试,本质上为私权,是政府的公共利益代表及资源所有权代表身份与私权利的交换[3],该制度的逻辑起点是保障私权,赋予私人自主设定的决定权。

国际社会中,保护地役权有意定与法定两种类型。意定保护地役权通过合意取得,法定保护地役权基于法律的强行规定而获得。法定地役权不要求存在需役地。[4] 由于公私利益的冲突难以通过意定方式解决,便需要法定地役权予以补充。[5] 美国的意定地役权中的"自愿"分为两种情况,一种是权利

---

[1] 魏钰、何思源、雷光春等:《保护地役权对中国国家公园统一管理的启示——基于美国经验》,载《北京林业大学学报(社会科学版)》2019年第1期;马永欢、黄宝荣、林慧等:《对我国自然保护地管理体系建设的思考》,载《生态经济》2019年第9期;秦天宝:《论国家公园国有土地占主体地位的实现路径——以地役权为核心的考察》,载《现代法学》2019年第3期。

[2] 陈静、陈丽萍、赵晓宇:《自然资源保护地役权建设的立法建议》,载《中国土地》2019年第5期。

[3] 陶青德:《公用物役权及其"去行政化"》,载《甘肃社会科学》2014年第5期。

[4] 李延荣:《土地管理视角下的法定地役权研究》,载《中国土地科学》2012年第6期。

[5] 速力:《构建我国法定地役权制度的探讨》,云南大学2017年硕士学位论文。

人自愿捐赠保护地役权,另一种是让与方和受让方自愿进行交易①,并规定在协商不成而又必须设立时才强制设立法定地役权,且不以特定需役地的存在为条件。②《意大利民法典》第 1032 条规定,只有出于公共目的且有法律特别授权时,行政机关方能登记设立强制地役权,在支付补偿金前,供役人可以阻止地役权的行使。③《法国民法典》第 650 条规定,一切有关保护地役权的事宜,由特别法令规定。④ 根据加拿大的法律,保护地役权的永久性不会仅仅因为周围环境和土地用途的改变而失效。澳大利亚还规定,保护地役权的设立、修改与解除必须在公众充分讨论后由特定官员作出抉择。⑤

管制性征收与保护地役权存在差异。第一,管制性征收是公法私法化在传统征收补偿领域的发展,依托实然的行政协议调整管制性征收补偿双方的权利义务关系。保护地役权来源于传统民事物权这一私权领域,体现了私人财产权的限制与保护向生态保护等公共利益导向的公法领域延伸。第二,管制性征收遵循法律保留、比例与合理原则等公法理念,强调控权。保护地役权更多地融入了协商与自治,其设立属于物权处分行为,其正当性的基础在于物权法层面明确保护地役权,价值导向在于通过具体的地役合同行为取代层出不穷的管制性征收法律与政策。第三,管制性征收源自征收补偿制度,通过程序正义保障人权;保护地役权强调通过权利义务协商来实现生态保护目标,其合同内容比管制性征收协议相对明确且具体。通过地役权协商机制,政府可以更好地了解环境资源受限程度。即使通过法律强制设立地役权,也符合自然保护需求并可以减少对私有财产权的过度限制。⑥

三、公法视域下重点领域补偿的正当性

(一)财产权管制的合宪性

20 世纪法律社会化以来,纯粹商业视角的经济利益在财产权体系的重要性已相对降低,对宪法财产权的保障有时反倒意味着对私法意义上财产权的限制。⑦ 宪法财产权在当代发展出两个趋势:一是私人财产权社会义务的

---

① 魏钰、何思源、雷春光等:《保护地役权对中国国家公园统一管理的启示——基于美国经验》,载《北京林业大学学报(社会科学版)》2019 年第 1 期。
② 吴卫星、于乐平:《美国环境保护地役权制度探析》,载《河海大学学报(哲学社会科学版)》2015 年第 3 期。
③ 《意大利民法典》,费安玲、丁玫译,中国政法大学出版社 1997 年版,第 286 页。
④ 《法国民法典(上册)》,罗结珍译,法律出版社 2005 年版,第 518 页。
⑤ 于乐平:《环境保护地役权制度研究》,南京大学 2014 年硕士学位论文。
⑥ 黄胜开:《林地资源经济价值与生态价值的冲突与协调——以公共地役权为视角》,载《理论月刊》2018 年第 8 期。
⑦ 聂鑫:《财产权宪法化与近代中国社会本位立法》,载《中国社会科学》2016 年第 6 期。

宪法化;二是宪法财产权的个人社会义务演变为通过政府的社会改革义务保障人民的权利。①

我国《宪法》第 13 条第 3 款规定:"国家为了公共利益的需要,可以依照法律规定对公民的私有财产实行征收或者征用并给予补偿。"同时该条还指出:"公民的合法的私有财产不受侵犯。国家依照法律规定保护公民的私有财产权和继承权。"第 26 条规定:"国家保护和改善生活环境和生态环境,防治污染和其他公害。"第 51 条规定,中华人民共和国公民在行使自由和权利的时候,不得损害国家的、社会的、集体的利益和其他公民的合法的自由和权利。这些规定,从正面以及多个角度奠定了重点领域补偿中的财产权限制的宪法基础。

尽管《宪法》第 13 条规定了"公民的合法的私有财产不受侵犯",但从体系解释的角度会有不同的结论:在宪法规范体系内部,《宪法》第 1 条第 2 款社会主义原则、大量的社会权条款、《宪法》第 51 条概括限制条款隐含着要求私人财产承担更多社会责任的内容。② 就域外经验看,针对补偿的过度限制以及针对财产权社会义务的不补偿,均需要进行合宪性审查。③

我国现有宪法框架下一方面明确了公民私有财产的保护原则,与此同时,也赋予了财产权一定的社会属性,但是并未细化包括对资源开发利用权在内的各项财产权限制的原则及方法,据此,对重点领域补偿中的财产权限制的合宪性审查仍然需要借鉴发达国家的适合性原则、必要性原则和比例原则。

从宪法的一般原理出发,任何限制基本权利的法律,都需接受比例原则的审查。广义上的原则要求:(1) 该限制性法律旨在追求正当目的;(2) 限制手段必须具有适当性;(3) 限制手段必须是必要的。狭义的比例原则是指,若基本权利主体所受损害大于立法者设定目标的利益,则不应采取此限制措施。④

依此标准逐一进行考量,可以发现:首先,重点领域补偿实施中的环境资源使用权限制的目的正当,旨在追求环境资源价值的保值增值、永续利用,对于区域环境利益受益者的代表——各级政府而言,旨在维护良好的地区生态环境乃至生态安全,惠及广大民众,充分体现良好生态环境是最公平的公共

---

① Gregory S. Alexander, *The Global Debate over Constitutional Property: Lessons for American Takings Jurisprudence*, Chicago:The University of Chicago Press,2006, pp. 124-127.
② 张翔:《财产权的社会义务》,载《中国社会科学》2012 年第 9 期。
③ 宦吉娥:《法律对采矿权的非征收性限制》,载《华东政法大学学报》2016 年第 1 期。
④ 张翔:《个人所得税作为财产权限制——基于基本权利教义学的初步考察》,载《浙江社会科学》2013 年第 9 期。

产品,也是最普惠的民生福祉。

其次,限制的手段需依据比例原则,即要求采用最温和的且对限制对象干预最小的方法。就我国各地实际情况看,生态保护补偿的限制手段往往与当地生产生活方式的转变相结合适用,总体是适当的。比如,在草原补偿中,一方面通过限制放牧的区域和时间,另一方面通过补贴鼓励牧民圈养,这样既保证了草畜平衡,还促进了牧区发展;森林和湿地补偿领域的退耕还林、还湿等措施,也是通过转变生产、生活方式的途径,促使原有的植被、湿地得到恢复。但是,为了实施补偿,未经权利人同意而强行致使其不动产所有权灭失或者转移,则必然违宪。涉及重点领域保护地开发限制的补偿时,尤其要注意。

最后,生态保护限制的手段也是必要的,这是由生态环境的整体性、损害难恢复性以及保护方法的特殊性决定的。环境资源问题源于人类过度的开发利用,所以,必须依据科学的标准设定开发利用的限度和标准。我国现有补偿效果表明,主体约定的限制手段和方式总体上是合理的。但是,由于补偿标准偏低,而且,权益损益和权衡的判断需要多重考量并依据科学的标准,财产性损失的弥补是否大于其提供的环境生态利益价值,以狭义的比例原则观之,有待充分考量。

总之,生态保护补偿中的财产权限制符合宪法要求,总体上也遵循了比例原则要求。

(二) 财产权管制具备公法依据

我国重点领域补偿中的财产权限制在为数不多的几部法律中进行了原则性规范。其中,《退耕还林条例》规定得相对详细。总体而言,公法领域的财产权限制不仅在形式上为重点领域补偿实施环境资源使用权限制提供了制度依据,而且普遍规定了在进行限制的同时必须给予补偿。这一追求实质公平的举措保障了财产权限制的有法可依及其实质正当性。

《民法典》根据《宪法》的要求,在第 117 条规定:"为了公共利益的需要,依照法律规定的权限和程序征收、征用不动产或者动产的,应当给予公平、合理的补偿。"现行《风景名胜区条例》第 11 条规定,因设立风景名胜区对所有权人、使用权人造成损失的,应当依法给予补偿。《野生动物保护法》第 19 条规定,因保护该法所保护的野生动物,造成农作物或者其他损失的,由当地人民政府给予补偿。

《退耕还林条例》就如何通过退耕来限制自然资源使用,如何进一步造林和补偿等,进行了详细规范。首先,退耕还林要进行规划和计划。退耕还林规划包括的主要内容是:(1)范围、布局和重点;(2)年限、目标和任务;(3)投资测算和资金来源;(4)效益分析和评价;(5)保障措施。年度退耕还林实施方案,应当包括:(1)退耕还林的具体范围;(2)生态林与经济林比例;(3)树种选择和植被配置方式;(4)造林模式;(5)种苗供应方式;(6)植被管护和配套保障措施;(7)项目和技术负责人。其次,退耕还林的实施需要造林、管护与检查验收。县级人民政府或者其委托的乡级人民政府应当与有退耕还林任务的土地承包经营权人签订退耕还林合同。再次,退耕还林权利人有权享受资金和粮食补助。国家按照核定的退耕还林实际面积,向土地承包经营权人提供补助粮食、种苗造林补助费和生活补助费。具体补助标准和补助年限按照国务院有关规定执行。最后,退耕权利人还享有一些保障措施。

当然,我国重点领域补偿的管制性征收实践,更多依托各类政策文件来贯彻实施,包括退牧还草政策、草原补奖政策、退耕还林草政策、退耕还湿政策等。根据政策文件,政府与公众多会签订退耕还林(草、湿)协议,长期或者永久禁牧(渔/猎)协议,来明确环境资源使用权限制的区域、期限、权利义务、补偿方式与标准、责任承担方式等。但有些长期禁止使用环境资源的管制性征收,没有协议也没有给予补偿。可见,从制度的整体现状而言,重点领域补偿中的财产权限制虽然具备公法依据,但不够健全,仍有较大的完善空间。

(三) 彰显风险预防理念与实质正义要求

从我国生态保护补偿行为的目标来看,补偿生态保护者的经济损失和投入是直接目的,生态环境改善必然是生态补偿的间接目的,生态系统可持续地提供服务是最终目的。为此,生态保护补偿为实现整体意义上的环境正义而限制私人物权,可以说是对财产权的积极行使进行否定性评价。这种限制发生在具有公权力身份的财产权私主体与另一个不具有公权力身份的财产权私主体之间,或者两个具有公权力身份的私主体之间。我国各地区资源禀赋、经济条件存在差异,地理位置也不同,这决定了其提供生态服务功能的条件各异。一般来说,生态服务需求方往往经济发达,生态服务提供方往往经济条件落后。双方虽然在谈判形式上公平,但发展水平实质并不公平。如前所述,生态保护补偿的实施既有避免预期生态环境效益损害的功效,又具有享受未来更好环境权利的精神文化诉求。在我国当前的生态保护补偿实施中,前者显然占比极高。生态保护补偿实施之初的生态水平表明,尽管一定条件下的资源开发使用是合法的,但是渐进式的使用方式毕竟对环境生态造成了损害。这种损害不仅对周围地区环境产生不利影响,而且使得使用权主体自身的资源性生产资料日渐枯竭,甚至不复存在。

由此,私人财产权自由行使的限制,不仅维护了生态系统自身的功能,还保障了私人财产权的持续性存在。尽管私人财产权在一定阶段会受到削弱,但却保障了更大的财产权利益以及相关的生态环境利益,甚至是生态安全以及可能涉及的人身安全。这种生态安全所反映的财产利益不仅难以估量,最终还可能使私权利主体的人身和财产利益得到保障,并且利益惠及的主体不仅包括当代人,还涉及后代人。从这个意义上看,体现了生态服务价值这一更高的公共财产权与私人的资源开发使用财产权之间的对抗关系。为了保证限制的公平性,政府通过使用公共资金,给付因生态保护而被限制发展的主体,以实现分配正义。为此,生态保护补偿之物权行使限制,体现了一种特殊的利益安排,即为了避免将来可能发生的更大的环境利益损害,或者使现在已经逐渐发生的损害不至于变得更坏,而限制当下的物权。这一特殊的利益关联机制,无法仅依据西方的法哲学伦理为指导,但是,物权行使限制所体现利益价值却是明显的:一是更大利益原则,二是预防原则。其结果是一种人为合意干预下的"实质正义"。而"实质正义"的主要方式之一,就是通过牺牲较小的利益来保证较大的利益。中国传统的法律道德观正是偏重这种实质正义①,它体现了结果正义的重要性。

这种实质正义,通过对物权利益的配置,以实现环境利益的公平分配。生态保护补偿行为中对资源使用权的限制,其哲学伦理就是一种朴素的基于"预防原则"的"实质正义"观,而这恰恰是生态保护补偿作为环境法上激励制度,与传统行政管制方式以及民事事后救济制度的区别所在。

可以说,现代宪法中的财产权已经扬弃绝对化的权利保障模式,强调财产权的社会义务。对财产权人因环境保护义务和国家管制而遭受的"特别牺牲"予以合理补偿,在大陆法系和英美法系都获得普遍认可。公民对环境造成影响的行为,属于宪法上"一般行为自由"的保障范围,其规范依据为宪法上概括性权利保障条款。为实现特定的环境保护目标,需要公民承担相应的作为或不作为义务。为保障因环境保护而限制基本权利的合宪性,大陆法系和英美法系国家普遍将"比例原则"作为基本权利限制的标准,以此对国家权力的行使进行实质性判断。②

---

① 孙笑侠:《法的形式正义与实质正义》,载《浙江大学学报(人文社会科学版)》1999 年第 5 期。
② 秦天宝主编:《环境法评论》,中国社会科学出版社 2019 年版,第 36 页。

四、私法视域下重点领域补偿的正当性

(一) 财产权限制是平等合意下的权利自愿让渡

首先,重点领域补偿可以理解为代表"公"的政府依据民事财产权规则,对私人财产利益进行的限制或者剥夺。其特殊性在于,对开发利用资源权利的限制或者剥夺,既不是无条件的、任意的,也不是基于"公权力"的限制,而是强调在意思自治基础上遵循"受益者补偿原则"。对于环境资源使用者而言,多通过约定的形式,而非法定的形式设定自然资源开发利用的标准及边界。对于政府而言,重点领域补偿是以契约的形式,凭借使用人将其私人财产权的一部分让渡给代表资源所有者的公权力机构,以此确保公共环境资源的生态价值的可持续性。① 重点领域补偿力求在生态环境保护者和受益者之间实现经济分配和生态效益分配公正。从资源利用的私有化、私人财产权设定,到自主治理下的权利限制,以及权利类型从民事权利向行政权利(而非权力)的扩张,这可以说是公共环境资源的可持续性管理在现实中走出的第二重路径,也是配置公共环境资源的又一个过程,而显然,"权利"依然是其中最核心的工具。②

其次,作为私法范畴的保护地役权属于合法利用自然资源的物权方式。《民法典》第324条规定:"国家所有或者国家所有由集体使用以及法律规定属于集体所有的自然资源,组织、个人依法可以占有、使用和收益。"此规范赋予公众对某些土地和资源拥有不可侵犯的权利,权利的实现路径不限于民事基本法所规定的用益物权方式,还包括森林法、农村土地承包法所规定的林地使用权等特别物权手段。除此之外,通过采集、狩猎、捕捞等非排他性方式"自由"取得或利用自然资源,这种无名的、法律允许的"第三种方式",在不损害环境可持续发展的限度内,同样应予准许。保护地役权属于地役权人"有限度、自由利用自然资源"的合法物权方式,供役地人应按照合同约定或法律规定妥善履行相关义务。③

再次,私法视域下的重点领域补偿更尊重私法层面的契约自由。由于生态效益的无形性和外溢性,通常很难识别出具体的受益主体,因而往往将受益地区的人民政府作为受益者。鉴于环境损害范围的广泛性和潜伏性,很难识别出由于生态环境开发利用行为导致财产权受限制而受到损害的具体主

---

① 那力、杨楠:《对公共环境资源上私人权利的限制——奥斯特罗姆的"自主治理理论"与英国的公地法》,载《社会科学战线》2013年第8期。
② 同上。
③ 同上。

体,开发利用者通常与所在地政府构成了对应的补偿—受偿关系。重点领域补偿中的政府和生态保护者关系,一度具有较强的行政干预色彩。尽管如此,意思自治或契约自由是重点领域补偿运行的基本原则,是财产权人支配和转让财产的灵魂和核心,所以,生态保护补偿涉及的私法财产权的限制,应当尊重契约自由。

从重点领域补偿实施现状和发展趋势观之,自愿、意思自治将更多体现在重点领域补偿相关协议内容及其履行上。据不完全统计,我国森林、草原、湿地等更多领域补偿政策和实施协议均明确表明自愿签订协议,且赋予了被限制环境资源使用权个体较多的自主权。虽然实务多将上述协议理解为行政协议,但解释为民事合同或合意设定的地役权合同也没有问题。

(二)以私法方式规范财产权限制能更好地保护个体利益

民事合同或保护地役权中权利双方的法律地位具有应然平等性。民事合同与保护地役权的一方是政府、特定的自然地域管理机构等行政主体,属于自然资源所有者的代表主体或者统一管理主体。民事合同或保护地役权有利于供役人知晓自己的权利义务,而不是过多地援引模糊的政策文件。需役人作为公共利益代表,通过公共权利的让渡进行公众协商,具有准私主体色彩,权利义务的形成更能获得双方的内心确信。

民事合同或保护地役权具有保护私权利的内在特质。管制性征收尽管具有效率的一面,但注重权利人对公权力的服从。民事合同与意定保护地役权对财产权人的意志尊重较为充分。国外的法定地役权设立虽带强制性,但补偿方式和补偿标准多需要公权力机构和私人在第三方评估机构参与下平等协商确定。①

与传统的土地租赁相比,保护地役权属于物权,租赁属于债权。相对于债权,保护地役权具有物权的对世性效力,其物权效力可以使土地利用关系更加稳定,确保生态公益的可持续性。②

保护地役权方式逐渐为国家政策和地方规定所鼓励。《建立国家公园体制总体方案》要求,集体土地通过租赁、置换等方式由国家公园管理机构统一管理,可通过合作协议等方式实现管理。《关于建立以国家公园为主体的自然保护地体系的指导意见》指出,探索通过租赁、置换、赎买、合作等方式

---

① 陈友平:《我国构建生态地役权制度研究》,西南政法大学2017年硕士学位论文。
② 黄胜开:《林地资源经济价值与生态价值的冲突与协调——以公共地役权为视角》,载《理论月刊》2018年第8期。

维护土地权利人的权益。《武夷山国家公园管理条例(试行)》第 35 条规定,可依据法律规定对自然资源进行征收或者置换、租赁等方式管理。《神农架国家公园保护条例》第 22 条规定,神农架国家公园内集体或者个人所有的自然资源资产,统一管理国家公园的机构组织可依照国家规定利用置换、租赁等形式与所有权人或者承包权人展开合作。①

重点领域补偿保护地役权实践中,钱江源国家公园集体林地地役权改革在不变更林地权属的基础上,对环境资源使用权人进行了部分权利限制。根据《钱江源国家公园集体林地地役权改革实施方案》的规定,允许农户科学合理地按照国家公园建设要求适度经营利用。钱江源国家公园集体林地地役权设定合同(范本)对供役地范围、补偿资金、合同履行期限、双方的权利义务、违约责任进行了明确。② 又如,三江源、钱江源、南山等国家公园体制试点中,因某些区域被划定为限制开发,相关省市在国家公园区域内实施了国家草原生态保护补助奖励政策,对集体土地上的放牧的时间、地点、范围等进行了政策性限制。此类限制意味着原住户生存权与发展权受限,均给予了补偿。

遗憾的是,保护地役权在我国民事立法中仍面临障碍,主要是现行民法只认可意定地役权,且不认可地役权单独存在。

(三) 生态保护方式的新发展需要私法方式的财产权限制

生态保护补偿的发生,系现代性的问题,是发展中的问题。生态投入与建设自始有之,生态保护补偿是由于人类社会在后工业文明时代对资源开发使用强度过大,使其面临着因承载力不足导致潜在生态危机甚至影响生态安全的情况时采取的经济手段。这一经济手段的实施,直接作用于开发使用环境资源的个人或者组织,通过限制或者停止其开发使用,使得一定区域的生态环境免受过度使用的"威胁",而恢复或者更好地发挥其生态效益。由于开发使用资源的主体享有合法的准物权,国家作为受益者的代表,理应以资源所有者的代表身份通过政府与之谈判,约定经济发展受限的方式及承担的义务,就其经济发展受限的成本与投入进行补偿。据此,生态保护补偿的逻辑起点为资源开发使用者的发展机会受限,以此与对正外部性生态效益补偿的单纯生态建设、保护和投入区别开来。

---

① 秦天宝:《论国家公园国有土地占主体地位的实现路径——以地役权为核心的考察》,载《现代法学》2019 年第 3 期。
② 于山:《国家公园如何建设与管理?钱江源国家公园成样本》,浙江新闻网,2019 年 10 月 17 日,https://zj.zjol.com.cn/news.html? id=1309658,访问日期:2024 年 6 月 27 日。

进一步讲，传统农耕社会甚至游牧民族时代早就存在的这类单纯生态建设问题，并不涉及深刻的利益冲突与矛盾，不大可能需要用生态保护补偿的专门法律来应对，也没有资源和机构能够应对。太多诸如此类的问题在城市生活中凸显为或转化为需要以法律制度规则的方式来应对的问题，生态保护补偿作为一种制度化的协调机制才有产生的必要。也就是说，特别是在现代文明中，因社会的发展，一种利益因依托现有的法律一般强制标准下的利益分配模式无法实现，不得不需要建立在对另一种利益的限制其至剥夺的基础上，从而引发公民对于财产权安全的普遍性社会关注时，产生了一种新的不依靠强制、权力干预来重新配置既有利益格局的模式，用新的机制重新审视有关利益主体的关联，当他们发生一种具有私法意义的行为时，用一种合乎法理与公理情理的方式正确对待这一模式的性质，力求解决利益冲突，生态保护补偿制度才得以产生。

作为一种普遍的制度规范，首先，生态保护补偿制度应当回应并调整的是一种何种性质的利益关系，以及正确对待有关主体的权利义务及其实现方式。其次，它作为利益的限制与弥补，必然涉及利益的衡平与调节，需要以利益调整为主要目的的普遍法律规则，来处理涉及限制利益者与被限制利益者，以及两者内部不同利益阶层、利益体的冲突。最后，鉴于生态保护补偿的功能需要在实践中体现，它同时其也是一种实施机制，需要配备专门的组织机构、资金保障手段和特殊的运行模式，以保证补偿目的的实现。以上便是其不同于传统生态建设与投入的特性，即以私法方式限制环境资源使用权并弥补相应利益损失的生态保护补偿制度之发生机理。

五、结　语

重点领域补偿制度的实施的效果，取决于生态保护目标的实现与个体环境资源使用权限制的协调。重点领域补偿制度之存续，其正当性关注的核心是财产权限制行为的合法性与合理性。重点领域补偿制度实践会始终贯彻财产权自由行使的干预或限制，考虑到对重点领域补偿制度公私属性的理解不同，对其正当性评价可以从公法和私法视角进行不同的解读。

公法视域下考察重点领域补偿制度的正当性，主要是对管制性征收活动进行评价。私法视域下考察重点领域补偿制度的正当性，主要是对民事合同或保护地役权进行评价。从公法角度，重点领域补偿制度实施中的财产权管制具有合宪性，具备公法依据，符合风险预防理念与实质正义要求。从私法角度，重点领域补偿制度实施中的财产权限制源于平等合意下的权利自愿让渡，通过私法方式规范财产权限制能更好地保护个体利益，亦迎合了生态保护方式的新发展。

第三节 流域补偿制度的正当性根据

一、流域补偿制度正当性的缘起

流域生态保护补偿,简称流域补偿,是《条例》的重要制度领域,包括相邻或多个上下游政府间实施的横向补偿,以及中央或上级政府通过给付资金支持流域生态保护地政府开展的纵向补偿。流域补偿制度合法存续的根本前提在于从法理层面厘清正当性根据,即流域的生态保护者何以理所当然地接受补偿,生态受益者如何合法合理地支付补偿。正当性根据的解决涉及流域补偿资金的合理给付、流域补偿法律关系的规范化、流域补偿制度整体何以存在等立法和实践面临的重大议题。当前,我国对于流域补偿的正当性根据尚有理论分歧,《条例》对此也没有清晰的回应,在一定程度上影响了流域补偿规则的科学理解及实施的合理性评价,有必要理性对待。本节结合当前的两种流域补偿正当性学说,提出应然立场,并进行逻辑证成。

二、流域补偿制度正当性根据的理论分歧

(一) 两种理论观点

第一种观点是"高于强制性水质要求的环境质量提升说"。该观点提到,流域补偿只有在满足强制性环境标准的法定责任后,生态受益地政府才能对超过强制标准的额外优质环境进行补偿,生态保护地政府方能接受补偿。流域辖区政府不应当以其他形式的资金支持来代替应当履行的环境保护义务。满足流域水质强制标准,即Ⅲ类标准,是流域地方政府的基本公法义务,达不到标准不仅无法接受补偿,还需承担法律责任。[①]

第二种观点为"纯粹的水环境质量提升说"。该观点指出,流域补偿不应当以是否达到强制性环境质量标准为受偿条件,而以能否产生正外部性环境效益作为唯一标准。只要双方约定的补偿条件在成就时,没有到达实现环境质量标准的国家规定期限,即使约定的标准和最终实现的标准低于强制性环境质量标准,亦不违法,只要有利于正外部性环境质量的提升,就应当鼓励

---

① 杜群、陈真亮:《论流域生态补偿"共同但有差别的责任"——基于水质目标的法律分析》,载《中国地质大学学报(社会科学版)》2014年第1期;杜群、车东晟:《新时代生态补偿权利的生成及其实现——以环境资源开发利用限制为分析进路》,载《法制与社会发展》2019年第2期;车东晟:《政策与法律双重维度下生态补偿的法理溯源与制度重构》,载《中国人口·资源与环境》2020年第8期。

和支持。[1]

可见,流域补偿正当性根据的核心争议在于,是仅根据预期目标增进既有的环境质量即可,还是要在强制性环境质量标准之上,进一步实现约定的更优环境质量。

(二) 对前述学说的简要评价

首先,"高于强制性水质要求的环境质量提升说"总体上不具备科学性。一方面,该学说认识到强制性水质目标实现是流域辖区政府的法定任务,这一点并无不当。毕竟,我国《环境保护法》和《水污染防治法》均强调地方政府必须履行流域管理的公法义务。另一方面,该学说将流域补偿界定为严于水环境强制标准的约定机制,将未达到法定标准目标的资金给付理解为责任他负,这就曲解了政府的公法义务和流域补偿激励机制完全可以并存的必然逻辑,否定了我国多数流域补偿实践的正当性存在,本质上属于机械片面的分析。

其次,既有"纯粹的水环境质量提升说"虽然合理,但是缺乏深入论证。"纯粹的水环境质量提升标准说"是本书认同的根据,其承认流域补偿的正向激励立场,值得肯定。遗憾的是,该观点在反驳前一根据时,并未给予正面和深入回应,使得论证存在很多问题,包括:未分析为什么流域补偿能够适用于Ⅲ类水质标准以下;无法从正面提供流域补偿不只适用于Ⅲ类水质标准以上的法理解释和规范依据;对流域补偿直接规范上下游政府的单向度关系有所误解;错误地认为"纯粹的水环境质量提升根据"是有条件的,等等。鉴于"高于强制性水质要求的环境质量提升说"之不合理性和现有"纯粹的水环境质量提升"理论的论证缺陷,有必要赋予新的正当性证成。

三、流域补偿的正当根据:"纯粹的水环境质量提升"理论

(一) 流域保护的政府约束机制和充分激励机制协同并存

1. 两类不同的制度角色

政府对区域水环境质量负责是《环境保护法》和《水污染防治法》的基本原则,这一点无可厚非。当环境质量不达标时,区域政府不仅负有治污和修复的公法义务,同时还可能面临目标考核责任、行政处分、党纪政纪责任等约束机制的制约。这些均属于政府环境治理职责范畴,包含了环境治理的义务和责任。约束机制服务于传统的秩序行政,以对规制者事后处理的被动方式

---

[1] 谢玲、李爱年:《责任分配抑或权利确认:流域生态补偿适用条件之辨析》,载《中国人口·资源与环境》2016年第10期。

维护公共利益,属于命令控制型的环境治理工具,其特点为高成本投入、命令明确、规制方法固定。但是,在新旧环境议题日趋复杂的当代,环境法不能仅定位在管制层面,它必须扮演更为重要的角色。① 纯粹的水环境质量提升型补偿模式作为与命令控制进路相对的政策工具,与污染问题相联系而出现②,创设了全新的环境治理框架,致力于最大程度、不加条件激励政府主动保护流域水质,充分调动生态保护地和受益地的积极性。

激励机制是影响地方政府行为的关键,很大程度上规定了国家治理的轨迹、选择和后果。③ 纯粹的水环境质量提升型补偿模式不同于行政治理的封闭运行,突破了地方各自为政的自我管理样态④,超越了自上而下和自下而上的治理模式,是不同主体为解决跨域公共问题由独立分散走向协调合作的过程。⑤ "纯粹的水环境质量提升"理论作为流域补偿的正当根据,鼓励自由设定政府协作目标,尽可能调动流域共同体动力,是探寻流域治理政府间融通的第三条道路。引入生态空间内环境治理的自主互动模式,是一场更为深刻的环境保护范式变革。

2. 充分激励:"纯粹的水环境质量提升"理论之核心要义

既往的流域治理只关注地方政府自己的责任,无法应对流域生态一荣俱荣、一损俱损的状态。"纯粹的水环境质量提升"理论之关键要义在于,在区域环境质量地方政府负责制以外,最大程度地提供符合生态保护者和受益者双向需要的内在激励机制,以激励相关者基于理性实现不同区域主体之间的合作⑥,通过弥补流域保护地区的生存发展限制来产出符合生态受益地需求的水质环境。作为面向未来的需求,只要客观上优于以往的流域水质,就应当给付补偿,不应当将水质是否达标和流域补偿的启动及补偿资金给付相挂钩。法治化的流域补偿制度建设,应当与约束激励机制的功能分区、治理方式与目标指向相适应。

地方发展的根基在于利益,只有鼓励一切有助于环境质量提升的活动才

---

① 叶俊荣:《环境立法的两种模式:政策性立法与管制性立法》,载《清华法治论衡》2013 年第 3 期。
② 张晏:《生态系统服务市场化工具:概念、类型与适用》,载《中国人口·资源与环境》2017 年第 6 期。
③ 周雪光、程宇:《通往集体债务之路:政府组织、社会制度与乡村中国的公共产品供给》,载《公共行政评论》2012 年第 1 期。
④ 徐松鹤、韩传峰:《基于微分博弈的流域生态补偿机制研究》,载《中国管理科学》2019 年第 8 期。
⑤ 朱仁显、李佩姿:《跨区流域生态补偿如何实现横向协同?——基于 13 个流域生态补偿案例的定性比较分析》,载《公共行政评论》2021 年第 1 期。
⑥ 黄彬彬、王先甲、胡振鹏等:《基于随机过程的流域水资源利用冲突博弈分析》,载《武汉大学学报(工学版)》2010 年第 1 期。

能从根本上激发可持续的流域保护。"纯粹的水环境质量提升"并不违背损害担责。流域政府没有实现阶段性水环境目标时,依然需要承担公法责任。将"纯粹的水环境质量提升"作为正当根据,更有利于调动政府的积极性。正是由于环境治理公法义务的存在,流域政府会被迫采用更高的环境质量标准作为协议目标。从这一角度看,强制性水环境质量标准本身还具有潜在的威慑功能。流域补偿发生的基础是因上游地区发展权益受限产生的环境利益和丧失的经济利益不匹配,进而需要引入充分激励型的利益配置机制。我们既不能因流域水质低于强制性标准便拒绝开展流域补偿,也不能仅凭借未达到强制性标准便不激励正外部性环境行为。那样,将根本背离流域补偿制度充分激励的要义。

3. 流域保护双重路径的协同共治

纯粹的水环境质量提升型流域补偿无法解决所有流域问题,不能替代政府管制,政府的水环境治理职责与纯粹的水环境质量提升型流域补偿机制应当协同共治。其中,前者发挥惩戒作用,旨在解决水质不达标时的政府问责,以消除行为负面影响为目标。后者具有激励的因应效能,鼓励有助于环境改善的一切行为。流域生态系统的整体性和环境效益的自然传递性决定了,基于共同的生存需要客观产生了相互服务的机制。① 区域合作中,只有生态和人提供的服务融合成一个完整框架时,谈判才会达成目标。② 流域水环境保护力避割裂约束机制和激励制度的内在联系。若流域法治建设只关注政府的内部责任,就容易忽视不同政府外部的持续互动,难以提高环境资源利用效率。

我国流域补偿实践多为双向激励,若生态保护地所在上游政府无法完成流域治理目标,将承受反向给付资金的惩戒。由此,"纯粹的水环境质量提升"理论反而比"高于强制性水质要求的环境质量提升标准"更具有负担性和责任性。不过,随着近年我国流域水质的整体提高,上游政府多会促成达到乃至高于强制性环境质量标准的约定目标。所以,政府的环境治理职责和纯粹的水环境质量提升型流域补偿作为不同的价值存在,互不矛盾,按照法秩序统一原理共同发挥比较优势。

---

① 〔法〕埃米尔·涂尔干:《社会分工论》,渠东译,生活·读书·新知三联书店2000年版,第91页。
② 〔美〕J.B.鲁尔、斯蒂文·E.卡夫、克里斯托弗·L.兰特:《生态服务的法律和政策》,杨代友、付瑶译,中国环境出版社2016年版,第10页。

(二)"纯粹的水环境质量提升"理论具备充分的法律依据

1. 符合受益者补偿原则

生态保护补偿的基本原则无疑是受益者补偿,"纯粹的水环境质量提升"理论是该原则的直接映射。受益者补偿产生的背景源于生态保护者因保护环境被限制生存发展,生态受益者却享受了与其经济支出不相匹配的环境利益,于是呼吁产生能够调整前述利益冲突的一般要求及其规则。只有建立普遍意义上纯粹的水环境质量提升型制度,才能最大程度调动上下游政府的积极性并有效协调不同利益。

受益者补偿内涵与"纯粹的水环境质量提升"理论相得益彰。《环境保护法》第 31 条第 3 款规定:"国家指导受益地区和生态保护地区人民政府通过协商或者按照市场规则进行生态保护补偿。"《条例》第 2 条第 2 款规定"……对按照规定或者约定开展生态保护的单位和个人予以补偿的激励性制度安排……"受益者补偿并非适用于强制性环境标准以上的流域补偿实践,绝非指在获得优于强制性水质效果时才能接受补偿金,而是强调只要达到环境改善的客观状态,生态受益者就要补偿生态保护者。恰如《条例》第 1 条立法目的所言,"为了保护和改善生态环境,加强和规范生态保护补偿,调动各方参与生态保护积极性,推动生态文明建设,根据有关法律,制定本条例"。

2. 为法律和相关规范性文件所认可

首先,流域补偿主要法律规定均支持"纯粹的水环境质量提升"这一依据。有关制度都没有附带条件。《水污染防治法》第 8 条规定:"国家通过财政转移支付等方式,建立健全对位于饮用水水源保护区区域和江河、湖泊、水库上游地区的水环境生态保护补偿机制。"《环境保护法》第 31 条第 2 款、第 3 款规定,加大对生态保护地区的财政转移支付力度;指导受益地区和生态保护地区人民政府通过协商或者按照市场规则进行生态保护补偿。《长江保护法》第 76 条规定:"……国家加大财政转移支付力度,对长江干流及重要支流源头和上游的水源涵养地等生态功能重要区域予以补偿。……国家鼓励长江流域上下游、左右岸、干支流地方人民政府之间开展横向生态保护补偿……"《条例》第 14 条规定:"国家鼓励、指导、推动生态受益地区与生态保护地区人民政府通过协商等方式建立生态保护补偿机制,开展地区间横向生态保护补偿。根据生态保护实际需要,上级人民政府可以组织、协调下级人民政府之间开展地区间横向生态保护补偿。"

其次,流域有关的重要行政规范性文件无一例外采用"纯粹的水环境质量提升"作为依据。2015—2021年先后出台了《水污染防治行动计划》《关于加快建立流域上下游横向生态保护补偿机制的指导意见》《关于健全生态保护补偿机制的意见》《关于建立健全长江经济带生态补偿与保护长效机制的指导意见》《建立市场化、多元化生态保护补偿机制行动计划》《支持引导黄河全流域建立横向生态补偿机制试点实施方案》《关于加快推进洞庭湖、鄱阳湖生态保护补偿机制建设的指导意见》《关于深化生态保护补偿制度改革的意见》等一系列文件,都鼓励所有增进流域水质的行为,而不附带任何限制。至于强制性水质标准以下是否开展流域实践以及考核目标是否达到强制标准,均由地方政府统筹规定或者依托协议来约定。如根据《江苏省水环境区域补偿实施办法(试行)》,2020年的补偿金应全部用于本地区水环境治理。① 又如,很多地区虽然没有文件也开展了自主协商水质目标的流域补偿实践。

(三)"纯粹的水环境质量提升"理论可破解区域协调发展难题

1. 体现实质正义的正当性

构建新发展格局,需要构建体现发展导向的新发展法治。② 针对发展失衡问题,需要切实推进区域协调发展。③ 纯粹的水环境质量提升型流域补偿深刻诠释了新发展法治,为政府协商互动合作提供了最大程度的动力,对科层制和责任制治理引发的经济和环境利益配置不公予以调试,与我国基本国情和发展定位相一致。④ 中国的环境与经济利益发展不均衡在历史上和未来都存在,纯粹的水环境质量提升型流域补偿发挥了社会性脱贫给付和助推水质恢复的功效,成为推进区域环境提高和经济协调发展的重大支撑,促使不同阶层、不同群体在利益分化的格局中各得其所又和谐相处。⑤

构建流域区际补偿机制是达成流域治理合力的关键。⑥ 社会主要矛盾发生变化的情况下,更要重视发展的平衡与充分。⑦ 区际利益补偿权以特殊

---

① 《关于收缴和下达2020年度水环境区域补偿、受偿资金及连续达标奖励资金的通知》,江苏省财政厅网,2021年6月23日,http://czt.jiangsu.gov.cn/art/2021/6/23/art_75183_9857244.html,访问日期:2024年8月1日。
② 张守文:《新发展格局与"发展型法治"的构建》,载《政法论丛》2021年第1期。
③ 张守文:《区域协调发展的经济法理论拓展》,载《法律科学(西北政法大学学报)》2021年第4期。
④ 陈玮:《"发展型国家"的三次理论辩论:政府介入的必要性、有效性和时机》,载《公共行政评论》2019年第1期。
⑤ 张文显:《法治与国家治理现代化》,载《中国法学》2014年第4期。
⑥ 傅晓华:《基于生态正义的流域治理区际补偿理论辩解与实践探索》,载《湖南社会科学》2021年第3期。
⑦ 蒋银华:《新时代发展权救济的法理审思》,载《中国法学》2018年第5期。

功能区的行为外部性为逻辑起点。① 长江、黄河等重要流域上中游为占国土面积53％的国家重点生态功能区。国家重点生态功能区为保护环境，丧失了巨大的发展机会。利益均衡是实质平等要求的进一步延伸②，被限制发展地区自身无法兼顾保护环境和经济发展，亟须通过补偿促进区域协调。③ 若流域补偿达到强制性标准时方能开展，将扭曲激励价值，变相抑制激励动力，进一步加剧区域发展失衡。

合作治理更重要的是对实施效果进行适当评价，行政的正当性证成将从合法转向合目的性。④ 根据实质正义理念，一旦生态保护地完成协议目标，生态受益地政府就应当支付补偿。我国不乏流域水质低于Ⅲ类的地区，凭借政策文件或者自主约定，达到强制性环境治理标准，成功推动了区域协调发展，也印证了霍姆斯所言，法律的生命在于经验而不在于逻辑。严格的逻辑纵然让法律具有了理性色彩，但背离了实质正义，更何况片面的法律逻辑。

2. 直面保护地发展的巨大财政压力

流域治理的本质是处理好流域经济发展与环境保护的矛盾，很多上中游地区自身的财政投入远不能满足流域保护需求，面临绿色发展的巨大压力。纯粹的水环境质量提升型流域补偿，因实施门槛低，为生态保护地转型发展解决了内在财力不足的最大难题。我国贫困地区与国家重点生态功能区、大江大河的源头、上中游地区在空间上高度吻合，深度贫困地区通常也是边境偏远地区，其生态保护行为缺乏有效的激励，生态优势无法转化为经济优势。⑤ 国家发展改革委2019年《生态综合补偿试点方案》选择的试点省份主要集中于连片特困地区，生态产品供给地基本上是欠发达或贫困地区，对于小范围的资金波动更为敏感，同样数额的资金刺激将会产生更明显的影响作用。⑥ 流域生态受益地通过向生态保护贫困地区支付补偿资金，解决了因限制开发环境资源造成的收入锐减，稳定了上中游的生态屏障地位，衍生出了扶贫解困、精准脱贫的新途径。

我国历史上的流域水质普遍低于Ⅲ类，纯粹的水环境质量提升型流域补偿实践引入大量补偿资金，成为水质不断趋好的有力支撑。2018—2020年

---

① 陈婉玲：《区际利益补偿权利生成与基本构造》，载《中国法学》2020年第6期。
② 高其才：《现代立法理念论》，载《南京社会科学》2006年第1期。
③ 《全国人大代表廖仁旺：加大国家重点生态功能区补偿力度》，中新网，https://www.chinanews.com/gn/2021/03-07/9426742.shtml，访问日期：2024年3月28日。
④ 陈越峰：《关键信息基础设施保护的合作治理》，载《法学研究》2018年第6期。
⑤ 胡振通、王亚华：《中国生态扶贫的理论创新和实现机制》，载《清华大学学报（哲学社会科学版）》2021年第1期。
⑥ 单云慧：《新时代生态补偿横向转移支付制度化发展研究——以卡尔多—希克斯改进理论为分析进路》，载《经济问题》2021年第2期。

中央财政安排 190 亿元支持长江流域和黄河流域建立生态保护补偿。① 根据生态环境部历年发布的《中国生态环境状况公报》,2006—2011 年全国地表水总体为中度或者轻度污染,Ⅰ~Ⅲ类水质断面比仅为 40%—61%。依托中央逐年提高的流域补偿金等各项污染治理投入,再加上地方自主开展流域补偿带来的资金效益,截至 2018 年年底,我国重要省界断面中的Ⅳ、Ⅴ和劣Ⅴ类水质断面比降到 30%。2020 年,全国国控断面地表水质总体达优良,Ⅰ~Ⅲ类断面比例达 83.4%。②

流域协调机制落实的重点是,如何在利益博弈的基础上协调好环境保护和经济发展的关系。③ 决策者除各自行动外,还可以选择合作形式实现帕累托最优。④ 流域补偿的直接法律关系主体是作为生态保护者代表的政府和作为生态受益者代表的政府。当某一流域为流经区域或全国增进了环境福祉,流经区域政府或中央政府将作为生态受益地的生态受益者代表,对流域政府给予补偿;当上游政府通过限制发展和保护环境,为下游提升了水环境质量时,下游政府作为生态受益者代表,对代表生态保护者的上游政府给予补偿。建立这一机制,显然是互利双赢的局面。流域补偿模式是上下游政府长期博弈的结果,如果不建立纯粹的水环境质量提升型流域补偿机制,上游政府将面临严重的环保资金短缺,为拓宽经济来源只能加剧环境资源开发利用,生态环境必然持续恶化。

3. "纯粹的水环境质量提升"理论更能解释实践

经过实施纯粹的水环境质量提升型流域补偿实践,我国很多地区实现乃至超越了强制性水环境标准。若按照"高于强制性水质要求的环境质量提升标准"诠释流域补偿,这种逻辑在实践中显然未被遵循。

2011 年年底,陕西、甘肃渭河沿岸市区签订了《渭河流域环境保护城市联盟框架协议》,目标是使污染水质从达到Ⅲ类水质,实施后达到强制考核要求。⑤ 2012 年前,浙皖段面水质为较差的Ⅳ类或Ⅴ类,2012—2015 年新安江流域补偿首轮试点启动,以达到强制性水质标准为补偿条件。考核期结束

---

① 《生态环境部 12 月例行新闻发布会实录》,中华人民共和国生态环境部官网,2020 年 12 月 29 日,http://www.mee.gov.cn/xxgk2018/xxgk/xxgk15/202012/t20201229_815398.html,访问日期:2024 年 2 月 27 日。
② 《2006—2022 年历年中国生态环境状况公报》,生态环境部官网,http://www.mee.gov.cn/hjzl/sthjzk/zghjzkgb/,访问日期:2024 年 2 月 23 日。
③ 朱艳丽:《长江流域协调机制创新性落实的法律路径研究》,载《中国软科学》2021 年第 6 期。
④ 王立平、胡智怡、刘云:《博弈论在水资源冲突中应用的研究进展》,载《长江科学院院报》2015 年第 8 期。
⑤ 《渭河流域环境保护城市联盟市长会议召开》,新浪网,2013 年 11 月 13 日,http://news.sina.com.cn/o/2013-11-13/082728696292.shtml,访问日期:2024 年 2 月 27 日。

后,新安江流域水质为优。2015—2017年开展第二轮试点,考核期满时目标再次实现。2021年第三轮试点结束后水质达标率为100%。① 2016年,广西与广东签署了《九洲江流域水环境补偿协议》,目标是使水质从原来的Ⅴ类甚至劣Ⅴ类达到Ⅲ类水标准。协议履行后,主要指标常年达到预期水质。2020年颁布的《龙岩市汀江—韩江流域上下游横向生态补偿资金水质改善情况考核办法》以考核断面水质达到或优于Ⅲ类为奖励标准。实施不到一年,辖区政府已提前完成目标。截至2023年5月,我国大部分省份都开展了卓有成效的纯粹水环境质量提升型流域补偿实践。

综上,纯粹的水环境质量提升型流域补偿和政府的环境治理职责共同致力于流域保护,"纯粹的水环境质量提升标准"具备充分的法律依据,更是破解区域发展不协调的关键。

四、基于应然正当性根据的解释论

(一) 流域补偿的合理制度定位

流域补偿不以现有水质是否达标且实施后优于强制水质作为启动和补偿条件,仅以预期水质客观改善为唯一目标,此可称为不附加条件的充分激励机制。当然,绝不允许出现预期水质比历史水质退化时流域生态保护地依然接受补偿的荒唐情况。充分激励是流域补偿的核心,因为通过激励可以改变自然资源利用决策,改善生态服务的供给。② 纯粹的水环境质量提升型流域补偿机制,全面鼓励流域政府参与环境质量提高目标设定和行动方案的达成,促进了个体与集体理性的和谐统一。③

"纯粹的水环境质量提升"理论契合了激励相容,是一种治理规则的激励。④ 激励相容理论是指所有参与者追求个体利益最大化的同时,机制运行的客观效果也能实现利益最大化,个体目标与群体目标不存在冲突。⑤ 遵守激励规则比选择其他行为获得更高利益,从而实现激励相容的均衡结果。⑥ "纯粹的水环境质量提升"理论体现了激励相容,这一依据下的制度赋予人

---

① 《新安江流域生态补偿试点进入第三轮》,生态环境部宣教中心网,2018年11月18日,http://www.chinaeol.net/hjxw/gnxw/201811/t20181108_673008.shtml,访问日期:2024年7月31日。
② 王清军:《法政策学视角下的生态保护补偿立法问题研究》,载《法学评论》2018年第4期。
③ 胡元聪:《区块链技术激励机制的类型化分析》,载《学术界》2021年第1期。
④ 石超:《区块链技术的信任制造及其应用的治理逻辑》,载《东方法学》2020年第1期。
⑤ 郑秉文、陈功:《养老保险中的税收楔子与激励相容机制设计》,载《财政研究》2021年第4期。
⑥ 苏宇:《论算法规制的价值目标与机制设计》,载《自然辩证法通讯》2019年第10期。

们在自利行为驱动下采取自由行动,又恰使预定目标得以实现。① 所以,流域补偿作为一项系统工程,唯有多元主体的协同共治方能实现多元目标。为此,流域补偿宜定位于以规定或者约定形式,充分激励流域水环境质量的持续提高,由流域生态受益者向生态保护者支付因保护流域环境而丧失相应发展机会和保护性投入的激励性环境经济制度。

(二) 流域补偿激励机制的三个层次

流域补偿激励机制包含三个层次。第一个层次是应当强制建立的流域补偿机制,其指向流域环境质量不达标和生态损害已经发生的流域。强制建立的依据是国家负有保障环境质量不退化的义务。第二个层次也属于强制建立型流域补偿机制,主要包括水生态环境功能突出的跨省大流域、重要湖泊、饮用水源地,以及有水污染或者破坏风险的水环境脆弱或敏感地。该层次强制推动的缘由是,上述水域对国家或区域生态安全有重要影响,鉴于风险预防和风险立法,需要赋予政府新的职能。其中,前两个层次的流域补偿机制占据我国多数实践,国家对于特定流域补偿有引导和支持建立的义务。第三个层次属于自愿建立型流域补偿机制,是指在上述两个层次以外的流域,辖区水质达标的地方政府为追求更好的水环境目标以协商方式自愿实施流域补偿。第二阶段以后开展的新安江流域补偿便属于这个类型。对于第三个层次的机制,立法不强制建立,但积极鼓励。如《长江保护法》第76条第4款规定:"……鼓励相关主体之间采取自愿协商等方式开展生态保护补偿。"

即使专门立法强制设定前两个层次的机制,国家也仅对补偿建立的自主形式进行干预。政府绝非在水质达标时才能启动流域补偿,更不应当被强迫达成强制性水环境质量标准以上的协议目标,只要政府间行为有利于环境质量提高即可,具体协议内容尊重意思自治。也就是说,流域补偿的启动和给付条件,是否涉及既有水质达标且预期效果优于强制性水质标准,由流域政府以颁布文件或协商的方式自主决定,目的是因地制宜并发挥主动性,也符合国家简政放权的改革思路。② 唯此,才顺应"纯粹的水环境质量提升"要求的基本导向。建立前两个层次的机制是立法关注的重点,因其牵涉利益重大,只有形成刚性稳定的长效机制,方能保障流域保护的可持续。激励机制

---

① 胡元聪:《区块链技术激励机制的制度价值考察》,载《现代法学》2021年第2期。
② 徐丽媛:《生态综合补偿自主权的提出及其法治路径》,载《中国地质大学学报(社会科学版)》2020年第5期。

亦需受到内容和形式上的一定限制[1]，有必要在机制形成的自主性、协议形成等方面遵循必要的立法保留，保障在既定规制框架内激励自主的创意和行动，以共同完成公共任务。

五、结　语

流域补偿制度的正当性根据之所以要在法治层面进行深度思考，是因为它关涉制度整体开展的合法基础。将"高于强制性水质要求的环境质量提升标准"归属于正当性依据，总体上不具备科学性。"纯粹的水环境质量提升说"虽值得肯定，但缺乏论证逻辑和有力论据，亟待探寻新的逻辑证成。在笔者看来，"纯粹的水环境质量提升说"的正当性依据体现在：政府的环境治理职责与纯粹的水环境质量提升型流域补偿并行不悖，"纯粹的水环境质量提升说"具备充分的规范性依据，更是破解区域发展不协调的关键。为此，流域补偿宜定位于以规定或约定形式激励流域水质改善并内含三层次结构的环境经济制度。

第四节　区域补偿制度的正当性基础

一、区域补偿制度正当性的提出

党的二十大报告指出，促进区域协调发展，深入实施区域协调发展战略。作为生态保护补偿的主要制度之一，区域补偿在推动我国区域协调发展中一直扮演关键角色。《条例》和我国实践中的区域补偿含有纵向与横向补偿两种类型，广义上的区域补偿还包括流域补偿。纵向区域补偿包括中央财政对国家重点生态功能区的转移支付补偿，以及国家或生态受益地政府基于生态受益者代表身份对下级政府的补偿。横向区域补偿包括非上下级的生态受益地政府对生态保护地政府的补偿和地方政府间的生态交易。无论纵向抑或横向区域补偿，均体现出生态受益地政府对生态保护地政府基于生态保护行为的利益弥补。

区域补偿的实施，往往会限制生态保护地的环境资源开发利用，被限制发展地区便需要获得补偿。但是，这一看似理所当然的实践引发的思考在于，为什么开展区域补偿需要限制某一地区的环境资源开发利用，为什么被限制开发利用的地区应当获得补偿，这种理所当然的长期制度实践，其限制

---

[1] 蔡培如、王锡锌：《论个人信息保护中的人格保护与经济激励机制》，载《比较法研究》2020年第1期。

和补偿的依据何在呢？对前述问题的回答，便是区域补偿制度正当性探讨的关键，正当地解决涉及区域关系的法治化、区域补偿制度整体何以存续等重大议题。然而，既有研究多聚焦流域补偿的正当性或区域补偿制度建设及个案探讨，尚缺少对区域补偿正当性的整体关注。《条例》虽然已经颁布，但区域补偿制度存在的法理依据不足，仍然束缚着该类规则的科学实施。故而，本书之展开，将立足我国国情，结合笔者参与《条例》起草的立法经验，深入探寻区域补偿制度的正当性基础。①

二、区域补偿制度是贯彻习近平生态文明思想的关键支撑

（一）区域补偿制度是构建三个"共同体"理念的有效保障

区域补偿制度深刻诠释了山水林田湖草是一个生命共同体、人与自然是生命共同体、构建人类命运共同体的理念。山水林田湖草是一个生命共同体启示我们，在区域发展中要充分尊重生态系统的整体性。各行政区具有自身利益，缺乏规则会影响区域利益。② 区域补偿制度突破了区域环境管理的属地化，提供的是一种激励机制，使更广范围内乃至整个国土空间的生态系统管理突破属地分割，为合作治理提供可能，生态系统管理更要求整体协调保护，生态效益的惠益更凸显整体惠益和公平惠益。区域补偿制度赋予了一种新的生态环境治理框架，呈现出以整体性为价值理念，以协同合作为运行机制③，致力于激励不同级别、地区的政府主动保护区域生态环境，最大范围内整合自然要素的协同保护和管理。④

人与自然是生命共同体的意义在于，在区域发展中应统筹经济的进步、人的发展和自然的价值，即统筹生态发展和人的现代化。区域补偿制度力求扭转只要生态保护而经济发展难以获得持续动力的不均衡态势，在更高的共同体价值引领下差异化调和区域间经济和生态关系，实现国家层面的全体国民之间、国民和自然关系的均衡与和谐。区域补偿是包括生态服务、经济发展、社会进步、民生保障的多元诉求机制。区域补偿以经济激励为手段，以生态环境治理提升为目标，以人民的获得感和幸福指数提升为归宿，促使不同

---

① 考虑到广义上的区域补偿包括流域补偿，且流域补偿的正当性已探讨，故本书区域补偿的讨论范围限于严格意义上的区域补偿。
② 李幸祥:《区域合作中的行政规范性文件协作制定机制研究——以长三角生态绿色一体化发展示范区为例》，载《行政法学研究》2021 年第 5 期。
③ 王敬波:《面向整体政府的改革与行政主体理论的重塑》，载《中国社会科学》2020 年第 7 期。
④ 石佑启、杨治坤:《中国政府治理的法治路径》，载《中国社会科学》2018 年第 1 期。

群体在利益分化的格局中各得其所又和谐相处。① "在发展中促进相对平衡"②,让绿水青山充分发挥经济社会效益,实现百姓富、生态美有机统一。

人类命运共同体是包含生态等多领域共同繁荣的全球共同体,立足世界而又着眼未来。区域治理是全球治理的重要组成部分。③ 全球治理包含全球与区域两个层面。④ 构建人类命运共同体在区域内强调主动承担生态保护责任,履行负责任大国的生态责任担当。实行本土生态正义是"构建人类命运共同体"关键环节,既要全面统筹本国生态和经济发展的协调,还要关注代际公平。国家在推进区域差异化发展中,要动态地保障各区域基本公共服务的均等化。⑤ 区域成员通过与邻近且利益相似的成员深度合作,实现协同治理。⑥ 区域补偿机制按照共同体框架,超越了责任分担与相互的责任性⑦,从系统性整体性高度寻求合作共赢,切实推动形成区域生态共建共治共享的新格局,设计生态受益区域付费、生态保护区域得到合理补偿的运行机制。⑧

(二) 区域补偿制度是践行生态安全观的重大举措

生态安全代表生态系统的完整性和整体健康性,强调人的生存与发展不受生态威胁的状态。区域补偿作为跨区域或中央对地方的生态保护机制,是实现生态安全的主要渠道,以国家和区域政府的义务履行来保障生态安全。

生态安全既是具有独立价值的总体安全观的关键要素,也是政治安全的重要内涵。从十九届五中全会,到习近平总书记在青海考察;再到中央全面深化改革委员会第二十次会议,以及习近平总书记在参加十三届全国人大五次会议内蒙古代表团审议,关于生态安全的要求被多次提出。

若按区域划分功能,源头区域是治理区域,而下游和中心城市则应是受益区域。由此产生的问题是治理任务重的区域受益少或不受益,而受益的区

---

① 张文显:《法治与国家治理现代化》,载《中国法学》2014年第4期。
② 习近平:《习近平谈治国理政》(第三卷),外文出版社2020年版,第271页。
③ 蔡拓、杨雪冬、吴志成主编:《全球治理概论》,北京大学出版社2016年版,第385页。
④ 姚全、郑先武:《区域治理与全球治理互动中的大国角色》,载《探索与争鸣》2021年第11期。
⑤ 张守英:《区域协调发展的经济法理论拓展》,载《法律科学(西北政法大学学报)》2021年第4期。
⑥ 陈子韬、章杼、吴建南:《区域治理的差序协同实践——基于珠三角大气污染联防联控的案例研究》,载《公共行政评论》2022年第5期。
⑦ 〔美〕朱迪·弗里曼:《合作治理与新行政法》,毕洪海、陈标冲译,商务印书馆2010年版,第46页。
⑧ 彭文英、刘丹丹、尉迟晓娟:《生命共同体理念下跨区域生态保护补偿机制构建》,载《学习与探索》2021年第7期。

域则没有治理任务。因此区域间的分工协作成为国土生态安全维护的重大协调问题。当然上游地区与沿海发达地区及中心城市经济社会发展与区域化分工的不断加深,为应对环境问题提供了动力和契机。然而仅此希冀生态安全问题的解决是不够的,经济的自然调整根本不足以扭转国土生态安全中出现的问题。① 所以,必须基于整体上的大尺度生态安全观,统筹考量区域发展中的生态安全问题,以实现更大的生态正义。为此,《国家安全法》第30条要求,国家要完善生态环境保护制度,加大生态建设和环境保护力度,保障人民赖以生存的自然环境不受破坏与威胁。

三、区域补偿制度力求弥补区域生态服务溢出效益

(一) 区域生态效益的外溢客观上需要补偿

生态系统产生外溢问题,源于人类活动作用导致的生态系统内部功能与体系变化,进一步产生生态系统对外部服务效果的改变。该变化会对当代其他人群产生一定的影响,使人群之间因享有生态系统服务的变化而产生相互关系。② 生态效益外溢,可以理解为某一区域生态服务在自给自足的同时,还发生了外部扩散,这部分外流的价值恰好被另一区域占用,那么从某一区域流向另一区域的这部分生态服务价值既是流出区域的外溢价值,同时也是另一区域的占用价值。生态效益外溢是生态外部性的表现,具有时间上的永恒性与空间上的普遍性。③

实际情况往往更复杂,生态服务不定向流动的特点决定了外溢方和占用方并不总是一一对应,生态服务的外溢价值和占用价值不相匹配。区域生态补偿制度,致力于全面应对不同地区的生态服务外溢和占用情况,统筹分配补偿资金,整体协调区域之间生态保护和经济发展矛盾。生态系统所能创造的生态系统服务价值对人类经济社会的客观容纳的盈余或赤字情况,可以反映出区域生态系统服务的外溢或占用现状,这部分占用或外溢的生态系统服务价值对本地以外的生态系统产生了影响,是区域补偿的客观根本原因。④

生态环境的客观无法分割性使得生态保护行为超越行政边界,外扩到其他区域。当外溢的生态效益无法通过一定方式得到认可并获得对价,生态保

---

① 潘康:《试论国土生态安全的区域补偿》,载《地球与环境》2009年第2期。
② 王兴杰、张骞之、刘晓雯等:《生态补偿的概念、标准及政府的作用——基于人类活动对生态系统作用类型分析》,载《中国人口·资源与环境》2010年第5期。
③ 胡元聪:《外部性问题解决的经济法进路研究》,法律出版社2010年版,第26页。
④ 黄晶晶、李玲玲、徐琳瑜:《基于外溢生态系统服务价值的区域生态补偿机制研究》,载《生态学报》2021年第17期。

护行为将缺乏应有的动力,进而加剧区域生态环境和经济发展之间的不平衡。区域补偿的出现,始于一个区域的生态保护活动带来的积极的正外部性,这种正外部性超出自我管辖范围,自然地辐射到外部地区乃至全国。当然本地区既是生态保护地,也是生态受益地。只不过,从技术层面存在受益者和受益量计算的困难。生态保护地区产出的生态服务或生态产品不是传统的物,具有流动性、开放性、共享性、难以识别性等特征。我们需要识别区域保护和受益主体边界并确定生态系统服务价值。如何协调区域行为外溢带来的区际利益冲突,是区域协调发展必须要面对的问题。①

(二) 区域补偿的实施与生态效益影响范围应然匹配

1. 纵向区域补偿具备应对生态效益受众难以确定的优势

以区域为尺度的区域生态外部性更为明显,区域补偿制度就是要积极应对区域生态保护中的外部性问题。区域补偿使生态保护地居民与其他地区享受相同的公共服务均等化。② 鉴于政府是区域整体利益最适宜的代表③,跨区域的管制事项,以中央政府为最终决策者。④ 中央财政支出的范围应当是产出全国生态效益的地区,和超越省域范围具有重要区域性生态效益影响的地区。上级财政支出的范围应当是产出的生态效益可以覆盖上级政府管理区域的生态保护地。中央政府代表全体人民管理国民经济与社会,承担区域利益协调的重任。⑤ 中央政府不仅可以通过量化分解的方式完成任务下达,也可对地方政府施以结果导向的考核要求和达标激励,从而促成行政任务完成。⑥ 地方能力不及的领域,中央政府依托在财政、组织方面的优势,及时、有效保护了重要生态地域。

由于生态服务具有不定向流动的特点,外溢与占用并非一一对应关系,某些生态保护行为的补偿方和受偿方无法追踪其明确的对应关系,所以补偿

---

① 陈婉玲、陈亦雨:《区域协调发展的利益调整与法治进路》,载《上海财经大学学报》2021年第6期。
② 梁双陆:《新时代中国区域协调发展的五位联动利益补偿模式探索》,载《云南社会科学》2022年第3期。
③ 丁四保、王昱:《区域生态补偿的基础理论与实践问题研究》,科学出版社2010年版,第75页。
④ 叶俊荣:《行政法案例分析与研究方法》,三民书局1999年版,第178页。
⑤ 陈雯、孙伟、袁丰:《长江三角洲区域一体化空间合作、分工与差异》,商务印书馆2018年版,第29页。
⑥ 何艳玲、肖芸:《问责总领:模糊性任务的完成与央地关系新内涵》,载《政治学研究》2021年第3期。

资金需要在全省或全国层面统筹。① 生态受益主体的非确定带来区域补偿沟通和实践成本加大，众多利益相关主体自身难以凭借自我诉求主动寻求沟通，这就需要有超越下级政府的角色或者更高层级的中央政府来组织，只有中央或上下级地方政府转移支付，才能在生态保护的同时兼顾经济补偿。纵向干预包括权威型、信息型和激励型。激励型干预是指上级政府为提升协同治理积极性，给予资金等方面的援助。② 地方对上级负责并服从中央政府，可以保证补偿资金有效落实，确保统一国家中的秩序和效率③，维系央地政府间目标一致、运行协同④。况且，纵向补偿的实际推进并非绝对的命令服从的方式。近年来逐步重视央地合作，体现在区域政策制定和宣传、生态保护地区开展工作的考核评价、资金绩效管理等方面，这些合作彰显出沟通商议、信息共享、资金给付责任和生态保护责任共担等特点。

2. 横向区域补偿主体相对明确且便于凝聚共同价值

横向区域补偿是建立在共同价值观上的行为模式。⑤ 政府具有发展"自主性"和资源动员能力⑥，地方政府在职能上兼具地方自主机关和中央派驻机关的身份⑦。生态保护区域和生态受益区域相对明确时，横向补偿能较好地开展，法律关系主体之间的权利义务关系更易理顺。生态保护地区和受益者地区基于自主协商来解决生态保护和生态受益的关系，厘清双方或多方义务与权利，促使横向补偿协议达成。区域行政协议是地方处理相互职权关系的一种协商民主。⑧ 区域补偿制度可以共享裁量权⑨，最大程度赋予行政组织主动和弹性空间。⑩ 地方政府目标正处于迈向高品质生活塑造的关键时期⑪，对于高质量发展逐渐形成了共同的价值基础，均将生态良好、生产发展、生活富裕的普遍认同凝聚为开展区域补偿的共同意识。共同意识是基于

---

① 黄晶晶、李玲玲、徐琳瑜：《基于外溢生态系统服务价值的区域生态补偿机制研究》，载《生态学报》2021 年第 17 期。
② A. Moseley and J. Oliver, "Central State Steering of Local Collaboration: Assessing the Impact of Tools of Meta-governance in Homelessness Services in England", *Public Organization Review: A Global Journal*, 2008(2): 117-136.
③ 于文豪：《地方政府双重负责的宪法内涵》，载《中国法学》2021 年第 3 期。
④ 靳文辉：《风险规制中的央地政府关系之规范建构》，载《法学研究》2022 年第 5 期。
⑤ 参见景跃进、陈明明、肖滨主编：《当代中国政府与政治》，中国人民大学出版社 2016 年版，第 40 页。
⑥ 宋晓梧主编：《地方政府公司化研究》，中国财富出版社 2014 年版，第 5 页。
⑦ 王建学：《论地方政府事权的法理基础与宪法结构》，载《中国法学》2017 年第 4 期。
⑧ 叶必丰：《区域经济一体化的法律治理》，载《中国社会科学》2012 年第 8 期。
⑨ 参见〔美〕约翰·D. 多纳休、理查德·J. 泽克豪泽：《合作：激变时代的合作治理》，徐维译，中国政法大学出版社 2015 年版，第 51 页。
⑩ 郑春燕：《行政任务变迁下的行政组织法改革》，载《行政法学研究》2008 年第 2 期。
⑪ 周尚君：《地方政府的价值治理及其制度效能》，载《中国社会科学》2021 年第 5 期。

"共同体"理想形成的组织价值。① 任何制度都具有"结构"和"道德"两个范畴。唯有把它和某些价值联系起来,才能完整解释制度运行。② 横向区域补偿制度促进相邻地区凝聚为更大程度的共同体,基于共同体内在价值认同,横向生态保护地区和生态受益地区自主驱动达成共识,履行生态保护职责或者协商实现更高环境目标。

横向区域补偿制度适用于平级政府或无上下级关系政府之间,更能体现权责关系的对等,符合受益者补偿原则。横向区域补偿提高了生态服务的供给效率,提升了生态服务输出效果。横向区域补偿不适宜中央政府的单纯集中组织、统一动员,更需要调动更大区域共同体的需求凝聚。毕竟,中央财政压力也大,不能完全顾及所有为保护生态环境而环境资源使用权受限的区域,导致其资金不足,可持续的保护行为缺乏根本支持,这就需要横向补偿。③ 横向区域补偿的理想方式是从本地区发展实际出发,根据自身诉求在自愿、平等、互利的理念下开展,不再依靠上级不必要的干预,采取多样化的补偿方式,如资金补偿、关键园区、技术援助、人才支持、市场化的交易等。

区域补偿的实施并非总是纯粹的横向政府合作,有时也离不开中央支持。区域补偿早期开展时,如京津风沙源区补偿,中央政府就提供了组织和资金保障。在一些跨多省域的区域补偿中,中央政府也发挥起协调、引领功能。这是因为,早期区域补偿开展缺少成熟机制借鉴,跨多个省域的区域补偿,逾越了相邻政府寻求合作的整合能力,博弈成本过高,中央政府的介入有助于多个区域政府实现互信和协作。随着区域补偿制度的确立和机制完善,区域补偿将聚焦相邻区域政府或多个区域政府自发、自愿的协作而开展。只有低层级主体不能够实现目标时,高层级主体才能干预。④

四、区域补偿制度赋予区域发展职能相应的履职保障

纵向力量介入和横向治理及其相互关系是区域合作治理的决定性因素,⑤深刻反映在区域补偿两种制度实践中。区域补偿制度结合地方的特殊

---

① 参见〔意〕安格鲁·帕尼比昂科:《政党:组织与权力》,周建勇译,上海人民出版社 2013 年版,第 16 页。
② 参见〔美〕塞缪尔·P. 亨廷顿:《变化社会中的政治秩序》,王冠华、刘为等译,上海人民出版社 2008 年版,第 19 页。
③ 胡晓:《横向转移支付体系的探讨——基于区域生态补偿的视角》,载《中国管理信息化》2021 年第 9 期。
④ Kenya Endo, "The Principle of Subsidiarity: From Johannes Althusius to Jacques Delors", The Hokkaido Law Review, 1994, 44(6):641.
⑤ 赵斌:《区域合作治理机制的理论和实践探析》,载《财政科学》2022 年第 8 期。

性作出差异化的制度安排,保障实质公平。① 历史的发展和不断跟进的国土空间开发秩序,塑造了不同的区域发展定位,区域职能的厘定呼唤相适的职责及保障。区域补偿制度的建立,将推动中央与地方、上级与下级政府关系的法治化。

(一) 区域发展定位重构国土开发利用职能

区域差异的存在,既有自然历史因素,又有政策法律因素。② 区域发展格局的每一个变化,都是中国共产党制定正确政策并推动实施的结果。③ 建国后到21世纪初,不同地区面临不同生态旧账,进而形成相应的生态保护任务,较早促成了生态保护者与生态受益者各自的功能定位。20世纪50年代到70年代,先后出现过三次大规模的掠夺性森林砍伐和毁林开荒。80年代初期,长江、珠江两江上游喀斯特地区的植被覆盖率普遍下降。90年代后,上游大面积的天然植被遭破坏,蓄水保土、涵养水源功能降低,加重了下游自然灾害。若按区域划分功能,源头区域是治理区域,而下游和中心城市应是受益区域。由此产生的问题是治理任务重的区域受益少或不受益,而受益的区域则没有治理任务。因此,明确区域功能以及受益区域向非受益区域补偿的原则和措施,是治理历史问题的必由之路。④

2011年,国家层面公布了《全国主体功能区规划》,将国土空间划分为优化开发区域、重点开发区域、限制开发区域和禁止开发区域四大主体功能区。此后,各省市纷纷落实本区域的主体功能区规划。如2014年,江苏省根据国家要求制定了省级主体功能区规划。2015年,扬州市结合国家和省级规划出台了该市的主体功能区实施规划。根据比较优势,生态价值盈余的省域基于自身资源禀赋主要从事生态环境的再生产,为社会提供生态产品和服务;生态价值不足的区域会结合自身特点从事物质资料的创造,进而创造生活、生产资料等物质财富。创造物质产品和生态产品的劳动通过价值交换和实物补偿,形成区域分工与协调发展。⑤

实施主体功能区规划战略,意味着被限制和禁止开发区域的环境资源开发使用权受限,还需承担法定或政策赋予的生态环境保护与建设职责。保护

---

① 李永友:《转移支付与地方政府间财政竞争》,载《中国社会科学》2015年第10期。
② 张守文:《区域协同发展的经济法解析与促进》,载《当代法学》2021年第5期。
③ 黄阳平,林欣:《中国共产党领导下区域经济格局重塑和升华》,载《上海经济研究》2021年第12期。
④ 潘康:《试论国土生态安全的区域补偿》,载《地球与环境》2009年第2期。
⑤ 李国平、王奕淇、张文彬:《区域分工视角下的生态补偿研究》,载《华东经济管理》2016年第1期。

区域生态环境必然带动周围区域甚至整个国土生态效益提升,在有限的财力水平下,推进规划呼吁经济利益补偿的跟进,通过补偿区域发展权受限的损失,彰显生态环境公共物品的价值。实际上,经济越发达的地区,环保需求越强烈,越能负担起相应的支出。① 良好生态环境是最普惠的民生福祉,通过加大基本型民生项目建设,使之成为区域经济发展的新动能。②

2020 年主体功能区规划实施终结,我国迎来国土空间规划的新时期。根据 2019 年《中共中央、国务院关于建立国土空间规划体系并监督实施的若干意见》,国土空间规划是国家空间发展的指南、可持续发展的新时代空间蓝图,是各类开发保护活动的基本依据。国土空间规划以实现"多规合一"为目标,以强化对各转型规划的指导约束为使命。国土空间规划将统筹考虑生态保护红线的划定,红线内部自然保护地的核心保护区以禁止人为活动为原则,其他区域则严格禁止开发建设。由此,新时代的国土空间规划已经催生新的纵向区域补偿与横向区域补偿需求,旨在延续主体功能区规划时代的政策成效,进一步巩固不同空间区域的开发保护职能。

(二) 区域职能厘定呼吁相适的政府职责及履职保障

国土空间规划凸显特定区域的生态职能定位,注重生态系统的保护和恢复。生态职能立足于不同行政区域环境资源禀赋差异,搭建起区域间生态服务均衡配置的沟通机制,目标为打破条块分割的部门管理体制,厘清生态系统中各政府的责任和权益,确保政府生态职能有效行使,推动区域和谐。与微观区划侧重措施管理不同,生态职能从宏观层面引导和调控政府生态职能目标实现。③

突出特定生态功能定位,意味着生态功能重要区域必须履行区域生态保护主体职能。这不仅是应然之权事,也是法定义务。事权本旨亦为一种职责,不得弃权。④ 习近平总书记指出,要推进机构、职能、权限、程序、责任法定化,推进各级政府事权规范化、法律化。⑤ 为此,针对重点生态功能区补偿,《条例》第 11 条规定:"中央财政安排重点生态功能区转移支付,结合财力状况逐步增加转移支付规模。根据生态效益外溢性、生态功能重要性、生

---

① 程庆栋:《区域协同立法层级关系困境的疏解》,载《法学》2022 年第 10 期。
② 高和荣、周宇:《中国基本型民生发展水平区域差距及影响因素》,载《中国人口科学》2022 年第 3 期。
③ 安晓明、郭志远、张可云:《生态职能区划:区域生态补偿的区划基础》,载《地域研究与开发》2013 年第 5 期。
④ 刘剑文、侯卓:《事权划分法治化的中国路径》,载《中国社会科学》2017 年第 2 期。
⑤ 习近平:《论坚持全面依法治国》,中央文献出版社 2020 年版,第 114 页。

态环境敏感性和脆弱性等特点,在重点生态功能区转移支付中实施差异化补偿,加大对生态保护红线覆盖比例较高地区支持力度,国务院财政部门制定重点生态功能区转移支付管理办法,明确转移支付的范围和转移支付资金的分配方式"。第 12 条明确了国家实施自然保护地保护补偿,要求"国家建立健全以国家公园为主体的自然保护地体系生态保护补偿机制。中央财政和地方财政对开展自然保护地保护的单位和个人分类分级予以补偿,根据自然保护地类型、级别、规模和管护成效等合理确定转移支付规模"。

强调特定地区的生态保护职责,导致的是制度性的经济发展受限,必然需要通过新的制度安排来扭转环境和经济的配置错位。中国的基本国情是,仅仅赋予生态保护区域生态保护职责,无法解决其保护能力不足的根本问题,由此,必须提供新的履职保障。长期的历史现状表明,生态效益的受益区域若没有补偿,便难以进行保护和改善,也不愿意因大规模的生态保护而影响经济发展速度。① 以区域补偿为代表的生态保护补偿制度,不同于既往生态环境保护自我负责的管理模式,而是从根本上化解其生态环境保护缺乏内在动力和能力这一主要矛盾,创造了一种有助于区域间彼此联系的充分激励保障机制。激励机制是影响地方政府行为的关键,很大程度上决定了国家治理的轨迹、选择和后果。②

作为激励机制的生态保护补偿不同于行政治理的封闭运行,突破了地方各自为政的自我管理样态③,是不同主体为解决跨域公共问题由独立分散走向协调合作的过程。④ 区域补偿制度的激励要义,有两层内涵:一是作为整体激励属性的生态保护补偿,强调生态保护地区政府履职基础之上的经济激励保障;二是鼓励生态环境质量达标的地区通过和相邻政府合作,促成严于国家合格标准之上的更高环境目标协议。区域补偿制度刺激相关者基于理性实现不同区域合作。⑤ 其中,履职基础之上的经济激励保障是生态保护补偿立法的重点。《地方各级人民代表大会和地方各级人民政府组织法》第 5 条规定,要充分发挥地方的主动性、积极性。毛泽东同志曾指出,省市和省市

---

① 汪冲:《专项转移支付漏损的理论分析与实证检验》,载《财经研究》2007 年第 12 期。
② 周雪光、程宇:《通往集体债务之路:政府组织、社会制度与乡村中国的公共产品供给》,载《公共行政评论》2012 年第 1 期。
③ 徐松鹤、韩传峰:《基于微分博弈的流域生态补偿机制研究》,载《中国管理科学》2019 年第 8 期。
④ 朱仁显、李佩姿:《跨区流域生态补偿如何实现横向协同?——基于 13 个流域生态补偿案例的定性比较分析》,载《公共行政评论》2021 年第 1 期。
⑤ 黄彬彬、王先甲、胡振鹏等:《基于随机过程的流域水资源利用冲突博弈分析》,载《武汉大学学报(工学版)》2010 年第 1 期。

之间的关系,历来的原则,就是提倡互助互让。① 区域补偿制度,为特定区域承担生态保护责任的政府有效履职提供了经济保障和目标预期,将经济补偿亦作为一项职责予以确立。跨领域的治理结构更能够提升治理效能,达成目标。② 生态保护和生态受益地区设定保护目标,明确履职后的预期经济补偿,能更好引导生态保护地区政府开展生态保护补偿工作,完成生态保护任务和约定的生态环境质量标准。区域补偿职责的另一类职责是生态受益地区对生态保护地区的经济补偿责任。经济补偿职责作为生态保护职责的对价,是一种更大范围内的责任共担,责任共担不仅使生态保护行为和经济补偿行为都被刚性约束,还意味着双方的一荣共荣,一损俱损。

五、区域补偿制度通过利益共享机制重塑国家发展格局

历史上主体功能区划战略的实施在客观上导致了不同功能区之间的利益失衡,需要相应的纵向区域补偿制度加以协调。纵向和横向协同机制相互嵌套,降低了交易成本和合作风险。③ 在横向区域合作与发展中,其不仅不满足国家立法的普遍规范,还有一些更为独特的迫切诉求,需要横向区域补偿制度来满足经济利益需求方和生态利益需求方。源于生态产品和生态服务供给而产生的利益冲突,也要求构建区域生态补偿制度。④ 区域补偿制度在不调整区划的情况下,通过央地联动、地方合作来破解跨界治理难题,进而重塑发展格局。

(一) 纵向区域补偿制度对历史难题的化解

当前,人民日益增长的美好生活需要和不平衡不充分的发展之间的矛盾较为突出。⑤ 中央政府并非地区间经济发展的唯一责任主体,但可借助财政转移支付促进各功能区间公共服务的均衡。⑥ 先期的政策倾斜与国家制度安排,在一定程度上造成了地区发展的不平衡。⑦ 我国贫困地区与国家重点

---

① 中共中央文献研究室编:《毛泽东文集(第七卷)》,人民出版社 1999 年版,第 33 页。
② 钟韵、胡晓华:《粤港澳大湾区的构建与制度创新:理论基础与实施机制》,载《经济学家》2017 年第 12 期。
③ 郑石明、黄淑芳:《纵向干预与横向合作:塑造区域环境协同治理网络——一个超大城市群的治理实践》,载《湖南社会科学》2022 年第 4 期。
④ 任世丹:《区域生态补偿关系模型及制度框架》,载《安徽农业科学》2013 年第 16 期。
⑤ 郭雨晖、汤志伟、赵迪:《基本公共服务均等化的评估与研判:区域补偿和质量提升下的动态演进》,载《公共管理评论》2020 年第 4 期。
⑥ 温薇、田国双:《生态文明时代的跨区域生态补偿协调机制研究》,载《经济问题》2017 年第 5 期。
⑦ 周叶中、刘诗琪:《地方制度视域下区域协调发展法制框架研究》,载《法学评论》2019 年第 1 期。

生态功能区等在空间上高度重合,其生态保护行为缺乏有效的激励机制。①区域协调发展是全国"一盘棋",中心城市和城市群主要承担发展经济的职能,而农产品主产区承担保障粮食安全的职责,重点生态功能区和其他生态保护区域主要保障生态安全。确保区域协调发展,需要对牺牲发展利益的重点生态功能区等其他生态保护区域进行补偿,这主要通过中央财政转移支付来实现,目的是提升地方基本公共服务保障能力。② 没有中央关于区域协调发展的顶层设计,要取得已有的成绩是不现实的。③ 我国每年都会发布中央对地方重点生态功能区转移支付办法,支付不规定具体用途,中央财政分配下达到省,由相关省份根据地区实际情况统筹安排使用。

为缓解区域发展利益让渡矛盾,政府常会提供补贴和援助。如何通过补助或补偿之类的制度安排来稳定区域联系,取决于利益受损区是否享有请求补偿的支配力。④ 我国纵向区域补偿中,重点生态功能区转移支付占据很大资金比例。重点生态功能区财力短缺,往往生态贡献和获得的生态补偿不匹配,需要加大转移支付保障,应对上述矛盾,进而提升可持续生态保护和基本公共服务保障的能力。我国重要的生态功能区集中在西部地区,自然保护地也多处于落后地区,且肩负着生态保护的重要任务,这些地区生态脆弱、环境承载能力差、不适宜经济开发,这恰恰也是其欠发达或贫困的重要影响因素。区域利益受到侵害时,区域有权利要求得到相应的补偿。⑤ 由于生态价值核算和分摊的困难,导致这些区域发展权的损失并没有办法得到科学的计算,大都存在补偿不足问题。近年来,国家在区域协调发展目标上提出的基本公共服务均等化,目的正是保护落后区域发展权,逐步缩小区域间收入差距和公共服务水平的差异。生态保护贫困地区通过接受补偿,衍生出扶贫解困、精准脱贫的新途径。⑥ 纵向区域补偿制度是推动前述目标实现的重要政策手段,保障落后区域的发展权。⑦

---

① 胡振通、王亚华:《中国生态扶贫的理论创新和实现机制》,载《清华大学学报(哲学社会科学版)》2021年第1期。
② 《加码区域优势互补,中央强调生态、农产区财政转移支付的有效性》,百度网,2019年8月27日,https://baijiahao.baidu.com/s?id=1642987264369386375&wfr=spider&for=pc,访问日期:2024年9月11日。
③ 陈俊:《我国区域协调发展中的地方立法协调:样本探索及发展空间》,载《政治与法律》2021年第3期。
④ 陈婉玲:《区际利益补偿权利生成与基本构造》,载《中国法学》2020年第6期。
⑤ 丁四保、王昱:《区域生态补偿的基础理论与实践问题研究》,科学出版社2010年版。
⑥ 潘佳:《流域补偿制度的正当性标准》,载《行政法学研究》2022年第2期。
⑦ 陈妍:《完善生态补偿机制,促进区域协调发展》,载《科技中国》2020年第12期。

（二）横向区域补偿制度促使地区间共赢

我国经过长期历史发展,形成了在经济社会与生态环境方面的区域利益联系方式,这对于更大的区域共同体是有利的。中央政府的介入过多,容易使地方政府形成制度性依赖,导致怠于规制。① 横向区域补偿作为区域发展的利益联系制度,为夯实可持续的区域利益交往奠定预期规则,为满足不同区域的不同需求创造条件,为解决区域间的利益矛盾提供渠道。

区域利益是区域内各行政区的共同利益②,横向区域合作的关键在于找到区域联系的利益契合点。横向区域补偿制度发挥不同区位优势、挖掘各自潜力③,兼顾生态保护地区和生态受益地区的内在诉求,注重从区域间需求出发,既为履行生态保护职责的政府赋予履职的经济保障,也为追求更高环境质量目标的生态受益地政府搭建了合作沟通平台。区域补偿制度从共赢的战略高度出发,最大程度激发区域之间优势互补、协同共进的活力,不仅可以提高各方的积极性,还可以促使利益共享机制正常运转,从而降低合作风险和损失,达到互利共赢的跨区合作理想局面。通过构建利益协调机制,促进跨区域生态补偿资金的有效配置,实现跨区域协调发展。④ 横向区域补偿的优势需要制度化的吸收和保障。区域补偿制度克服政府在协调区域平衡中的失效,为协调区域发展提供法律保障。⑤ 为此,《条例》第 17 条明确了地方政府合作中的生态保护补偿协议签订制度。根据该条规定,开展地区间横向生态保护补偿,有关地方人民政府应当签订书面协议,通过协议来明确相关事项。

近年来,区域生态产品或服务交易,为横向区域补偿提供了生态产品价值实现的新途径。2020 年 7 月,溧阳市与安徽省广德市、郎溪县签署区域生态环境共保共治框架协议,明确以生态容量评价体系为基础的市场化区域生态补偿模式作为机制创新的一部分,组建苏皖合作公司,签订跨界合作协议。⑥ 2019—2022 年,巫溪县人民政府已先后与重庆经开区管委会、璧山区

---

① 张海波、童星:《中国应急管理结构变化及其理论概化》,载《中国社会科学》2015 年第 3 期。
② 张可云:《区域大战与区域经济关系》,民主与建设出版社 2001 年版,第 170 页。
③ 王春业:《论我国"特定区域"法治先行》,载《中国法学》2020 年第 3 期。
④ 温薇、田国双:《生态文明时代的跨区域生态补偿协调机制研究》,载《经济问题》2017 年第 5 期。
⑤ 汪永福:《区域协调发展基本法的性质探究》,载《安徽农业大学学报(社会科学版)》2013 年第 6 期。
⑥ 《苏皖携手 阔步奔向"生态创新"的美好明天》,中国江苏网,2021 年 5 月 18 日,http://jsnews.jschina.com.cn/2021/ztgk2021/202105/t20210518_2783008.shtml,访问日期:2024 年 9 月 11 日。

人民政府、渝中区人民政府签订横向生态补偿提高森林覆盖率协议书3单,累计交易森林面积指标4.119万亩、成交总金额1.03亿元。① 临沂市近年也搭建了生态产品直接交易平台,探索绿化增量责任指标交易方式。可见,市场交易主体从自身权益的角度需要法治的保障,市场机制也有助于实现法治的目标。市场化的横向区域补偿制度打造了"绿水青山就是金山银山"的价值转化机制,以生态交易推动区域协作。

六、区域补偿制度为我国现行法秩序所鼓励

中国的生态文明制度正在输出本土经验,区域补偿制度具有鲜明的本土特色,具有法律依据,也为国家的后续专门立法积累了可复制可推广的经验。②

(一) 契合宪法要求

坚持依法治国首先要坚持依宪治国。③ 区域关系是关系国家存在和发展的最大课题,宪法从不会缺位。实现区域公平和协调,是宪法的题中应有之义。为此,国家目标、任务和职能的宪法体系展开为区域补偿制度提供了顶层依据。

国家目标条款为区域补偿制度的开展奠定长期指引。现行《宪法》序言规定:"……推动物质文明、政治文明、精神文明、社会文明、生态文明协调发展……"不难发现,新发展理念中的协调发展、绿色发展、共享发展正是区域补偿的价值追求。几大文明协调发展为区域补偿制度的建立直接提供价值引领,即促进区域发展中生态环境发展与其他相协调。协调发展的最终目的是达到整个国家和谐美丽与伟大复兴。宪法确立区域协调发展国家保障义务,就是要通过国家的积极作为实现均衡发展。④ 《条例》第16条规定:"对在生态功能特别重要的跨省、自治区、直辖市和跨自治州、设区的市重点区域开展地区间横向生态保护补偿的,中央财政和省级财政可以给予引导支持。对开展地区间横向生态保护补偿取得显著成效的,国务院发展改革、财政等部门可以在规划、资金、项目安排等方面给予适当支持。"

---

① 《重庆县区横向生态补偿森林面积成交1万余亩》,国家林业和草原局网,2022年7月27日,http://www.forestry.gov.cn/main/5384/20220727/145629473351338.html,访问日期:2022年9月11日。
② 陈立虎:《自由贸易试验区的特点和立法问题》,载《法治研究》2014年第10期。
③ 中共中央宣传部编:《习近平新时代中国特色社会主义思想学习纲要》,学习出版社、人民出版社2019年版,第101页。
④ 李海平:《区域协调发展的国家保障义务》,载《中国社会科学》2022年第4期。

国家任务条款为区域补偿制度建立和实施赋予宪法依据。作为区域补偿制度依据的国家任务规定依附于国家环境保护任务条款中。《宪法》第 26 条第 1 款规定:"国家保护和改善生活环境和生态环境,防治污染和其他公害。"国务院和其他国家机关行使的是"执行"国家意志的功能。① 区域补偿的实施,多依托强有力的财政资金机制,充分诠释了保护和改善生活环境和生态环境的国家任务,实现了对因保护生态环境而限制发展地区的利益弥补。

国家只有通过具体的组织机构方能履行特定职责。国家和地方职能条款为实现区域补偿提供了政府权力来源。科学合理地划分各级政府事权是国家治理能力现代化的重要内涵。②《宪法》第 89 条第 6 款赋予了国务院领导和管理生态文明建设的职能。这一职能是国家开展纵向生态补偿的权力依据,无论是对重要生态功能区补偿,还是自然保护地补偿实践,宪法赋予了国家在这些领域开展相关生态文明建设的管理手段和措施。《宪法》第五节是"地方各级人民代表大会和地方各级人民政府"。该节肯定了地方政府自主管理的相对独立地位,为开展横向区域补偿制度确定了宪法权力来源。在第六节"民族自治地方的自治机关"部分,《宪法》一方面赋予了民族自治地方自治权,为民族地区横向补偿开展提供权力来源,如第 117 条规定,"民族自治地方的自治机关有管理地方财政的自治权……",第 118 条规定,"民族自治地方的自治机关在国家计划的指导下,自主地安排和管理地方性的经济建设事业……"。另一方面,《宪法》还为纵向补偿制度创造实践条件,根据第 122 条,"国家从财政、物资、技术等方面帮助各少数民族加速发展经济建设和文化建设事业"。如前所述,少数民族地区多位于中西部,多处于生态功能重要的禁止或限制开发区域,国家有义务通过财政等方式加速扭转少数民族地方因保护环境而限制发展的状况。

(二) 环境基本法所倡导

现行《环境保护法》第 31 条将生态保护补偿制度确立为了基础性生态保护制度,是区域补偿制度的最基础、最直接法律依据。《环境保护法》第 31 条第 1 款明确了国家有建立包括区域补偿在内的各类生态保护补偿制度的义务。这就为国家层面区域补偿制度的建构和完善提供了授权性依据。根据现行《立法法》第 65 条,《条例》属于为执行法律的规定需要制定行政法规的事项。《环境保护法》第 31 条第 2 款要求国家加大对生态保护地区的财政

---

① 门中敬:《我国政府架构下的权力配置模式及其定型化》,载《中国法学》2021 年第 6 期。
② 王建学:《论地方政府事权的法理基础与宪法结构》,载《中国法学》2017 年第 4 期。

转移支付力度,这是纵向区域补偿的法律依据,是国家对生态保护地、重点生态功能区等进行区域经济补偿的制度授权。《环境保护法》第31条第3款可以视为横向区域补偿的法律依据,其指明了横向区域补偿开展的途径为生态保护地政府和受益地政府间的自主开展,国家应发挥指导作用。协商或市场化的横向补偿的方式,有助于不同的利益诉求在平等对话中相互制约,引发参与者的理性自觉。

(三) 单项立法和规范予以支持

区域补偿类制度目的是协调区域之间的环境、经济利益矛盾,力争协调发展。一些重要的单项法律、行政法规,均直接或间接支持开展区域补偿。

现行《民族区域自治法》第66条第2款规定:"民族自治地方为国家的生态平衡、环境保护作出贡献的,国家给予一定的利益补偿。"考虑到少数民族地区多位于限制和禁止开发的生态保护区域,多和重点生态功能区、国家公园、自然保护区等生态保护区域重合,上述地区的经济实力有限且为国家生态保护作出了贡献和牺牲,理应获得国家的利益补偿。以上规定从侧面为重点生态功能区转移支付、国家公园等自然保护区的纵向补偿提供了规范支持。

现行《黑土地保护法》通过纵向和横向补偿制度来支持黑土地保护。该法第22条是针对黑土地这一重要区域的纵向补偿内容。根据第22条规定,国家应当建立健全黑土地保护财政投入保障制度。县级以上人民政府应当将黑土地保护资金纳入本级预算。国家加大对黑土地保护措施奖补资金的倾斜力度,建立长期稳定的奖励补助机制。县级人民政府可以按照国家有关规定统筹使用涉农资金用于黑土地保护,提高财政资金使用效益。该法第24条涉及横向区域补偿。根据第24条,国家鼓励粮食主销区通过资金支持、与四省区建立稳定粮食购销关系等经济合作方式参与黑土地保护,建立健全黑土地跨区域投入保护机制。

现行《防沙治沙法》第35条规定:"因保护生态的特殊要求,将治理后的土地批准划为自然保护区或者沙化土地封禁保护区的,批准机关应当给予治理者合理的经济补偿。"该条是重要生态区域补偿的规定,针对自然保护区或者沙化土地封禁保护区的经济补偿要求。

现行《青藏高原生态保护法》第43条第1款规定:"国家加大财政转移支付力度,通过提高转移支付系数、加计生态环保支出等方式,对青藏高原生态功能重要区域予以补偿。青藏高原省级人民政府应当将生态功能重要区域全面纳入省级对下生态保护补偿转移支付范围,促进生态保护同民生改善相结合。"

我国还在一些行政法规中,针对不同的自然保护地类型,明确了区域补偿要求。现行《自然保护区条例》第23条规定:"……国家对国家级自然保护区的管理给予适度的资金补助。"现行《风景名胜区条例》第11条第3款规定:"因设立风景名胜区对风景名胜区内的土地、森林等自然资源和房屋等财产的所有权人、使用权人造成损失的,应当依法给予补偿。"国务院于2000年颁布了《蓄滞洪区运用补偿暂行办法》,为合理补偿蓄滞洪区内居民因蓄滞洪遭受的损失,该办法系统规范了补偿对象、范围和标准,并明确了罚则。

《条例》在多个部分支持区域补偿的开展。第二章财政纵向补偿之第8条规定:"国家通过财政转移支付等方式,对……依法划定的重点生态功能区、生态保护红线、自然保护地等生态功能重要区域开展生态保护的单位和个人,予以补偿。"第11、12条分别规定了重点生态功能区补偿、自然保护地补偿。第三章专章规定了地区间横向补偿。

很多地方立法也建立了区域补偿制度。现行《甘肃祁连山国家级自然保护区管理条例》第20条要求:建立保护区水源涵养林补偿制度和生态补偿机制,具体补偿办法由省人民政府制定,补偿费用应当用于保护区保护。武汉市2018年发布了《武汉市人民政府办公厅关于进一步规范基本生态控制线区域生态补偿的意见》,西安市2021年制定了《生活垃圾终端处理设施区域生态补偿办法》等等。

此外,国家层面的《关于加快推进生态文明建设的意见》《关于健全生态保护补偿机制的意见》《建立市场化、多元化生态保护补偿机制行动计划》《关于深化生态保护补偿制度改革的意见》等均对纵向的区域补偿及生态受益地区与保护地区之间开展的横向区域补偿给予了政策性引导和指导。

立法固然为区域发展提供制度支持,但个性化的区域规则很难进入中央的议事日程。[1] 现行的法律规范供给模式已无法满足区域法制的需求,客观上需要构建新型的法律规范供给模式。[2] 上述不同层面关于区域补偿制度的要求或抽象规定,为生态保护补偿专门立法制度的建构提供了重要指引和细化依据。

---

[1] 朱最新:《区域协同立法的运行模式与制度保障》,载《政法论丛》2022年第4期。
[2] 王春业:《区域合作背景下地方联合立法研究》,中国经济出版社2014年版。

七、结　语

　　党和国家更加关注从体制机制上实现区域协调发展的长效性、稳定性。对区域补偿制度正当性的诠释，有助于向世界解释并输出中国经验。尽管《条例》规定了区域补偿制度，然而相关规定中对于区域发展进行限制和补偿的法理根基一直缺乏，妨碍了国家对区域发展的整体布局，尽快阐明其正当性依据便显得尤为迫切。本部分通过集中回应上述难题，得出如下结论：区域补偿制度是贯彻习近平生态文明思想的关键支撑，区域补偿制度力求弥补区域生态服务溢出效益，区域补偿制度为区域发展职能匹配提供履职保障，区域补偿制度通过利益共享机制重塑国家发展格局，并且为我国现行法秩序所鼓励。

本　章　小　结

　　生态保护补偿制度正当性的探讨，以总分结构为基本路径，先从整体意义上分析正当性，再考量具体领域补偿制度的正当性。

　　总体而言，生态保护补偿制度整体的正当性体现在五方面：第一，促进生态保护补偿工作的规范化和法治化；第二，充分调动生态保护补偿参与主体的积极性；第三，是稳预期、固根本、利长远的根本遵循；第四，秉持绿色发展兼顾多元价值；第五，保护生态环境和推动生态文明建设。

　　重点领域补偿制度实施的效果，取决于生态保护目标的实现与个体环境资源使用权限制的协调。公法视域下考察重点领域补偿制度的正当性，主要是对管制性征收活动进行评价。私法视域下考察重点领域补偿制度的正当性，主要是对民事合同或保护地役权进行评价。从公法角度，重点领域补偿制度实施中的财产权管制具有合宪性，具备公法依据，符合风险预防理念与实质正义要求。从私法角度，重点领域补偿制度实施中的财产权限制源于平等合意下的权利自愿让渡，能更好保护个体利益，亦迎合了生态保护方式的新发展。

　　流域补偿制度的正当性标准之所以要在法治层面进行深度思考，是因为它关涉制度整体开展的合法基础。在笔者看来，"纯粹的水环境质量提升"理论的正当性依据体现在：政府的环境治理职责和纯粹的水环境质量提升型流域补偿并行不悖，"纯粹的水环境质量提升"理论具备充分的规范性依据，更是破解区域发展不协调的关键。为此，流域补偿宜定位于以规定或约定形式激励流域水质改善并内含三层次结构的环境经济制度。

区域补偿包括纵向的区域补偿与横向的区域补偿。区域补偿制度的正当性,有待于逐一回应:为什么区域补偿制度需要限制某一地区的环境资源开发利用,为什么被限制开发利用的地区应当获得补偿,这种限制和补偿的依据何在等。概而论之,区域补偿制度的正当性依据如下:第一,区域补偿制度是贯彻习近平生态文明思想的关键支撑,是践行"山水林田湖草是一个生命共同体"理念的重要途径,是彰显"人与自然是生命共同体"理念的合理路径,是构建"人类命运共同体"理念的有效本土制度保障,也是践行生态安全观的关键举措;第二,区域补偿力求弥补区域生态服务的空间溢出效益;第三,区域补偿旨在应对区域的定位差异导致的利益失衡;第四,区域补偿制度通过利益共享机制重塑国家发展格局;第五,区域补偿为我国现行法秩序所鼓励。

第三章 生态保护补偿制度的法律属性

生态保护补偿制度的法律属性既涉及整体制度层面的公私法属性认定，也涉及微观协议的公私属性界定；既包含实然的属性考察，还包含应然的属性解释。

长期以来，无论是关于生态保护补偿整体制度属性的认定，还是微观层面的政府和私主体签订的生态保护补偿协议认定，都存在争议，且讨论的话语亦不集中，难以分辨是应然的还是实然的性质。目前，《条例》对该问题的规定还不明晰。所以，有必要从应然制度的角度出发，对整个生态保护补偿制度模式进行宏观的法律属性分析，并对争议最大的公私协议问题进行具体的属性解读。总体而言，本部分结论的得出并不是非此即彼的二元论断，而是试图总结出相对合理的分析，即尽管将生态保护补偿宏观制度和公私协议制度界定为公法属性未尝不可，但理解为私法属性更为合理。

第一节 生态保护补偿的法规范属性辨析

为实现良好生态环境的目标，我国实施了大量涉及生态保护补偿的环境政策文件，但在法律层面却鲜有相关规定；在我国已明确依法治国的基本方略的背景下，生态保护补偿法律化、法治化建设目标已形成共识。施加环境资源使用权限制的主体因享受了良好生态环境，其作为履行资金给付义务的补偿义务主体，是生态受益者。因保护生态环境而损失了预期利益的环境资源使用权受限主体，作为接受补偿资金的受偿权利主体，是生态保护者。多年来，有关生态保护补偿规范的法律属性争议一直存在[1]，有人认为其具有行政法属性[2]，也有人认为其体现了经济法性质[3]。鉴于制度属性的明确是确定立法方向的前提与法律责任配置的关键，同时考虑到生态保护补偿立法的整体性缺位，这就决定了应根据科学的属性界定来进行相关制度的建构。

---

[1] 刘旭芳、李爱年：《论生态补偿的法律关系》，载《时代法学》2007年第1期。
[2] 黄锡生、张天泽：《论生态补偿的法律性质》，载《北京航空航天大学学报(社会科学版)》2015年第4期。
[3] 赵春光：《我国流域生态补偿法律制度研究》，中国海洋大学2009年博士学位论文。

本部分之讨论目的,在于通过考察生态保护补偿规范的法律属性,为权利限制法定化的实施路径提供解释依据。

一、界定生态保护补偿法规范属性的判断标准

本书中的生态保护补偿法规范属性内涵,是指在法律范畴上分辨限制规范究竟是公法规范还是私法规范,以进一步明确该属性界定下的具体判断标准。罗马法首先将法律规范划分为公法与私法,生态保护补偿规范作为法律制度规范的一种,仍需遵循基本的公法私法判断标准。发展至今的公法私法界分标准主要有五种:第一种为"主体说",认为公法关系中至少有一方为公权力主体,反之为私法①;第二种为"新主体说"②,认为仅对公权力主体适用的为公法,对任何主体都适用的为私法③;第三种是"利益目的说",认为旨在保护私人利益的法律为私法,旨在保护公共利益的为公法④;第四种为"性质说",认为公法不能任由当事人改变法律关系,私法则是可以通过协议改变的任意法⑤;第五种为"调整方法说",认为公法以服从方法调整主体关系,私法以非隶属的平等方法调整主体关系。⑥ 前两种"主体说"缺陷明显,因为公权力主体参与民事行为现象已十分普遍,且刑法等公法同样适用于任何主体,主体说应着重考察政府在法律制度实施中是行政管理身份还是权利的代表身份;"利益目的说"为笔者所认同,其主张的公共利益的内涵有待界定;"性质说"忽略了私法中如合同法律制度中的法定强制性规范;"调整方法说"并无不当,需进一步细化服从方法与平等方法的内涵。

在对主体说纠偏的基础上,笔者支持并完善了"利益目的说"及"调整方法说",认为环境资源使用权限制法规范属性界定的判断标准应包括以下三方面:一是该限制制度调整的行为双方的主体身份;二是该制度实现的利益指向性质;三是该制度的调整方法属性。其中,该限制制度调整的行为双方的主体身份标准是指,若制度实施的限制主体与被限制主体均为私主体身份,则该法规范为私法性质;反之,若涉及公权力主体,则为公法性质。该制度实现的利益指向性质标准是指,若限制旨在维护不特定、无差别的公共利益,该法规范则是公法性质;若旨在实现特定的个性化利益,该法规范则为私

---

① 〔德〕卡尔·拉伦茨:《德国民法通论(上册)》,王晓晔、邵建东、程建英等译,法律出版社 2003 年版,第 1 页。
② 孙文桢:《论私法与公法的区分标准》,载《中南大学学报(社会科学版)》2013 年第 4 期。
③ 王泽鉴:《民法总则》,中国政法大学出版社 2001 年版,第 12 页。
④ 〔古罗马〕查士丁尼:《民法大全学说汇纂(第 7 卷用益权)(中拉文对照本)》,米健译,法律出版社 1999 年版,第 5 页。
⑤ 沈宗灵:《比较法研究》,北京大学出版社 1998 年版,第 95 页。
⑥ 〔德〕迪特尔·梅迪库斯:《德国民法总论》,邵建东译,法律出版社 2000 年版,第 11 页。

法性质。该制度的调整方法属性是指,若限制制度的实施依托行政管理且权利人不服从将承担行政责任,该法规范便为公法;若限制制度的落实体现为自愿平等的私人合意方法,该法规范则为私法。

二、生态保护补偿核心主体的应然私身份

(一)地方政府在"公对公"关系中的应然私身份

公法主要调整具有隶属性质的关系,私法主要调整平等主体之间的关系。我国政府在各类生态保护补偿实践中具有双重身份:一是作为生态环境受益者或抽象的国有自然资源所有者代表,与生态环境保护者之间形成民事权利义务关系;二是作为政策实施的监管者。目前,各类生态保护补偿实践涉及三类主体关系。地方政府之间的"公对公"主体关系存在于流域生态保护补偿和横向区域环境资源使用权限制实践中。流域上下游政府分别是不同的水资源所有权代表行使主体,河流上下游政府均扮演着作为区域利益代表的民事主体角色,基于自愿原则和受益者补偿要求就限制与补偿事宜达成一致。在横向区域生态保护补偿实践中,生态保护地区政府为顺应生态环境保护需求,在平等自愿的基础上缔结环境资源使用权处分与补偿协议。例如在京津冀风沙源补偿中,生态保护者与受益者的范围并不对称,生态保护者仅获得了部分生态受益地政府的补偿。尽管如此,我们应当认识到,参与此类活动的各方政府主体均是独立的区域利益代表及自然资源所有权代表,是根据私法规则实施生态保护补偿中被限制与限制、补偿与被补偿的活动主体。为此,地方政府在"公对公"的生态保护补偿实践中具有私主体的一面。

(二)央地政府"公对公"关系中的实然管理关系

中央政府与地方政府之间的"公对公"关系,存在于湿地、草原、森林等重点领域环境要素类环境资源使用权限制和保护地内环境资源使用权限制实践中。这两类实践均依托各级财政转移支付,层层流转至乡镇财政拨付给生态保护者个体。当补偿资金来源于中央政府时,地方政府在中央政府与环境资源使用权受限主体之间扮演"传送带"角色,此时,中央政府与地方政府发生财政监管意义上的行政管理关系,地方政府实际上代表中央政府和生态保护者建立民事利益减损与补偿关系。显然,当补偿资金既来源于中央政府也来源于地方政府时,各级政府是以整体的生态受益者代表身份,凭借各类补偿协议与生态保护者形成平等关系的。如此观之,中央政府与地方政府尽管都行使了所有者代表的权利,但在内部层面是行政管理关系,尽管如此,生

态保护者与受益者之间的环境资源使用权益减损与利益弥补的外部平等关系不会改变。

(三) 政府与生态保护者个体在"公对私"关系中的实然和应然私身份

各级政府与公民等生态保护者个体之间的"公对私"关系,在各类生态保护补偿实践中均有体现。如在森林、草原等环境要素类生态保护补偿中,依据项目政策,乡镇政府首先代表提供补偿资金的各级政府(同时作为国有资源代表兼生态受益者代表)与村集体(作为集体资源所有权或使用权受限主体代表)协商达成物权处分协议框架,而户和自然人等个体作为独立的资源使用权主体,再与村集体就资源使用权限制和利益弥补形成具体协议。其中,政府是私法层面的物权施加限制主体兼资金给付主体,村集体与户和自然人等保护者则是私法层面的物权利益受限主体与资金受偿主体。在流域补偿中,流域保护协议作为约束不同政府处分水资源使用权的民事协议,最终表现为作为自然资源所有者代表的上游政府与所属辖区内的保护者个体签订权利限制协议,区域生态保护补偿政策的实施亦是如此。据此,在"公对私"关系中,作为生态受益者代表的政府与生态保护者个体,皆具有私主体属性。生态保护补偿的发生方式,取决于生态系统所依附的资源独特的产权性质。① 上述各领域的实践表明,生态保护补偿方式采用的是协商一致、权利与义务对等的方式,行为双方具有私主体身份。

三、生态保护补偿权利限制指向的应然私益性

(一) 限制和产出权益的特殊性

财产权制度一般有四种类型,即私人财产权、共有财产权、国家财产权及无主财产权。② 在生态保护补偿实践中,我国各级政府的补偿资金通常补偿给国家或者集体所有的自然资源使用者。③ 被限制的环境资源使用权在一定程度上可视为私人层面的财产权。从权能形态上看,其包括对占有、使用、收益和处分权能的限制。从限制强度来看,既涉及不改变原有资源形态的使用方式限制,也包括改变原有资源形态的使用方式限制。从限制结果上看,表现为因使用自然资源受限而导致的预期直接经济利益减少。环境资源使用权的限制是起点,限制的结果是产生新的生态效益。

---

① 何立华:《产权、效率与生态补偿机制》,载《现代经济探讨》2016年第1期。
② 〔美〕丹尼尔·H.科尔:《污染与财产权:环境保护的所有权制度比较研究》,严厚福、王社坤译,北京大学出版社2009年版,第9—10页。
③ 彭诚信:《自然资源上的权利层次》,载《法学研究》2013年第4期。

对环境资源使用权的限制,针对的是合法拥有的环境资源使用权。无论使用权主体是有关组织还是个人,也无论其旨在使用自然资源载体获取经济利益,还是直接取得资源产品,二者的利益归属均具有明显的排他性与主观非共享性,环境资源使用权通常属于私权。对资源的使用方式加以限制后,虽然直接的经济利益会减少,但获得的生态利益则会增加。财产权受限产生的生态利益既具有不特定性,又具有特定性,在外观上呈现出公私交融的属性。譬如,根据生态保护补偿的结果呈现,不特定的生态受益者获得了良好生态环境的享有权。然而,这并不能简单地认为所实现的权益是不确定的。

(二) 限制旨在实现特殊的私权益

生态保护补偿针对的是特定群体的特殊利益需求,生态利益需求群体和生态利益提供群体的利益边界在主观上必须对称,否则生态保护者的利益无法公平保障。生态保护补偿通过处分生态保护者的私权益,产生符合生态受益者需求的私权益。正是由于被限制的环境资源使用权与获得的良好生态服务享有权益之私权属性无法确定,才出现自然资源所有者权利与生态环境监管权混同,引起生态保护者的抵触。正因为生态保护者与生态受益者的民事权利义务边界没能理顺,才出现生态受益者无偿享受生态利益以及生态保护者的经济损失无法充分补偿的问题。由此,在现有法律缺乏对此等限制属性清晰界定的情形下,将归属于生态保护者的限制性环境资源使用权与生态受益者的生态效益享有权,界定为具有私属性,不仅符合权益流变的实然样态,也有利于生态保护者的财产权保障以及对限制制度的合法性认同。生态保护者被限制私权的同时,亦是生态受益者享受私权的过程,必须注意的是,生态保护者在一定阶段内完成私权限制时,被限制的财产利益与获得的生态服务价值利益未必等同,于补偿标准而言,对财产权限制的补偿不应低于生态保护者的直接经济利益损失,并且应尽可能地接近生态服务享有权益的价值。

综上所述,生态保护补偿旨在满足生态保护者个性化的生态服务需求,并非限制生态保护者的私人财产利益,而是产出符合生态受益者需要的新的私人生态利益。从旨在实现的利益性质角度来看,其具有保护和实现私益的性质,符合私法属性的判断标准。

四、生态保护补偿体现出严于许可标准的更高约定目标

生态保护补偿中的财产权"限制"是一种严于环境资源使用公法标准的更高标准,应当体现为基于意思自治的约定标准。如果国家在赋予权利人环

境资源使用权的同时,已经依法对权利内容进行了约定,如开发利用数量、方式、种类、强度等,这是一种无差别、普遍适用的限制,这种情形无须作出补偿。生态保护补偿是对环境资源使用权内容中特殊剥夺和限制部分的补偿,只有在法律的普遍限制之外,体现当事人自主决定的特殊需要并施加更严格限制和剥夺时,才需要加以补偿。

生态保护补偿所指向的生态环境并非已经出现损害,而是在法定开发利用管制标准下,现有的生态系统服务功能开始减损,或者有生态环境退化的潜在风险,或者生态环境即使没有功能性退化,但已不能满足良好生态需求方对更好生态环境的追求。在这些情形下,为提前防范环境风险或为享有更好的生态环境,基于平等主体协商的提前规制方式应运而生。我国各地自然资源禀赋与生态环境质量的差异,决定了国家难以通过强制性标准在全国设置统一的环境资源使用权行使强度。这就需要不同区域及生态受益者基于自身的差异化需求,设定预期生态服务标准,积极主动地与生态服务提供地的政府、民众和组织谈判,就生态受益者所期待的生态环境标准及限制方式进行平等协商,这便是更为严格的财产权限制方式。显然,此类需求是非国家和政府的个性化追求,不宜通过隶属关系或强行方式设定统一的管制标准,更适合特殊群体和个体基于平等协商式的约定予以自我规制,国家和政府宜通过政策对此加以引导和规划。

生态保护补偿,不应只是单纯的环境资源开发使用二次许可,也不应只是一般的变更或废止环境资源行政许可,而应体现生态受益者对生态保护者的内在动机驱动,在这种驱动下达成对良好生态服务目标的高层次需求。这种需求表现为对现状的不满,为扭转现状,通过合意达成一般环境资源开发许可无法达成的目的。因此,在良好生态环境的需求方与潜在良好生态环境的提供方之间会形成利益结合点,更好的环境质量目标为需求的达成提供了指向。由此,生态保护补偿标准与环境资源开发使用一般许可的属性不同。环境资源开发使用标准以生态环境负外部性内部化为目标,生态保护补偿标准以生态环境正外部性为方向,至少要体现生态保护者为保护生态环境而丧失的机会成本和投入,以生态系统服务价值的内化作为标准的上限。我国丰富多样的生态保护补偿实践充分表明生态保护补偿标准对一般环境资源许可标准的超越性。无论是流域补偿、区域补偿,还是各环境要素的重点领域补偿,其生态保护补偿目标的设定大多高于现有环境资源开发利用公法许可标准。当然,过去存在一些以达到环境资源开发使用许可标准为目标的生态保护补偿实践,这涉及地方治理能力客观性、历史因素等复杂问题。当实现环境资源开发使用许可标准目标后,上述地方生态保护补偿已逐渐转变为超越公法目标的更高层次。

综上所述,将生态保护补偿解释为私法意义上的调整方法,可以更好地将外观上公法色彩浓厚的限制政策实践,解释为应然层面的私法方法,这样更有利于生态保护者的利益维护及更高生态环境质量目标的实现。

五、生态保护补偿私法属性界定的法律意义

（一）生态保护补偿制度法律化的必要性

生态环境目标的长期性需要生态保护补偿规范的法律化,生态保护补偿政策的不稳定性、地域性及部门利益问题需要常态化的法律机制来解决。早在 20 世纪 80 年代,我国便开始在多数省份推行退耕还林、退牧还草的政策,进入"十五规划"后,又相继实施了草原生态保护补助奖励、流域补偿、保护区补偿等一系列旨在限制环境资源使用权自由行使的生态环境政策。以上政策的实施大多设置一定年限的有效期,期满后适时推行新一轮政策。由于该类限制政策缺乏长期稳定性,极大地影响了生态保护者对该类限制制度的预期和信心;资金补偿均通过各部门向财政申请转移支付或者工程项目拨款来实现,造成资金供给缺乏连续性,不同部门主管下的各领域资金还存在重叠或使用不当问题。毕竟,生态保护补偿早已成为常态化的政策工具,在森林、草原、农业、湿地、流域、区域等领域已普遍适用并将长期存在。即使在特殊情况下,它也已按照私法属性在运作,并有相应的政策导向。因牵涉主体的广泛性与生态环境利益的长远性,仍有必要将生态保护补偿的实践经验规则与政策中的长期性、稳定性、涉及当事方利益调整的内容法律化。

生态保护补偿与私有财产权保护的重要关联亟待从政策向法律转化。当前,我国的宪法、民法及自然资源单行法对生态保护补偿规则很少涉及,这使得生态保护补偿制度一直存在法律供给严重不足的窘境。环境资源使用权作为公民最为重要的私有财产权之一,与基本生存权休戚相关,应给予最大程度的保护,对其进行私法限制需通过法律进行规定,而不应通过各公权力机关的政策直接决定。作为一种普遍适用的新型生态环境政策,有待于根据其特定的私法关系属性,从宪法、物权法、合同法、资源法等层面进行全面回应和落实。

生态保护补偿蕴含的风险预防和实质正义理念需要体现为法律规则,并指导实践。现代文明中随着资源使用的加剧,一种利益依托传统的统一管制难以满足时,新的私法机制便会自然跟进。进而言之,生态保护补偿是环境法上风险预防和实质正义理念的必然要求,是"平等主义"和"差别原则"的

新发展,该理念决定了生态保护补偿制度的正当性。在此理念和制度中财产权的自由行使尽管受到一定的限缩,却体现了生态服务价值这一更高公共财产权的优先保护。对自然资源等不动产物权自由行使的私法限制,目的是最大限度发挥不动产财产的使用价值和社会价值。由此,权利限制体现了一种最优的利益安排,即避免预期的财产性利益及环境利益受损,或者提升未来的环境资源使用权益。这不仅体现了更大利益原则,而且符合我国的实质正义法律道德观。

(二) 生态保护补偿私法属性界定的基本诉求

第一,拓展私有财产权限制的宪法依据。我国《宪法》第13条第1款规定:"公民的合法的私有财产不受侵犯。"同时,该条第2款和该法第51条等规定要求私人财产承担更多社会责任。① 因此,宪法层面充分保护财产权人并无疑问。为此,笔者建议拓展我国《宪法》第13条规定,明确政府按照法律规定,基于自然资源所有者代表或者公共利益代表身份,为实现环境质量提高目标,按照自愿、平等原则对公民、组织等财产权的自由行使可以进行限制并应当给予补偿。有关自然资源使用限制的法律及政策应进行合宪性审查。限制不得剥夺环境资源使用权,否则适用征收的法律规定。通过对权利限制类生态环境政策的进一步合宪性审查,不难发现,生态保护补偿旨在维护良好的地区生态环境,目的正当;其限制的手段与方式往往与当地生产和生活方式转变结合适用,体现出采用温和的、对限制对象干预最小的方法。然而,该制度实践中的补偿标准低的问题一直存在,为此,建议在我国《宪法》补充规定"限制应当方式适当,手段合理。补偿应当弥补财产权利人因生态保护补偿而导致的全部直接经济损失"。

第二,在《民法典》分编未来完善时丰富环境资源使用权行使的私法限制。在我国《民法典》物权编增设"物权的取得、行使及限制,应当有利于节约资源和保护生态环境"的内容,有利于明确生态保护补偿的"绿色"要求。在物权行使的具体限制规则方面,可以规定政府基于自然资源所有者代表或者公共利益代表身份,为实现环境质量提高目标,对使用国有或集体自然资源进行长期的过度限制,从而影响环境资源使用权人的基本生产生活或者预期经济收益时,应当进行补偿。生态保护补偿需满足如下条件:为实现法定生态环境质量标准之上的更高生态环境质量目标;限制应当采用自愿、平等的约定方式;限制的手段和方式合理;限制导致的预期直接经济利益损失应

---

① 张翔:《财产权的社会义务》,载《中国社会科学》2012年第9期。

当充分补偿。需要补充的是,我国的生态保护补偿规范不适合保护地役权制度,因为生态保护补偿不是普遍的公共利益诉求,而是为满足特定生态服务需求者的特殊需求;地役权需要有两个不同土地之上的权利主体存在,作为施加生态保护补偿的政府与权利受限方大多处于同一地块关系;我国作为传统大陆法系国家,引入英美法环境保护地役权需创设新的物权种类,这将面临物权法定的难题。为充分回应生态保护补偿私法属性的法律规则,有必要在我国《民法典》合同编推进生态保护补偿合同的有名化与类型化,将生态保护补偿合同确立为单独的合同类型;设置专门调整生态保护补偿的合同制度,规定合同的主要条款、合同标的、补偿义务主体及受偿权利主体的权利义务关系、违约及损害赔偿责任的承担、合同争议的处理等。其中受偿权利主体(生态保护者)的主要民事权利包括:自愿选择是否接受生态保护补偿,不接受的无须承担任何责任且不应受到任何不公正待遇;根据合同约定的权利限制方式行使环境资源使用权并取得相应收益;足额、无附加条件、及时地受领补偿资金;全面知悉生态保护补偿相关政策;对补偿义务主体制定的权利限制范围、时间、方式以及补偿范围、标准、方法等提出异议并得到合理答复。其中受偿权利主体(生态保护者)的主要民事义务包括:按照约定行使环境资源使用权,不得违反有关区域位置、时间、方式等各项限制规定;履行与补偿义务主体协商的其他义务。

第三,在自然资源单行法中明确生态保护补偿的私法规则。当前,对生态保护补偿有所涉及的法律主要是我国《草原法》《森林法》《农业法》等,相关规定仅有"退耕还草、草原禁牧、休牧、轮牧""封山育林""加强草原保护和建设、发展畜牧业、推广圈养和舍饲"等少数条款,远远滞后于实践发展。特别是随着保护地划定及自然资源确权登记工作的完成,未来将仅存在对环境资源使用权自由行使构成较大影响而非全面影响的限制。有鉴于此,相关领域自然资源单行法需补充生态保护补偿的私法规则。具体而言,其应涵盖如下要点。(1)政府基于自然资源所有者代表或者公共利益代表身份,为实现环境质量提高目标,可以对环境资源使用权进行一定限制,行政机关或经授权的补偿义务主体对财产权利人造成的直接损失必须足额补偿。(2)生态保护补偿的启动既可以由政府依法实施,也可以由环境资源使用权人主动提出,但均应通过独立的第三方进行审查核实来确定具体的补偿数额,补偿数额的认定需综合权衡发展机会成本与因限制产生的良好生态效益的关系。(3)鼓励环境资源使用权人对财产权益损失自行申报,环境资源使用权主体认为补偿义务主体的补偿资金不足以弥补其财产损失的,经第三方机构审核后政府应当进行足额补偿。(4)生态保护补偿实施范围的划定,应当征得当地人大常委会的同意,涉及集体土地的区域划定,应当征得村集体的同意。(5) 行政机关或者其授权的组织不得强行要求权利人接受生态保护补偿,不得因环境资源使用权人不接受而使其承担行政处罚等不利后果。(6) 与生态保护补偿有关的权利义务、责任承担等依据平等自愿签订的合同确定。(7) 限制导致环境资源使用权灭失的,依照有关征收的法律法规处理。

第四,完善环境资源使用权私法限制的配套法律制度。为进一步发挥环境资源使用权私法限制的功能,有必要完善相关的配套法律制度。首先,制定综合性自然资源资产管理法,明确由国家、省、市三级自然资源资产管理委员会代表国家行使自然资源资产的国家所有权。设立七大流域自然资源资产管理委员会,代表国家行使许可、发包、收费、处分等自然资源所有权权能。设立跨省、市、区的保护地及流域自然资源资产管理机构。但各项专门自然资源法需调整并规定自然资源资产清单和权力(利)清单,以厘清所有者和监管者的权力(利)边界。明确代表国家行使国有自然资源资产所有权的政府机构,该机构作为补偿义务主体兼生态受益者代表,除享有自然资源资产出资权、经营者选择权、重大事项决策权、收益分配权等一般权能外,其民事权利还包括:享受符合约定质量的生态环境;获悉环境资源使用权人实际履行合同情况的权利,但不得干扰权利人的正常生产和生活;对权利人违反合同条款的自然资源使用方式进行制止和纠正。其民事义务包括:解释说明生态保护补偿的合同内容;足额、无附加条件、及时拨付补偿资金;有关生态保护补偿的范围、时间、方式以及补偿范围、标准与方法等内容应当与权利人平等协商,自愿签订合同;对权利人就合同内容提出的异议应当合理答复等等。其次,依托2019年3月成立的财政部自然资源和生态环境司,综合统筹自然资源与生态环境所有方面的部门预算和相关领域支出。未来生态保护补偿类环境法律制度的实施,应逐渐将当前分散于各领域实施的各类补偿费用以及环境保护税收统合为国家生态环境保护专项资金并由政府统一分配使用,要明确资金的监督考评机制以及责任追究机制。与此同时,拓展生态保护补偿资金补偿方式,建立生态保护者和受益者之间良性的互动机制和全社会参与的社会资本投入市场化机制。

综上,将我国生态保护补偿制度实践解释为应然层面的私法属性更为合理。我国生态环境的地区差异,决定了国家难以通过统一的强制标准约束环境资源使用权的自由行使,尤其是随着生态环境质量的不断提高,统一的管制制度早已无法满足更多区域对更高生态环境目标的不断追求,急需将这种持续存在的对良好生态环境的诉求,转化为更为灵活的限制权利行使的私法制度。从世界范围内观之,环境治理路径的强制性色彩正在削弱,环境行政权利脱离行政权力的趋势愈发彰显,已充分映射出公共环境资源自我规制的新跨越。生态保护补偿是私法属性的法规范体系,其牵涉财产权益的广泛性与环境利益的长远性,且极易导致公权利异化为公权力,为此,有必要从法律层面更为审慎地理解生态保护者与受益者之间的利益分配规则。

第二节 生态保护补偿公私协议的法律属性辨析

生态保护补偿制度旨在激励生态保护行为,以生态受益者限制生态保护者的环境资源使用权并补偿相关利益为实施方式。《条例》颁布前,该制度主要依托国家及部委的政策文件予以推行,其在实践中主要形成了中央对地方的财政转移支付补偿、政府间流域等横向补偿、政府和私主体之间的公私协议补偿以及社会主体交易补偿四类行为模式。其中,社会主体交易补偿是各类市场主体直接对环境资源产品进行交易,包括用水权等资源使用权交易、排污权交易和其他市场化方式,该类补偿可由相对明确的私法机制调整,其行为属性不存在争议。财政转移支付行为和横向补偿的落实终将通过政府和个人或者组织签订补偿协议来实现,政府和私主体之间公私协议的规范性和有效性,将决定多数生态保护补偿活动的成败。我国现有的各类生态保护补偿公私协议(以下简称"公私协议"),主要包括两种实践类型:一种协议不改变自然资源所有权和用途,仅限制一定时期内环境资源使用权的自由行使,如政府与私主体签订草原生态保护补助奖励协议、休渔补偿协议等;另一种协议虽不改变自然资源所有关系,但导致原有使用权丧失,如政府与私人签订退耕还林协议、退耕还草协议、封山禁牧协议等,目的是在特定区域永久或长期限制采摘、砍伐。目前,《条例》对此予以了回避,而此前的公开征求意见稿规定行政主体应当与耕地、林地、草地保护者签订协议,却未明确协议属性,公私协议补偿的法律属性仍存在较大争议。对于该类协议,有学者认为属于行政协议[1],有学者认为属于民事合同[2],有学者认为属于经济法上的行为[3],还有学者认为应根据不同领域来区分究竟属于行政协议、民事合同抑或其他行为[4]。鉴于协议属性不仅关乎立法共识,还决定适用何种责任规

---

[1] 李爱年、刘旭芳:《生态补偿法律含义再认识》,载《环境保护》2006 年第 10 期。
[2] 杨振锐:《生态服务合同生态补偿制度民事合同路径》,载《兰州财经大学学报》2020 年第 5 期。
[3] 赵春光:《我国流域生态补偿法律制度研究》,中国海洋大学 2009 年博士学位论文。
[4] 黄锡生、张天泽:《论生态补偿的法律性质》,载《北京航空航天大学学报(社会科学版)》2015 年第 4 期。

则、诉诸何种法律①,为此,本部分通过全面探讨公私协议的法律属性,拟为该类协议法定化的路径遵循提供解释依据,并力求回应相关司法纠纷。

一、协议性质的认定标准

公私协议行为及属性标准皆具有客观性,只有明晰了标准,方能科学把握协议的法律属性。在行政协议的认定上,我国主要通过相关司法解释予以具体权衡。

2019年11月,最高人民法院颁布的《关于审理行政协议案件若干问题的规定》(以下简称《规定》),系关于行政协议认定的新近司法解释。首先,《规定》第1条大体沿用了此前《最高人民法院关于适用〈中华人民共和国行政诉讼法〉若干问题的解释》(以下简称《解释》)中的行政协议概念,只是删去了"在法定职责范围内"的表述。《规定》载明"行政机关为了实现行政管理或者公共服务目标,与公民、法人或者其他组织协商订立的具有行政法上权利义务内容的协议,属于《行政诉讼法》第12条第1款第11项规定的行政协议"。《规定》中的定义采用"目的+主体+协商+内容性质"四要素结合的正面概括标准:根据目的要素,行政机关旨在实现行政管理或者公共服务目标,其本质上依然是行使行政行为,只不过与传统的秩序行政方式不同;根据主体要素,合同一方是行政机关,另一方是作为非行政机关的私主体,即公民、法人或者其他组织;根据协商要素,行政协议是双方行为,必须取得相对方的认可和同意,行政协议是双方通过合意创设的微观法秩序②,相对人在是否同意签订行政协议方面具有完全的意思自治;根据内容性质要素,协议具有行政法上权利义务内容。

其次,《规定》第2条以正面列举形式进一步规定了若干有名协议,第一,政府特许经营协议;第二,土地、房屋等征收征用补偿协议;第三,矿业权等国有自然资源使用权出让协议;第四,政府投资的保障性住房的租赁、买卖等协议;第五,符合本规定第一条规定的政府与社会资本合作协议;第六,其他行政协议。其中,最后一项作为兜底内容,为行政协议的判定留下了空间。

此外,《规定》从侧面表明行政协议中的政府拥有行政优益权,这也是行政协议的重要界定标准之一。根据《规定》第16条,在履行行政协议过程中,行政机关变更、解除协议的条件被限定于可能出现严重损害国家利益、社会公共利益的情形。山东、江苏、西安、兰州等地的行政程序规定均援引了上述内容。不难看出,《规定》是对此前《解释》的进一步完善。《解释》第15条规

---

① 〔德〕哈特穆特·毛雷尔:《行政法学总论》,高家伟译,法律出版社2000年版,第349页。
② 余凌云:《论行政协议无效》,载《政治与法律》2020年第11期。

定,行政机关单方变更和解除行政协议的条件是公共利益需要或者其他法定理由。至此,《规定》以正面明确和侧面认可的方式,确立了行政协议认定的五要素相结合标准,即"目的+主体+协商+内容性质+行政优益权"。但是,《规定》实施后,有关行政协议认定标准的质疑并未减少。譬如,王利明教授指出,将国有自然资源使用权出让协议、政府投资的保障性住房租赁、买卖等协议解释为行政协议,不符合自然资源市场化改革的目标和方向,应当以市场交易性质作为标准。① 在笔者看来,以市场交易行为界定民事合同同样存在难以界定何为市场行为的困难。

本书认为,当前《规定》中"目的+主体+协商+内容性质+行政优益权"五要素一体的行政协议认定标准,是基于理论及司法实践的不断总结和提炼,具有较强的科学性。结合五个标准,能够识别出大多数生态保护补偿协议。但是,这些要素单独来看,仍具有局限性:第一,公私合作治理的普遍性决定了主体要素已不再特殊,此外,行政主体不能只限于行政机关,还应包括行政机关委托的主体和法律、法规、规章授权的组织;第二,对于协议中直接能找到行政机关职权、职责的约定内容,可以识别为行政法上的权利义务内容,而其他约定内容则难以直接识别,这就需要强调内容的性质要素,而不仅仅是内容要素,因为行政协议多为公法内容和私法内容并存,只有内容整体上为公法属性,才是行政协议;第三,有些协议并未明确行政主体的目的,还有些协议既呈现出行政管理或公益目的,同时又兼有交易属性;第四,单方变更、解除权并非在协议实施中被行政机关经常采用,而且很多行政协议没有直接规定行政优益权,但这事实上并不妨碍行政主体潜在拥有该权利。

依笔者之见,行政协议的签订和实施,公权力一方始终处于主导地位,这是该类协议最为特殊之处。《规定》赋予的行政优益权仅限于特殊情形下行政机关单方享有的变更和解除权。《规定》中的行政优益权不包含行政主体对另一方的监督、制裁乃至协议缔约前拥有的一些主导特权,而这些特权恰恰是行政主体从行政协议签订前到履行后广泛享有的。行政机关的单方变更或者解除权,并不能涵盖和描述所有行政协议的特性,所以,不妨对学理上预设的行政优益权在《规定》基础上进行扩大解释,这既有利于在一定程度上化解行政优益权辐射范围之争,也有助于识别行政法上的权利义务。由此,本书将行政优益权界定为:行政主体单方享有的,在协议签订前到履行中,对协议主要或者全部内容的处置起决定作用的特权,包括单方变更权、解除权、监督权、制裁权等。根据此标准,我们需要判断,对协议事项处置起决

---

① 王利明:《论行政协议的范围——兼评〈关于审理行政协议案件若干问题的规定〉第 1 条、第 2 条》,载《环球法律评论》2020 年第 1 期。

定因素的是私主体的自主权还是公主体的行政权。如果从协议启动签署前到履行全过程中,公权力发挥决定作用,那么该协议便是行政协议。反之,若双方主体均有平等、相同的自主权,私主体可以按照意思自治来处分协议事项,就有可能不是行政协议,至于是否一定为民事合同,还须再结合其他要素标准进一步判断。

综上所述,本书总体认可"目的+主体+协商+内容性质+行政优益权"的五要素结合行政协议判断标准,但认为有必要进一步明晰主体和行政优益权的适用范围。在主体要素中,行政主体不仅限于行政机关,还应包括行政机关委托的主体和法律、法规、规章授权的组织。行政优益权的实质是包含单方变更权、解除权、监督权、制裁权等对协议主要内容或者全部内容处置起决定作用的特权。任意一种标准都不能单独区分行政协议,其具体认定需要同时结合五个标准综合把握。上述标准对于判定生态保护补偿公私协议的实然属性具有指导价值。

二、生态保护补偿公私协议的实然属性判定

根据《民法典》总则及合同编的基本原则、制度原理,认定某个协议属于民事合同,需满足主体身份平等、自愿、意思自治、维护私人利益等要求。然而,公私协议似乎满足了民事合同自愿签订以及一定程度上意思自治的特点,只有结合《规定》对行政协议具体类型的列举及界定标准,我们才能深刻把握其法律属性。

首先,第2条对行政协议的外延罗列,无法涵盖公私协议这一类型;第一,公私协议显然不是第2条中的(一)、(四)、(五);第二,其也不是征收征用补偿协议,因为现行法中的征收征用制度没有规定公私协议,生态保护补偿不改变土地所有关系,仅限制自然资源使用权的自由行使;第三,亦不属于国有自然资源使用权出让协议,反而是私人将使用自然资源的部分权益"出让"给国家,以求得生态环境之休养生息。结合以上分析,倘若认定属于"(六)其他行政协议",只能结合具体标准全面判断。

其次,根据"目的+主体+协商+内容性质+行政优益权"的综合标准可以判断出公私协议的实然行政协议属性。前三个属性较容易识别,协议服务于政府管理生态保护补偿工作的需要,以规范生态保护者履行生态保护义务和作为生态受益者代表的政府给付资金为直接目的,以实现良好的生态环境为最终目的。协议兼具契约性与行政性,一方是公权力部门,另一方是公民、企业等组织。协议通过协商而成立,遵循意思自治,作为合同一方的生态保护者有权自主选择是否签订合同,实践中,各领域公私协议均会载明"协议的

签订应当自愿",也就是说,公众有权拒绝签订。

就协议内容性质而言,公私协议体现出了行政法上的实然权利义务关系。比如,草原生态保护补助奖励政策是目前覆盖范围最广且最重要的草原补偿实践,天祝县作为较早的试点地区,成效显著。《天祝县草原生态保护补助奖励机制村与户禁牧、草畜平衡管理责任书》是规范草原补偿活动的主要文本,文本范本提到:农户自愿在特定区域实施禁牧和草畜平衡;根据省草原补奖标准,承包户享受每年每亩20元的禁牧补助、每年每亩2.18元的草畜平衡补助。根据文本内容,政府的义务是做好宣传工作,履行禁牧和草畜平衡监管义务,及时报告和责令停止违规行为,视情节进行批评教育或按照规定扣减补助奖励资金。农户须遵守严禁在禁牧区放养草食动物、严格按核定的载畜量放牧、禁止超载等各项规定。责任书规定了草原承包户如对有关行政处罚不服,可提起行政复议或行政诉讼。

又如,为解决住家船渔民在水域内长期生活导致水质污染和水生态破坏问题,我国于2013年起在20多个省份推行《关于实施以船为家渔民上岸安居工程的指导意见》。根据《龙子湖区渔民住家船拆解补助协议》范本,渔民作为合同一方,自愿签订协议选择上岸安居,家庭用船和退出生产的用船须接受拆解。协议范本规定了补助依据、补助标准、补助价款和付款方式。政府的义务是按时给付补偿款,渔民的义务是根据政府要求准时上交船只并清空船上的财物。若渔民违反规定,政府将强制拆解报废,费用和损失均由渔民负责。

另如,根据林草部门的《退耕还林工程合同书》范本,合同双方为县乡(镇)人民政府及村户,村户自愿退耕还林,双方协商一致签订合同。在造林要求及合格标准条款中,村户必须按照作业设计要求种植,否则不得享受补助。作业设计严格按照协商一致的作业班、造林地类别、营造林种进行。在退耕还林补助规定条款方面,明确了补助定额、兑现方式、补助领取方、兑现手续和地点。农户违法的,按照《森林法》和《退耕还林条例》处罚并取消退耕还林资格。由此可见,政府作为生态受益者,其环境管理职责,俨然已化为公私协议中的契约义务。公法约定主要来自行政机关的要求,不加入约定不足以保证环境公共服务或者生态保护补偿行政管理目标实现。[1] 结合《退耕还林条例》《森林法》《草原法》及相关政策规定,公私协议内容实际上是行政法上的权利义务,已深深烙上公法的印记。

在行政优益权的享有方面,从公私协议的形成和履行过程看,行政主体

---

[1] 余凌云:《论行政协议的司法审查》,载《中国法学》第2020年第5期。

始终扮演主导角色。公私协议是落实生态保护补偿权利义务关系的关键环节,但不是唯一环节。一方面,生态保护补偿公私协议的形成,有赖于行政主体充分的信息公开和解释说明,政府和村委会在前期多会进行广泛的动员和宣传,使广大农户充分认知政策目的和实施条件。另一方面,行政主体有义务明晰补偿对象权属和了解公众补偿意愿,相关职能部门只有做好自然资源产权登记和农户意愿摸底统计,厘清国有、集体和农户的自然资源产权边界和使用情况,才能界定生态保护者与受益者的权利边界。权属有争议和不愿意参与补偿的,一般不会被纳入公私协议签订范围。前述方面工作完成后,经过政府的充分释明,农户才与行政主体自愿签订协议。在协议履行中,行政主体不仅享有责任书、合同书等公私协议赋予的监督权、违法行为制止权、通知有关部门处罚的权利,还当然地享有特定情形下单方变更、解除协议的优益权。

据此,基于上述分析,公私协议呈现出了实然的行政协议属性。

三、将生态保护补偿公私协议界定为行政协议的现实影响

生态保护补偿公私协议虽彰显出实然的行政协议特点,但是,将公私协议作为行政协议对待,会对现实产生一些不利影响:一方面,公私协议并没有发挥其替代行政的外部功能,且有违比例原则;另一方面,公私协议难以消除漠视生态保护者财产权的内在缺陷。

(一)未发挥替代行政的外部功能且有违比例原则

实然层面的公私协议契约性不足的问题,未能发挥替代行政的功能。公私协议没能现实呈现行政法上的权利义务特性。生态保护补偿由"生态保护+补偿"构成。生态保护是协议约定的由生态保护者承担的主要义务。行政主体是生态受益者代表,其最主要义务是将补偿资金及时、足额地拨付给生态保护者。生态保护补偿协议的重点应当是规范前述两种行为,而后一种行为更重要。然而,实践中公私协议的公法权力(利)义务、责任与监督,基本上直接援引政策、法规的规定,这使得协议的公法内容设置除了让生态保护者再次知晓外,并无特殊意义。公私协议履行时,存在处罚权、强制执行权等披着行政优益权面纱施于生态保护者的情形,这些合同条款嵌于协议内部,导致合同内容和其他行政行为的关系混乱。公私协议直接复制政策法规规定的做法,完全可以依靠行政权力的行使来实现,无须载入协议。行政机关签订补偿协议,应当是为了对前置的行政行为作出以后而遗留的权利义务

作出明确分配。① 而对于补偿和受偿关系的调整,法律对该类行为的设定,并无明确采取行政方式还是民事方式,因涉及公众的基本财产权利,首先要摒弃公法管制的传统思维惯性。

行政协议是行政行为的延伸,公私协议在一定程度上有违反比例原则之嫌疑。比例原则既适用于高权行政行为,也适用于行政协议等现代新型行政行为。比例原则包含目的正当性、适当性、必要性和均衡性四个具体审查要求。② 按照目的正当性审查,公私协议的环境公益属性明显。适当性要求手段与目的具有关联性,只要手段有助于实现目的,便符合适当性要求。生态保护补偿的手段是限制私主体自由使用或在根据此前许可的范围使用自然资源,这是恢复和提升环境质量的有效措施,是适当的。必要性原则是使公众权益损害最小,不超过必要限度。公私协议的实施,使得既有自然资源开发利用强度大幅降低,甚至在较长时期内无法自由使用,这意味着广大农牧民等生态保护主体的基本财产权受到很大影响。自然资源使用限制与其他的不动产、动产限制不同,很难在操作层面识别如何尽可能小地降低权益损害,但是在生态环境状态恢复较好却完全限制自然资源开发使用的区域,存在超过必要限度的可能性。根据均衡性原则,行政行为既要保障公共服务目的的实现,还要兼顾相对人的权益保护,力求在两者之间进行平衡。手段造成的损害若等于或者大于实现的公共利益,便必然违反均衡性要求。公私协议造成的权益限制,对生态保护者的基本生产生活有着深刻的影响,在各领域补偿标准设定上,标准过低是不争的事实,这意味着限制的财产权益和获得的补偿之间差距较大,而两者差距越大,公私协议与环境公共利益之间就越难以满足均衡要求。

(二) 难以消除漠视生态保护者财产权的内在缺陷

公私协议应当在实现环境公共利益与维护公民基本权利方面达到平衡。就现实情况而言,协议过分注重生态环境目标的实现,不可避免地削弱了各项基本权利。

首先,在与私人财产权关系最为密切的补偿标准设定上,广大生态保护者并无平等话语权,因标准过低而导致不公平。生态保护补偿标准的高低,直接决定了生态保护者财产权的保障水平。现实中,补偿标准往往是固定的,村民、牧民实质上缺乏讨价还价的决定权。禁牧、草畜平衡等补助标准、

---

① 韩宁:《行政协议判断标准之重构——以"行政法上权利义务"为核心》,载《华东政法大学学报》2017年第1期。
② 刘权:《行政判决中比例原则的适用》,载《中国法学》2019年第3期。

退耕还林的补偿金额、转产渔民的补助金等,均是固定的,当事人只能就既定标准选择接受或者不接受,而现实的标准远远低于机会成本损失,多为适当补偿。为推动《长江保护法》施行,长江干流和重要支流提前开启十年禁渔期。据报道,某地渔民平均年收入在15万元至20万元,却只获得一次性几万元的资金补助及持续一段时期的政策补助,人均退渔后的月工资为1000元到3000元不等,根本无法满足基本开支。①

倘若将生态保护补偿界定为民事合同,当事人将享有充分讨价还价的权利,也符合《民法典》对于民事合同的基本要求:当事人的权利义务平等,不显失公平,至少不与签订合同之前的收益差距过大。生态保护者可以基于充分的意思自治提升话语空间,从而更有可能心甘情愿地接受协议,避免被迫接受过低的生态保护补偿标准。民事合同本身对于政府而言是一种内在的压力机制,激励其从根本上提升生态保护补偿的普遍标准,在保障公众基本的财产权上具有比较优势。

此外,实践中的补偿主要针对发展机会受限进行适当给付,难以考虑不同生态保护者的特殊差异。比如,草原生态保护补偿在范围上包括禁牧补助、草畜平衡补助、牧草良种补贴、牦牛山羊良种补贴、生产资料综合补贴等。实际上,每个牧民的草场植被状况和单位面积草场投入及饲养牲畜是有差别的,这些内容在现有公私协议标准配置上过于考虑政府履约的效率及自身的支出成本,未能较好兼顾私人财产权。为此,问题的关键在于如何确保补偿标准的科学设定。国外研究中,生态系统服务支付标准的确定,有的依据生态环境服务的边际成本,有的依据机会成本,还有的依据提供生态系统服务价值。② 支付依据方面,有产出补偿和行动补偿。产出补偿能激励生态保护中的行为,行动补偿能以较少的资金达到环境保护目的。③ 在该问题上,本书认为合理的补偿标准至少不能低于发展机会损失,支付依据可以根据不同领域特殊情况结合适用。

其次,行政协议在实施过程中难以避免行政权力滥用,过分注重行政目标而使契约流于形式。一方面,囿于自然资源公有制的特殊国情以及政府主导生态保护补偿实践的特殊性,补偿协议呈现出外观上的公法或公私交融的

---

① 渔民上岸:长江"十年禁渔"开启后,澎湃网,2020年1月13日,https://www.thepaper.cn/newsDetail_forward_5504847,访问日期:2024年4月15日。
② Zhengju Dong, Yan Yan and Jing Duan et al., "Computing Payment for Ecosystem Services in Watersheds:An Analysis of the Middle Route Project of South-to-North Water Diversion in China", *Journal of Environmental Sciences*, 2011, 23(12):2005-2012.
③ James M. Gibbons, Emily Nicholson and E. J. Milner-Gulland et al., "Should Payments for Biodiversity Conservation be Based on Action or Results?", *Journal of Applied Ecology*, 2011, 48(5):1218-1226.

特点。正是这种公法或公私交融的感官直觉,导致了生态保护者与受益者的应有关系错位,致使生态受益者"行政自大"而产生权力任性。公私协议作为单方行政管理的工具化色彩突出,并未较好地诠释协商特点,各领域公私协议的签订曾一度因政府的单方意思表示而在实施中阻力较大。党的十八大之后,政府虽然引导村民自愿申报、自愿实施生态保护补偿,但现实中不免带有强制推行的意味。国家往往容易基于单方面的生态环境诉求,而忽视生态保护者的生存发展需求,从而引发环境目标与私人财产权的冲突。集体土地参与自然保护时,对失地农民权益的保障关注过少。[1] 我国生态保护补偿第一案"石光银三北防护林"案件中,村民石光银曾承包了大面积荒地,当林木成熟之后,政府出台政策将其承包地划为禁止砍伐的防护林。根据政府文件允诺的补偿标准,石光银应获几千万元补偿,但这一补偿却迟迟未能到位。在植树期间,石光银为植树而贷款的一千多万元也因此无法偿还。他历尽千辛万苦,不仅是为了维持生计,还进行了治沙工作。直到十几年后,县政府才按照省领导批示,向石光银给予了生态效益补偿金。[2]

另一方面,从公私协议在整个生态保护补偿中的位置来看,它更像是最末端的收尾工作,协商仅具形式意义。生态保护补偿金通过政策工程,依照资金组合方式层层划拨给基层地方政府,补偿标准、范围和方式均是全国或全省统一规划,地方政府再依据政策规定的补偿标准、范围、方式逐一与生态保护者签订协议。生态保护者所享有的契约自由只是形式上是否签订的自由,合同内容均援引具体地方政策中规定的无差别的权利义务。公私协议的使命不应只是纯粹地作为层层落实任务的终端"责任书",而应发挥其在整个生态保护补偿活动中的中心作用与主要功能。公私协议是行政目标有序推进的效率性工具,然而以政策调控为主的方式致使我国生态保护补偿制度长期游离于法律调控框架之外。[3] 公私协议的推进,不应沦为形式。合理的公私协议实践应是,在补偿活动早期通过充分博弈、磋商,待补偿和受偿权利义务明确后,再根据区域合同的大体履行情况做好财政预算与准备工作。遗憾的是,这样的良性机制,无法体现在行政协议这种旨在消化前端行政的行为方式中,行政协议在权利保障上先天不足、后天畸形。现有的公私协议依托短期变化的补偿政策来落实,作为功利主义政策治理,忽视了生态法治的

---

[1] 吕忠梅:《关于自然保护地立法的新思考》,载《环境保护》2019年第Z1期。
[2] 《石光银"千万富翁"何以成"负"翁》,搜狐网,2003年9月20日,http://news.sohu.com/69/20/news213432069.shtml,访问日期:2024年2月4日;《榆林治沙英雄石光银喜获315万元生态补偿金》,榆林网,https://zqb.cyol.com/content/2003-07/21/content_700193.htm,访问日期:2024年4月15日。
[3] 杜群:《长江流域水生态保护利益补偿的法律调控》,载《中国环境管理》2017年第3期。

理念根植与功能增进,阻碍着生态保护补偿制度的法治化转型。① 公私协议一旦沦为政策的附庸,不具备独立存在的价值,将会逐渐疏远权利内涵,难以稳定生态保护者的预期,无法持久有序地保护生态环境。

四、将生态保护补偿公私协议界定为民事合同的合理性

将生态保护补偿公私协议界定为行政协议并不是最优选择,将公私协议作为民事合同对待才更为合理,这不仅更有助于实现环境目的,还具备科学充分的理论基础。

(一)界定为民事合同有助于更好实现环境目的

首先,行政协议和民事协议的签订均以自愿为基本原则,民事合同通过约定性的拘束力,依然可以服务于生态环境目标。行政主体在公私协议中具有现实的优益权,但并不意味着其能用特权理所当然地强迫生态保护者签订协议,甚至制裁不签订协议的主体。我国各领域生态保护补偿协议,均明确规定以政府引导、自愿签订为基本原则。若相对方违约致使合同目的不能实现时,行政机关足以依照《民法典》的规定或者合同约定采取相应措施,尚无行使行政优益权的必要。② 民事合同可以通过内在机制来约束私主体,维护环境公共利益。实践表明,阻碍或者破坏生态保护的行为主要是不按约定采取可持续的保护措施,即公私协议履行期间私主体过度使用自然资源或协议期限届满提前终止保护行为,前述两种行为是政府最为担心的,也将很大程度上关涉制度成败。政府和生态保护者完全可以凭借民事合同,协商决定违法行为出现时当事人获得多少补助金或承担多少赔偿金,来提升约定的威慑力。通过合同意思自治机制,便能满足行政机关和私主体双方的权益诉求。不过,双方的约定不能绝对任意,不能违背民法典的体制限制原则,需要有利于节约资源和保护生态环境。而且,也不意味着行政机关拘泥于已有的合同而放弃未来的行政权力行使③,行政主体依然有权规制生态保护补偿活动中的行政违法行为。另外,生态保护补偿不适合保护地役权方式④,理由在于:地役权以两个不同土地权利主体为存在条件,生态保护补偿双方作为生态保

---

① 杜群、车东晟:《新时代生态补偿权利的生成及其实现——以环境资源开发利用限制为分析进路》,载《法制与社会发展》2019年第2期。
② 张鲁萍:《行政协议优益权行使的司法审查——基于对部分司法判决书的实证分析》,载《西南政法大学学报》2018年第5期。
③ 余凌云:《论行政协议的司法审查》,载《中国法学》2020年第5期。
④ 唐孝辉:《建设美丽中国的法律制度回应——自然资源保护地役权制度的构建》,载《理论与现代化》2013年第4期。

护者和受益者代表,多位于同一地块;我国是传统大陆法国家,直接引进英美的生态保护地役权应当在民事法律中创设新的物权,然而现行民法典并不支持,《条例》难担此任。

其次,民事合同能够有效规范政府行为,实现公众基本权益保护。将公私协议界定为民事合同,将有效推动政府治理方式转型。公私协议合同重在规范谁补偿谁、如何补偿,核心是基于明确的生态保护补偿权义主体来规范资金给付行为。生态保护补偿被定位于一种经济激励机制,只有激励措施到位,才能保证生态保护的可持续。生态保护补偿协议直接服务于个体的经济利益实现,直接目的是保证经济补偿的合理性,避免生态保护者的财产权弱化。只有经济杠杆的作用力到位,生态保护补偿的效果方能彰显,进而达成维护良好生态环境的根本目的。生态保护补偿协议目的若过于突出环境公益目标,很容易造成政府以公共利益为借口随意限制甚至损害私有财产权。我们应当重视公共利益的无限扩张与公共权力的过度膨胀问题,以免招致公权对私权的侵蚀和威胁。① 通过合同机制,政府将以相对平等的姿态服务于协议签订,如主动做好信息公开与政策引导、调查、评估,规范协议签订和履行方式,强化公众参与。民事合同内在地具有竞争和压力效能,在补偿活动早期便自发督促相关方开展充分博弈与平等磋商。政府会在明确补偿和受偿权利义务关系后,再进行财政预算和政策决断,有助于在一定程度上脱离政策的约束,发挥引导政策功效,稳定广大生态保护者的预期。当政府意识到财政困难时,会自发地拓展资金来源,吸收社会资本参与生态保护补偿,既主导也引导,逐渐推动生态保护补偿实现方式的转变。此外,政府本身也可能存在权力机制不足,当行政监督缺乏或者软约束时,作为私主体的政府还能基于平等的原告身份起诉合同方。

(二) 界定为民事合同具备理论依据

首先,政府的自然资源所有者代表身份决定了公私协议行为的私法化倾向。在我国各领域生态保护补偿实践中,政府具有双重身份。其一,政府作为生态环境受益者的公共利益代表,与具体的生态保护者基于意思自治签署协议。政府代表受益区域享受良好的生态环境,代表该区域履行经济补偿义务。政府限制既定区域内自然资源的开发使用或降低开发强度,并约定给予相应的经济权益补偿。这种权益既包含多数情形下的生存权属性,也具有高于生存权之上的发展权属性。其二,政府作为生态保护补偿活动的管理实施

---

① 喻文莉、陈利根:《土地立法中公法与私法关系的解读》,载《学术界》2009年第3期。

主体,组织、协调、执行与落实各项生态保护补偿法规政策。在第一种角色中,政府以抽象的自然资源所有者代表或公共利益代表者身份参与生态保护补偿民事活动,旨在实施环境资源使用权限制和利益弥补相关的私法行为。从所有公私协议的合同双方可以看出,合同一方均为乡镇等地方政府,另一方为村集体或者农牧民等。乡镇政府实际上是基于层层委托代理关系,体现的是作为自然资源所有者代表或环境公共利益代表的意志。在第二种角色中,政府是现实意义上参与补偿工作的各级行政主体,负责推进生态保护补偿行政管理工作的开展。当各级政府及生态保护补偿行政主管部门以管理实施者的身份参与活动时,享有的是"权力"。

生态保护补偿公私协议实际上是代表"权力"的政府,依据自然资源物权处分规则,对私人财产利益的约定性限制和利益弥补。其独特性在于,对自然资源使用的限制和利益补偿,不是公权力的任性,而应当是平等协商、意思自治的产物。对自然资源使用者而言,是通过约定的形式,而非法定的强制来设定自然资源开发使用的标准及边界。对政府而言,是通过民事合同,让自然资源使用权主体将其部分财产利益让与给自然资源所有者代表,进而促进自然资源的合理配置,保证生态系统服务功能良性运转,实现生态正义。从自然资源使用的私有化、私人财产权的设定,到自主治理下的权利限制,"权力"是其中最核心的工具。[①] 国家不同的主体身份不得混用,当以民事主体身份出现并行使所有权时,就不得将公法上的权力运用在对相对人的关系上。单方面追求国家利益最大化,这种做法是不可取的。[②]

不可否认的是,地方人民政府实际上在自然资源的所有权上享有充分的权能:占有、使用的许可以及权益的收取等。然而,各级政府的资源主管部门往往通过行政权来行使所有权,造成两权的混同,这种实然和应然的冲突亟待两权分离。为此,在进行生态保护补偿活动时,务必将政府涉及的国有财产所有者代表职能,与生态保护行政管理职能区别开来。随着自然资源资产产权制度改革的深化,在自然资源行政主管部门内部建立专门的资产管理机构,或者单设专门的机构代表国家行使国有自然资源资产所有权,已是大势所趋,两种路径均旨在使生态保护补偿中涉及的自然资源资产相关财产权可以脱离生态保护事务监管权。无论是内设机构,还是专门机构,其作为补偿义务主体兼生态受益者代表,都值得享有自然资源资产出资权、经营者选择

[①] 那力、杨楠:《对公共环境资源上私人权利的限制——奥斯特罗姆的"自主治理理论"与英国的公地法》,载《社会科学战线》2013年第8期。
[②] 崔建远:《自然资源国家所有权的定位及完善》,载《法学研究》2013年第4期。

权、重大事项决策权、收益分配权等权能。①

其次,民事利益损失的公平补偿和满足个性化需求理论,更适合选择民事合同方式。因生态效益的无形性和外溢性,较难识别出具体的受益主体,因而往往将受益地区的人民政府作为受益者。② 同时,生态保护者虽然比较明确,但往往人数众多,由受益地政府直接补偿保护者的协调成本高。因此,现实中往往是由受益地政府补偿保护者所在地政府,再由政府按照特定标准将补偿款发放给具体的生态保护者。从补偿资金的最终来源来看,它源于开发使用者前期向政府缴纳自然资源使用费,这些费用转化为政府的财政资金后,再由政府用于弥补开发使用权受限的损失。现阶段而言,生态保护补偿标准虽然难以接近生态保护者创造的生态系统服务功能价值,但是应尽可能覆盖自然资源使用权受限导致的直接权益损失。根据《宪法》规定,公民的合法的私有财产不受侵犯,为此,合理、适当的标准尤为重要。

生态保护补偿是一种生态保护利益和成本的分配与再分配机制,生态保护利益体现了全体社会成员在生态环境中获取的维持生存和发展的各种益处。③ 生态保护补偿是更严格、更高的特殊限制,折射出良好生态环境需求者的特殊需要。该需求是个性化的,所以,基于协商机制的环境资源使用权限制主体必然不是普遍的,而是特殊群体,体现为特殊的补偿,理应就生态受益者期待的生态环境标准、补偿金额进行一对一的平等协商。而且,环境资源禀赋发展的区域和地区不均衡决定了不同地方和个体更适合根据个性化需要,基于生态系统服务价格机制来激励生态保护者主动参与补偿交易。这种特殊的补偿,更适合私人自治,不适合普遍一刀切干预。为此,呼吁一种基于自治和博弈的权利限制补偿——严于法定普遍标准的约定标准和双方妥协后均可接受的补偿金额。

再次,生态效益的可交易化趋势为民事合同方式创造了条件。一方面,我国环境基本法鼓励生态保护补偿按照市场化方式开展。现行《环境保护法》第31条第3款规定,国家指导受益地区和生态保护地区人民政府通过协商或者按照市场规则进行生态保护补偿。其要义在于,需发挥市场在资源配置中的决定性作用,逐步过渡到体现生态系统服务价格的市场化补偿模式,真正将生态环境效益的正外部成本内部化。而尊重主体平等和契约自由的民事合同规则正是市场经济的灵魂。2018年的《建立市场化、多元化生态保

---

① 潘佳:《自然资源使用权限制的法规范属性辨析》,载《政治与法律》2019年第6期。
② 李永宁:《论生态补偿的法学涵义及其法律制度的完善——以经济学的分析为视角》,载《法律科学(西北政法大学学报)》2011年第2期。
③ 黄锡生、任洪涛:《生态利益公平分享的法律制度探析》,载《内蒙古社会科学(汉文版)》2013年第4期。

护补偿机制行动计划》明确提出,"鼓励有条件的地区开展生态系统服务价值核算试点,试点成功后全面推广"。

另一方面,生态产品的有价值性已成共识,市场化交易的拓展具备现实可能。我国仅在水权交易和购买森林指标方面,探索了政府间生态产品交易实践。但政府与私主体之间的公私协议补偿,还未基于市场化方式开展。生态保护补偿市场化方式的建立,需要明晰的环境资源产权、完备的生态效益核算制度、独立的第三方评价机制。为贯彻实施《自然资源统一确权登记办法(试行)》《关于统筹推进自然资源资产产权制度改革的指导意见》等文件要求,我国已有27个省级政府于2020年前落实了自然资源确权登记总体工作[①],由此,归属清晰、权责明确、监管有效的自然资源资产产权制度指日可待。当前,在技术层面核算生态保护者提供的生态效益已不是难题,这是因为,逐年增加的环境评估鉴定机构已经承担了多领域的生态效益价格核算和生态保护效果评估。2019年丽水市出台的《浙江(丽水)生态产品价值实现机制试点方案》,不仅规定了生态产品价值核算的技术流程、指标体系与核算方法,还能为科学评估生态保护补偿效果提供依据。随着市场化补偿的完善,可以预见的是,生态保护补偿标准将逐渐高于发展机会成本并接近保护者提供的生态价值。生态系统服务的多元价值,早已为生态学界所肯定,以民事合同方式落实生态保护补偿制度,正是尊重生态系统服务价值客观性的体现,是对生态保护者提升的生态系统服务本来价值的应然肯定,能让更多的主体投入到生态保护补偿事业,达到应有的激励效果。

五、生态保护补偿制度实践宜尊重协议制度的私法属性

公私协议制度是生态保护补偿制度的重要内容之一,确立规范的公私协议规定是推动人与自然和谐共生的法治指引。《条例》实施后,宜顺应私法规律,通过细则或者具体细化规定作出相应的制度安排。

(一) 协议规范化规制的必要

当前,我国生态保护补偿机制正在朝着更高层次发展,加快推进生态保护补偿立法进度已成为确认及巩固实践成果的重大需要。《条例》实施后,应通过制定实施细则或者具体细化规定落实生态保护补偿协议制度,使之有法可依。考虑到生态保护补偿活动牵涉主体的广泛性与生态环境利益的长远性,有必要将常态化的政府与私人之间发生的各类生态保护补偿活动规范

---

① 《自然资源确权登记稳步有序推进》,自然资源部官网,2020年5月8日,http://www.mnr.gov.cn/dt/ywbb/202005/t20200508_2511432.html,访问日期:2024年2月4日。

化,以扭转长期以来政策调控重权利限制而轻规范化补偿的局面。公私协议行为的制度化,就是要规范公共利益代表主体与生态保护主体的权益关系,确立环境资源使用权限制与补偿的稳定性要求,以立法来平衡限制和补偿、权利和义务。毕竟,这不仅涉及生态系统的可持续服务,还与权力规范化行使及人权保障有关。

《条例》实施后,在细则或者具体细化规定的安排上,不仅要基于私法面向,为公私协议类民事合同的缔结和履行创造良好的制度条件。而且,未来细则或者具体规定要突破在公开征求意见稿中对公私协议签订领域的限制,不能仅限于耕地、林地、草地领域,而是只要涉及政府与被限制发展的个人、组织等开展生态保护补偿活动的,就都有必要约束政府与权利人签订协议。毕竟,我国在其他领域还存在退耕还湿(湖)补偿协议、休(退)渔补偿协议、具有生态保护补偿性质的各类自然保护区公私协议等多样化的公私协议实践,也亟须提升协议的法治化内涵,通过立法来巩固政策成效与稳定预期,切实保障生态保护者的利益,充分稳定绿色治理。

(二) 未来的制度立场

总体而言,未来的细则或者具体规定宜将公私协议界定为民事合同,并设定规则。

建议未来的制度涵盖如下要点:第一,为提高生态环境质量,政府依法在特定区域实施生态保护补偿,政府应当公平、及时给付补偿金。第二,生态保护补偿的启动,既可以由政府提出,也可以由潜在的生态保护者提出请求。涉及集体所有的土地等自然资源的,需和村集体经济组织签订合同并附带村集体同意的证明。第三,政府在给予补偿前有必要通过独立的第三方来核算补偿标准和具体金额,补偿应当能够弥补权利人的预期直接经济损失和生态保护成本投入。第四,政府与生态保护者个体开展生态保护补偿活动,均应当与其签订民事合同。合同坚持平等、自愿、公平原则。第五,生态保护补偿合同要点包含:合同订立和履行原则、合同标的、生态保护者和受益者的权利义务、违约及损害赔偿责任承担、合同争议时依照《民法典》和《民事诉讼法》处理。第六,生态保护补偿的实施,涉及自然资源附着不动产征收的,适用征收补偿的法律规定。

综上,生态保护补偿公私协议,作为通过限制环境资源使用权来保护生态环境的管制方式,实践多年后,其实然层面浓厚的公法色彩使之具备了行政协议的一般特性。将公私协议界定为行政协议未尝不可,但不是最优解释,这是因为,界定为行政协议不可避免地会使公众基本权利弱化,影响生态环境目标的可持续性。将公私协议解释为民事合同,是更为合理的制度选择,理由在于,私法机制能自发地协调环境公益和私人财产权保护,民事合同形式更能稳定"绿色治理"。这种机制可以在激励环境保护的同时兼顾经济发展,必将有效提升我国新发展阶段下的生态安全保障能力。《条例》实施后,未来的实施细则或者具体规定只有充分尊重私法自治,构建公平完备的补偿权利义务规则,才能从起点上呵护生态保护者的个体权益,助推农业农村现代化。唯此,方能充分贯彻"绿水青山就是金山银山"和"发展成果由人民共享"的重要理念。

本 章 小 结

生态保护补偿规范属性的争论一直存在,相关制度设计与完善的方向不明晰。生态保护补偿核心制度及其运行已呈现出实然的私法性质,对于实然层面公法色彩相对浓厚的生态保护补偿实践,将其解释为应然的私法属性更为合理。基于环境质量提高目标的长期性及私有财产权保护的法治化需要,为贯彻风险预防等理念,私法属性的生态保护补偿规范亟待从政策转向法律。生态保护补偿的法律表达,有待于拓展私有财产权行使限制的宪法规定、通过《民法典》分编的未来完善回应生态保护补偿的私法规则及在自然资源单行法中明确生态保护补偿的行使规定,并完善配套规则。

我国政府和私人之间的生态保护补偿活动,主要依据自上而下的政策并凭借公私协议来规范双方的权义关系。然而,生态保护补偿公私协议的法律属性一直存在争议,影响了专门立法相应的制度落实和司法适用。协议属性判断的前提在于明确认定标准,总体而言,"目的+主体+协商+内容性质+行政优益权"的五要素综合标准具备合理性,但需要进一步明晰主体和行政优益权的适用范围。基于五要素标准逐一分析,公私协议呈现出了实然的行政协议属性。将生态保护补偿公私协议界定为行政协议,并不是应然的最优选择,其既未发挥替代行政的外部功能且有违比例原则,还难以消除漠视生态保护者财产权的内在缺陷。因此,将生态保护补偿公私协议解释为应然的民事合同更为合理,这一界定不仅有助于更好实现环境目的,还具备理论依据。生态保护补偿目标的长期性与私人财产保护的规范化,要求公私协议行为亟待提升法治化内涵,这就需要在未来制定实施细则或者具体规定时充分尊重协议的民事属性,并创造积极的制度条件。

第四章　政府在生态保护补偿
　　　　制度中的法律定位

早在20世纪90年代,我国便在湿地、耕地、森林等领域进行了生态补偿实践的探索。中共十六届五中全会正式提出"加快建立生态补偿机制"之后,我国的生态补偿试点工作开始全面实施,与此同时,国家层面含有"生态补偿""生态环境补偿"等称谓的政策法规也随之增多。2016年国务院颁布了《关于健全生态保护补偿机制的意见》后,"生态保护补偿"这一称谓开始在官方文件中大量出现。目前,我国已经形成涵盖重点领域环境要素补偿、流域补偿以及区域补偿在内的多元化补偿格局,并朝着综合性、市场化迈进。

我国政府主导生态保护补偿机制的现实性决定了需要对政府角色进行科学定位。然而,政府角色的积极扮演在实践中仍面临诸多难题,譬如,政府的补偿权限不够明确;央地政府转移支付中的职能重叠过多;区域、流域补偿中的府际协商机制未能建立;政府和生态保护者的利益关系没有理顺等等。遗憾的是,理论界至今鲜有人对上述问题作出较为深刻的合理解释。笔者研究发现,政府的自然资源所有者代表身份与其生态保护补偿管理者身份混同,是引发实践层面种种难题的直接诱因。进一步讲,政府角色的清晰界定,需要理顺三个更为深刻的关系:公众与政府、中央政府与地方政府、政府与市场。本书的重要意义在于,通过厘清上述关系,为生态保护补偿专门法规的制定提供理论支撑。

第一节　两权分离:生态保护补偿的核心议题

一、法律关系性质判定与角色定位

由于长期以来对生态保护补偿法律关系的性质缺乏正确认识,政府在生态保护补偿中的角色定位和权力配置等问题模糊不清,对生态保护补偿事务干预过多,对行政权力约束不够,影响了生态保护者的权益保障及生态保护目标的实现。鉴于法律行为的属性是决定法律关系性质的关键,因此,生态保护补偿法律关系的性质判定,首先需要界定生态保护补偿的属性。倘若认为生态保护补偿具有民法属性,其补偿主体和受偿主体均应为法律地位平等的组织或者自然人,双方依据合同享有权利和履行义务;倘若认为生态保护补偿具有行政法属性,那么补偿主体和受偿主体中必有一方是政府,政府与相对人之间是不平等关系;倘若认为生态保护补偿具有经济法属性,那么它必然体现了国家的干预与协调作用。

那么,上述标准可否判定生态保护补偿法律关系的性质呢?根据一般法理,我们首先需要从前提出发,考证生态保护补偿法律关系是否存在,即是否包含法律规范与法律事实。其次,才能判断法律关系的性质。目前,《生态保护补偿条例》已颁布,我国已逐步构建起了一个效力层级不同、门类齐全的生态保护补偿法规政策体系,也形成了相应的法律规范,这些足以表明生态保护补偿法律关系在现实中是存在的。当前关于生态保护补偿法律关系性质的理论争议,多集中于两方面:一种观点认为生态保护补偿法律关系是民事性质;另一种观点认为生态保护补偿法律关系是行政性质。依本书所见,生态保护补偿制度及其实践类型多样,只有通过分析具体的生态保护补偿方式,才能判断法律关系性质。第一种类型是生态保护补偿中的横向转移支付。由于此类补偿是不同区域政府之间基于自愿达成合意,且双方政府法律地位平等,因此该类补偿的性质为实然民事法律关系。但在现阶段操作层面,宜按照经济法上的合同进行处理。第二种类型是生态保护补偿中的纵向转移支付,该类型又分两种情况。倘若补偿资金用于生态环境保护,因其属于单纯的财政转移支付,所以该类补偿的性质是经济法律关系;倘若补偿资金最终补偿给了作为生态保护者的自然人和组织,由于接受补偿资金的自然人或组织通过自愿签订行政合同,履行退耕、退牧等义务,并享有请求对方给付补偿的权利,因此,该类生态保护补偿属于具有民事色彩的行政补偿法律关系,但界定为应然私法关系更为合理,后文将详述。

由此,在不同的语境下,生态保护补偿法律关系表现为实然的民事法律关系、经济法律关系,以及行政法律关系。

二、生态保护补偿中政府的双重角色

政府在生态保护补偿中应有双重身份:其一,作为享有自然资源所有权的民事主体代表,行使民事权利;其二,通过法律授权行使自然资源管理权,包括对生态保护补偿工作的管理职责、实施职权和监督权力。

(一)重点领域补偿中政府的双重角色

重点领域生态保护补偿,是对森林、草原、湿地、荒漠、海洋、水流、耕地等自然要素通过中央财政转移支付等方式进行的补偿,反映了特定环境资源的使用者,因采取积极行动而引起的环境生态系统整体功能的积极变化。① 国家往往通过实施一系列政策工程来进行补偿,比如草原生态保护补助奖励政策工程、退耕还林工程和退牧还草工程等。

当前,在公有制背景下,中央政府对地方的生态保护补偿投入按照两个轨道进行分配:其一,自然资源资产归国家所有,国家授权地方使用,地方通过招拍挂等方式授权他人使用,收益由国家和地方共享。在确保资产保值的前提下,中央进行投入,地方代管,地方在一定范围内有决定权。其二,在确保自然资源资产归集体所有的情形下,补偿遵循的原则是将因生态保护而牺牲的利益平等地补偿给保护利用者。不同所有制类型下,中央对地方财政转移支付均是通过中央政府将补偿资金给付给最终的生态保护者,其运行方式类似财产权的行使。唯一的不同在于:中央政府对国有资源的补偿,是对"自身财产"的投入;对集体资源的补偿,则更像是对"他人财产"的补偿。

重点领域生态保护补偿涉及包括政府在内的两个层面的主体范畴:一是"补偿主体—受偿主体"范畴;二是生态保护补偿政策实施的有关政府主体范畴。

在第一类主体范畴中,补偿与受偿是生态保护补偿的核心,补偿主体与受偿主体之间的权利义务对应关系,是生态补偿法律机制得以发挥实际效用的前提。② 补偿主体是补偿金的给付主体,是生态环境效益受益主体,主要包括代表国家的中央政府及地方各级政府。受偿主体是补偿金的接受主体,是生态环境效益贡献者,是因保护生态丧失发展机会而导致财产权利益受损的主体,如村民或者牧民等。

在第二类主体范畴中,生态保护补偿政策法规的实施主体是生态补偿活动的各方参与者,包括各级政府;草原、农业、畜牧、国土等与生态补偿政策实施相关的资源主管部门;配合生态补偿政策实施的财政、金融、统计、监察等部门以及广大村民、牧民等。作为实施管理主体的政府,其多重身份决定了政府部门功能的多元化:地方各级草原、农业、畜牧、国土等资源领域行政主管部门是贯彻落实生态补偿政策的直接部门,在推进管理所属领域的补偿实践中发挥主要作用,统一对补偿工作的实施进行监管与协调;其他相关部门

---

① 李永宁:《论生态补偿的法学内涵及其法律制度的完善——以经济学的分析为视角》,载《法律科学(西北政法大学学报)》2011年第2期。
② 张建、夏凤英:《论生态补偿法律关系的主体:理论与实证》,载《青海社会科学》2012年第4期。

作为配合部门,辅助其开展相关工作;纪检监察、公安、审计等部门则主要负责党纪政纪、治安、财政领域的监管工作。

简单地说,政府在该类型生态保护补偿中实际上有两个角色。一个角色是作为补偿主体,代表生态环境受益者,以自然资源所有者的代表身份参与生态保护补偿民事活动;另一个角色是与其职能部门一同作为生态保护补偿工作的实施主体,管理、推进生态保护补偿工作。① 然而,理论上相对清晰的角色定位并未在实践中得以体现。一直以来,各级政府及其生态补偿行政主管部门在开展相关工作时,未能实现自然资源所有者代表兼受益者身份对应的生态保护补偿民事权利与补偿工作管理者身份对应的生态保护补偿行政权力的分离。其直接原因在于,角色身份的混同使得政府基于受益者身份的补偿义务和权利不明晰,由此,政府作为补偿义务主体给付资金时,应以平等的民事主体身份与作为受偿主体的公民个人等建立权利义务关系。而两者的民事权利义务关系,才是"补偿主体—受偿主体"这一对最重要补偿主体关系的核心内容。

(二) 作为区域补偿主体或者受偿主体的政府

区域生态保护补偿通过协调人地关系中的区域关系②,平衡保护地区与受益地区的"补偿—受偿"权利义务关系③。区域生态保护补偿最早是通过对重要生态功能保护区的投入来实现生态保护补偿目的的。重要生态功能区由于政府将其主体功能定位为提供生态产品、保障国家生态安全,其相关主体发展机会受限,因而需要给予补偿。

与重点领域补偿类似,在区域补偿中,政府同样具有双重角色。在履行管理实施者职责时,政府还以其多元身份扮演主要实施者、配合实施者、监督者等不同角色。鉴于区域补偿类型的多样化,该领域中政府的角色具有自身的特殊性。区域保护补偿分为纵向补偿与横向补偿。纵向补偿包括国家对重点生态功能区的中央财政转移支付,以及中央政府或者上级政府对自然保护区的投入;横向补偿主要通过省级地方政府之间横向交易,实现开发型主体区域对保护型区域的补偿。

---

① 实际上,政府的双重角色,在我国重点领域补偿、流域、区域补偿中都是存在的,因内容相似,只在本部分重点说明,区域、流域补偿实践则不再赘述。
② 丁四宝、网昱:《区域生态补偿的基础理论与实践问题研究》,科学出版社2010年版,第33页。
③ 生态保护地区是指为维护和创造生态系统服务价值投入成本或受到限制的地区。生态受益地区是指从生态保护活动中获益,并通过开发利用环境和自然资源取得经济利益的地区。

由于区域生态产品流向的开放性,且使用具有非竞争性,理论上所有区域均为受益主体。中央及地方各级政府作为自然资源所有者的代表以及区域利益的代表,是补偿主体;生态效益提供区域所在的地方政府为受偿主体。以协议形式购买生态产品的区域政府是补偿主体,提供生态服务所在的地方政府是受偿主体。进一步而言,享受环境利益的个人或组织(包括企业)是补偿主体,被限制开发利用资源的地方政府是受偿主体;因生态环境保护需要而迁出保护地区或者丧失资源开发利用权的个体或组织,最终接受补偿资金,因而也是受偿主体。相反,提供生态服务的地方政府及其他受益地区政府则是补偿主体。目前,我国典型的区域补偿实践主要包括重点生态功能区生态保护补偿①、自然保护区生态补偿以及不同区域间的生态保护补偿(如京津风沙源区生态保护补偿)。其中,重点生态功能区补偿与自然保护区补偿性质相似,对不同类型区域补偿的政府角色及权利义务分析,将建立在上述两类补偿的基础之上。

(三) 作为独立自然资源物权主体的流域上下游政府

与重点领域、区域补偿中政府的总体角色相同,流域补偿中的政府同样扮演着双重角色:当政府履行管理者角色职责时,也承担与其多元身份相应的职能。然而,鉴于流域补偿的自身特点,该领域的政府角色问题具有相对特殊性。

就我国开展的与流域水环境保护相关的实践而言,主要包括中央政府对地方的投入以及地方政府之间的投入与交易两种情况。② 本书认为,流域补偿仅涵盖用于支持横向补偿时的中央对流域治理的专项投入,以及地方政府间的流域横向补偿这两种类型。③ 当中央对地方水环境治理资金用于支持横向补偿时,才具有生态保护补偿的性质。④ 地方自主安排的财政转移支

---

① 重要生态功能区是指在保持流域、区域生态平衡,减轻自然灾害,确保国家和地区生态安全方面具有重要作用的特定保护区域。在我国主要包括江河源头区、重要水源涵养区、水土保持重点保护区和重点监督区、江河洪水调蓄区、防风固沙区和重要渔业水域。
② 例如,中央财政设立专项资金用于重点流域水污染防治的项目投资,江苏、湖北、福建等省份根据断面水质是否达标确定上下游政府之间的补偿者和被补偿者。市场模式是一种基于市场的支付手段,由个人、企业在流域生态保护过程中发挥积极作用,常常是一对一的交易模式。流域水环境保护往往和流域污染治理、水资源的配置结合起来,通过中央财政转移支付的方式,以预算资金形式用于水资源工程建设,或者设定专项资金用于重点流域污染防治和环境保护。
③ 在当前流域补偿理论研究及实践中普遍存在一种误区,即将流域治理、流域水环境保护均纳入流域补偿的范围,实际上,这种认识是不科学的。
④ 鉴于中央对地方流域保护投入并非建立在丧失发展机会方与生态环境受益方关系之上,多为纯粹的环境生态治理、生态建设,因此,该类型的转移支付不是生态保护补偿的范畴

付,分为地方上级政府对下级政府的投入及跨界横向补偿两类形式。流域补偿只有当上游投入的成本低于下游可得的收益时,双方才有可能自愿达成生态补偿协议。然而由于种种因素,协商往往难以统一,实践中常由上级政府促成交易。在上下游同级政府之间,由于存在协商与交易,它们通常表现为平等的民事主体关系。因此,在流域补偿中,水资源物权主体应当具有相对独立性。

就我国的实践来看,流域补偿的实施主体为各级政府及其有关部门。流域补偿的客体为水资源的经济价值和生态价值。流域补偿的补偿主体为下游政府(实践中也包括上级政府和中央政府),受偿主体为上游政府。流域补偿的实施旨在维护良好的水资源环境,往往通过限制对影响流域周边水质环境的各类土地资源开发利用行为来实施。由此,上级政府实际上不仅控制着上游水资源的分配权,还控制着周边有关国有土地资源,唯此,才有可能凭借土地及水资源的占有资格而参与流域补偿的谈判及实施。例如,限制工业企业在流域周边建设工厂,以及限制农业面源污染等。由此,上级政府实际上不仅掌控着上游水资源的分配权,还掌控着周边有关国有土地资源。凭借对土地及水资源的占有权,上级政府参与流域补偿的谈判及实施。问题在于,上游政府对其辖区内的水资源及其周边依附的土地等有关资源具有什么样的权属关系呢?目前,我国现有法律明确规定了水资源的单一所有制,只能由国务院代表国家行使。因此,各地方政府与其辖区内的水资源之间不能是所有关系。但是,仍有几个问题没有解决:水资源所有权规定简单;没有明确和土地的关系;没有细化水资源的客体范围。[1] 不过,现实基础是国家层面立法肯定的水资源使用权交易。水资源使用权交易的发展,为流域补偿提供了新的思路和途径。未来,我们可以进一步探索水资源使用权交易的模式和机制,以更好地推动流域补偿的实施。

就我国各地水资源的分配情况,各级政府对其辖区水资源有管理和保护职责。水资源属于国家所有,并非各级政府可支配的资源。虽然水是流动的,但政府不能占有特定的水,而应依法对水资源进行管理和保护,以确保水资源的合理利用和可持续发展。[2] 问题的关键在于对占有关系的认定。流域补偿的客体是优质的水体,也就是符合上下游政府约定目标的水资源。国家对水资源拥有所有权,而这一所有权派生出各地区的水资源使用权。水资源所有权如同母权利一般,由其派生出的是区域的水资源使用权。地方政府作为区域利益的代表,能够参与水资源使用权的交易。也就是说,上下游

---

[1] 曹可亮、金霞:《水资源所有权配置理论与立法比较法研究》,载《法学杂志》2013年第1期。
[2] 施志源:《论自然资源国家所有权的法律构成》,载《理论月刊》2015年第2期。

地方政府在水资源使用权交易中均为独立主体。从2016年《水权交易管理暂行办法》中可以获得启示:交易的客体为水资源使用权,流域补偿在理论层面可以视为广义上"水权交易"的一种特殊形式。无论如何,上下游地方政府作为水资源使用权的代表主体,以优质的水资源使用权作为交易标的,通过契约形式达成交易目的。

发达国家的成功经验及我国实践表明,政府角色的科学定位必须厘清生态服务所依托的自然资源所有权与监管权的关系。在发达国家,自然资源的所有者主体、监管体制和职责框架,均十分清晰,而在我国,政府的自然资源所有者代表身份和监督管理身份一直存在混淆,因此,应尽快明确两种意义上的政府角色职能。

一是把政府在履行生态保护补偿工作时涉及的国有财产出资代理人职能与政府的生态保护补偿管理职能区分开来。当政府履行生态保护补偿职能时,应秉持中立和公正的原则,避免角色异化。

二是区别政府作为国有财产的所有者代理职能与政府的国有财产管理者职能。中央及地方政府作为自然资源的所有者代表,负责制定有关自然资源管理、使用、监督及生态保护补偿的法规政策,促进资源开发利用与保值增值,维持生态系统的可持续运转。这些职能实际上由资源主管部门具体履行。目前,就我国而言,既要将使用自然资源的民事权利从行政监管权力中适当分离,又要建立生态保护补偿综合协调机制。①

总之,政府在生态保护补偿法律关系中具有明确的双重角色,即"所有人主体"和行政管理主体。② 政府正是基于其双重角色,直接影响了下文的讨论。

第二节 公众与政府:角色质疑与现实追问

一、政府角色一般塑造的历史考察

就公众和政府而言,究竟谁是补偿主体,谁是受偿主体,存在三种可能性:第一种,补偿主体与受偿主体都是政府;第二种,公众既可以是补偿主体也可以是受偿主体,由于中央政府代表国家,因此中央政府实际上是生态保护补偿的间接补偿主体或者受偿主体;第三种,政府只能是实施主体,补偿与受偿主体均为公众。其中,第一种观点较易理解。对于第二种观点,生态保

---

① 汪劲:《让"谁受益,谁补偿"真正落地》,载《人民日报》2016年5月16日,第5版。
② 杜群:《生态补偿的法律关系及其发展现状和问题》,载《现代法学》2005年第3期。

护补偿的补偿主体和受偿主体既可以是公众,也可以是中央政府。第三种观点认为,补偿主体、受偿主体和实施主体应严格区分,公众与政府不能混同。① 倘若要回答上述问题,需要我们追本溯源,考察公众与政府之间的关系。

《社会契约论》认为,主权的基础是社会契约。从各国的宪法规定看,人民主权指国家的一切权力来源于人民、属于人民。② 历史表明,"社会契约"通过"政府组织"或者"准政府"而完成。在原始社会时期,当氏族首领通过习惯和传统来维持社会秩序时,政府便开始萌芽。之后,随着私有财产的产生,社会分工开始细化,既得利益群体为了维护其利益,不断扩大自己的财富并建立社会管理机构与军队,此时,作为公共利益最高代表的中央政府逐渐出现。后来,国家伴随着阶级矛盾的难以化解而正式产生。政府接受人民委托管理国家是由政府的定位决定的,政府的全部活动主要是管理与行使主权活动。③ 因此,公众行使各项权力必须借助于政府才能实现预期目标。综上,政府先后扮演了推动并组织国家建立的角色,代表公众行使权力的一般角色。那么,后一种角色是否适用于生态保护补偿机制呢?回答这一问题,有必要结合生态保护补偿的特殊性予以进一步讨论。

二、政府作为补偿主体的命题否定

尽管我国实行自然资源公有制,但是,不能理解为公有就是政府所有,政府的行为也不能代表公众的行为。

一方面,国家治理理论认为,法律的颁布是以主权国家的名义进行,政府在法律的运行中仅扮演执法者的角色。④ 另一方面,鉴于对国家生态安全有重要影响的流域、区域补偿的受益范围是全体公众,因此,中央政府理应担当补偿主体的角色。同时,鉴于生态环境作为一种区域性的公共产品,政府作为区域代表有义务提供环境公共产品,也有责任代表公众实施生态保护补偿。明确政府的代表资格具有多重意义:一是有利于明确政府作为公众生态利益的促成者这一角色;二是保证政府在生态保护补偿中权力来源的正当性;三是政府的生态保护补偿权力必须受到法律的约束。

---

① 王兴杰、张骞之、刘晓雯等:《生态补偿的概念、标准及政府的作用——基于人类活动对生态系统作用类型分析》,载《中国人口·资源与环境》2010年第5期。
② 参见张震:《环境权的请求权功能:从理论到实践》,载《当代法学》2015年第4期。
③ 商红日:《国家与政府:概念的再界定——兼论国家与政府的区别》,载《北方论丛》2001年第3期。
④ 冯果、万江:《社会整体利益的代表与形成机制探究——兼论经济法视野中的国家与政府角色定位》,载《当代法学》2004年第3期。

根据生态补偿资金的原始来源可以看出,无论是财政转移支付,还是生态保护补偿基金、税费等,均来源于作为社会主体、市场主体的个人、企业或其他组织。在中央政府对地方政府实施的具有生态保护补偿性质的纵向转移支付中,地方政府发挥了中转站的作用,将资金逐层划拨给最终接受补偿的居民个人、企业及其他组织,同时也用于生态系统自身的维护。需要指出的是,中央政府或地方政府在此过程中并非生态保护补偿财政资金的所有者。在纵向转移支付中,补偿主体显然是享受良好生态利益的公众,即具体的生态保护者才是生态保护补偿资金的接受者,才是受偿主体。中央政府不仅代表全体公众授权财政部门实施转移支付,还是生态保护补偿政策的决策者。地方政府实施生态保护补偿的转移支付行为,几乎都是在贯彻中央政府的决定。省以下纵向转移支付同样如此,尽管补偿费用来自地方财政,但是,省政府自身并非生态保护补偿资金的所有者,所有者依然是公众,为生态环境作出贡献的居民或组织才是补偿的接受者,即受偿主体。即便涉及不同区域间、同级政府间的财政转移支付,政府也仅仅扮演着实施者的角色。由此可见,中央政府和地方各级政府,都是生态保护补偿的实施主体。

在生态保护补偿中,政府不仅具有财政转移支付、筹集和使用补偿金等重要职能,其具体职能部门还负责生态保护补偿工作的实施及监管。公众作为自然资源的所有权主体,将资源行政管理权授权中央政府有关部门,中央政府再逐级授权给各级地方资源管理部门。从我国湿地、森林、草原、水流等各领域开展的生态保护补偿工作来看,每个补偿领域均由该资源的行政主管部门牵头组织实施,其他有关部门分工配合。同时,审计、纪检监察等部门对生态保护补偿资金的使用以及政府工作人员的行政行为实施监管。

总之,中央政府和各级地方政府可以是生态保护补偿的补偿主体,在某些情况下也可作为生态保护补偿的实施主体。公众可以在一定程度上参与生态保护补偿,但不能简单地认定为唯一的补偿主体。具体的生态保护者是受偿主体之一。政府作为补偿资金的筹集和支付者,以及生态保护补偿的行政管理者或监督者等,是生态保护补偿的重要实施主体。

三、生态保护补偿权力的合法性与合理性

科学规范的生态保护补偿权力运行机制既需要权力来源合法,又需要科学合理的机制将权力有效组合并通过政策法规予以明确。

现代法治国家中权力来源合法的条件之一为,行政权力的设定必须通过法律,即职权法定;条件之二为,权力内容设定得合法;条件之三为,权力来源的文件应当是广泛公开的,方便公众查阅。国家层面而论,我国生态保护补

偿相关的政府权力设定,均以"三定方案+法律、法规或规章"的模式呈现,即先通过三定方案的形式,将生态保护补偿有关的资源管理机构、部门职责及人员编制确立下来,再依托其他法律、法规、规章等文件再现三定方案的内容。如果该领域的法规文件效力层级较低,则只能规范该领域的行为,无法对多部门的补偿工作进行协调。推而广之,如果每个资源管理部门的权力来源均是这一模式,可能会出现权力来源的交叉及缺乏来源依据的情况。

为此,虽然政府在我国生态保护补偿中的权力来源合法,但存在瑕疵。其缘由在于权力来源缺乏统筹,作为权力依据的效力层级不够,权力配置总体上缺乏合理化。如前所述,权力来源的合法性需要制度授权,这是权力运行的第一层次要求。权力运行的第二层次要求在于对现有权力进行有效组合,使之科学合理。据此,现行的生态保护补偿管理体制尽管保证了各领域补偿均有资源行政主管部门负责实施,但是,各部门职能交叉严重。为此,短期内比较实际的对策是:在全国人大颁布的法律中确立三定方案中的自然资源管理权,明确自然资源管理的综合协调部门及其权力,厘清各自然资源主管部门的权力关系,明晰部门分工及其职权职责等等。

第三节 央地关系:生态保护补偿的政府分权逻辑

长期以来,我们缺少对国家治理体系下纵向分权的足够重视,生态保护补偿领域中纵向权力划分缺少明确的法律规定,央地关系主要取决于政治谈判的现状,导致实践中的随意性大,引发各种问题。鉴于此,亟待依靠制度推进央地权力的界分。

一、正视央地权力界分的制度困境

我国生态保护补偿的主要资金方式为财政转移支付,包括中央对地方的一般转移支付和专项转移支付,省级政府以下以生态保护补偿为目标的转移支付,以及同级政府间的横向转移支付。中央对地方的纵向转移支付分为三大类:节能环保类、农林水事务类和国土资源气象事务类。此外,纵向转移支付还涉及与政府有关的生态保护补偿基金和费用,如育林基金、森林植被恢复费等。常见的横向转移支付实践只在流域补偿中存在。尽管我国的央地权力界分有自己的历史传统,但不容忽视的现实是,央地权力界分一直存在政府权力纵向划分宪法及宪法性法律缺位问题。

目前,我国《宪法》第89条、第107条以及《地方各级人民代表大会和地方各级人民政府组织法》第59条均规定了政府的职权,然而央地政府以及省以下政府各项权力的分野,却没有体现在各项管理职能中,这在《宪法》及其相关法以及与生态保护补偿相关的法律法规中均存在上下级政府纵向权力未能划分的问题。这些制度层面的缺陷反映在实践中,便出现了上下级政府间财权事权推脱的现象,譬如,上级政府只布置任务,不综合考虑财力而将财政支出事权置于下级,下级政府鉴于种种原因将应属于本区域的生态保护事权呈于上级等等。

生态保护补偿中的央地权责范围、职权行使程序,长期面临制度供给不足的困境,有关生态保护补偿财产事权的行使,要么依托非制度化的博弈,要么地方政府执行中央政府及上级政府的决定。因此,只有将央、地权力的范围在法律制度中予以明确,才能形成央地政府的良性互动,这就需要结合生态保护补偿的特性,理性把握央地政府财权事权划分的现实逻辑。

二、生态保护补偿中的央地财权应然界分

平衡各主体间的权力、责任、利益等配置是优化中央地方关系的根本途径。① 国家财权与事权划分更需要具体的规则设计。无论如何,法律角色是至关重要的,它需要作出本该做的规定并进行蓝图设计。②

其一,建议制定专门的财政转移支付法律或者法规,将 2014 年《国务院关于改革和完善中央对地方转移支付制度的意见》予以制度化和程序化,成为指导各领域财政转移支付的基本法律文件。其中,财政转移支付专门立法应重点明确财政转移支付的法律地位、中央事权、中央地方共同事权和地方事权的划分原则及方式、一般性转移支付与专项转移支付的适用范围、专项转移支付的使用情形、预算管理、省以下转移支付的具体要求以及各类资金的使用程序、法律责任及监管机制等问题。此外,财政转移支付专门立法要考虑与《预算法》、其他财税类和刑事类规范性文件的关系,既要对其他有关规定的冲突做出合理处理的一般规定,还要注意细化有关财政转移支付利益相关主体的权利义务关系,权利义务的实现形式与程序机制,权利义务的保障方式等。

其二,依托专门立法对央地生态保护补偿权力予以规范化。条例的制定应理性分析财政部近五年的预决算报告中的生态保护补偿财政转移支付内容,充分考虑《中央对地方重点生态功能区转移支付办法》《中央对地方资源枯竭城市转移支付办法》《中央对地方均衡性转移支付办法》《自然资源领域

---

① 陈志广:《是中央控制,还是地方独立——政治影响下的财政分权检验》,载《当代经济科学》2016 年第 1 期。
② 谭波:《央地关系视角下的财权、事权及其宪法保障》,载《求是学刊》2016 年第 1 期。

中央与地方财政事权和支出责任划分改革方案》等实施效果,力求明确央地政府和不同部门的监管职责,化解可能出现的职责冲突。将来宜统一使用"生态保护补偿"作为财政支出科目,与之相关的支出均纳入该领域,以保证支出项目与生态保护补偿的用途对应。

其三,针对我国目前的生态保护补偿纵向为主,同级政府间的横向生态保护补偿资金很少转移的现状,进一步细化生态保护补偿的横向机制。毕竟,我国作为一个大国,幅员辽阔,地方政府更了解地方的生态情况,也更能及时制定生态保护补偿政策。同级地方政府之间进行横向财政转移支付能更有针对性地实施生态保护补偿,更好实现生态保护补偿目的。

三、生态保护补偿中的央地事权应然界分

生态保护补偿机制运行中,央地权力不明晰与财权事权不匹配的问题,不可避免地造成政府角色困境。政府作为主导的实施者,理应依据补偿事项及职能合理配置央地政府的权力。2020年《自然资源领域中央与地方财政事权和支出责任划分改革方案》仅在国土空间规划方面简单抽象地谈及生态保护补偿权力划分:将受全国性国土空间用途管制影响而实施的生态补偿,确认为中央与地方共同财政事权,由中央与地方共同承担支出责任。将地方性国土空间用途管制、受地方性国土空间用途管制影响而实施的生态补偿等事项,确认为地方财政事权,由地方承担支出责任。为此,有必要全面拓展并细化生态保护补偿中的央地事权界分。

首先,中央政府应负责影响跨区域安全乃至国家生态安全的生态功能区、自然保护区等重要生态区域的生态保护补偿事务。从实际看,中央政府往往从国家生态环境治理能力、生态安全与可持续发展、社会利益最大化的目标出发制定生态保护补偿政策,中央政府结合自身优势在事权划分方面占据核心位置。从主体功能区的视角出发,中央政府的生态保护补偿事权可以作出如下安排:对于国家重点生态功能区与大江大河的源头,多属资源承载力和发展潜力很低的禁止开发区,应设定保护区域并通过中央政府纵向转移支付支持该区域的保护,地方政府应优先对保护区进行保护,充分补偿区域内生态保护者的发展机会成本;对于承载力弱发展潜力居中的限制开发区,因其一定程度上关涉区域甚至全国生态安全,应通过中央财政转移支付加强生态保护;在资源承载力中高、发展潜力较高的优化开发区,因其环境承载力减弱,中央政府有选择地进行转移支付支持生态保护;在资源承载力和发展

潜力高的重点开发区,综合考察之前三类功能区,对其最后转移支付①。

其次,中央政府、省级政府与其他利益主体应共同负责大流域、跨省域的流域补偿,以及地区重点领域生态保护补偿的实施管理。对于大流域和跨省域的流域保护补偿,中央政府应鼓励支持省级地方政府自主协商,通过公平合理的协商机制,明确上下游政府间的权利、职责及监督机制。中央政府应主要发挥协调作用,减少不必要的干预。省级政府应主导本区域内各领域补偿的实施管理,包括省以下重点领域生态保护补偿规定的制定权和实施权等,权力的行使应立足本地区实际情况,对国家文件予以细化。具体而言,省级政府拥有的权力包括省域生态保护补偿管理体制的设定,生态保护补偿机制启动、补偿程序的确定,补偿范围和对象以及补偿标准的界定,对省域内生态保护补偿工作考评、奖励与约束机制的管理等等。

最后,省级以下地方政府宜重点负责城市水源地和辖区内小流域生态保护补偿,并积极配合省政府主导的其他各类补偿实践。前述各领域的补偿资金,均应鼓励市场化的多元主体捐赠。此外,市、区(县)政府与省级政府在生态保护补偿管理体制设定上相互完善,对省级政府规定的生态保护补偿机制启动、补偿程序的细化,对省级政府决定的补偿范围、对象的细化以及补偿标准的提高,省级政府对市以下生态保护补偿工作考评、奖励与约束机制的管理等。

总之,央地政府间的权力配置关涉生态保护补偿的实效,在生态保护补偿领域进行央地权力界分的制度化规范是政府角色科学定位的重要条件。

第四节 生态保护补偿中政府与市场的边界

一、理顺政府市场关系的重要意义

若政府和市场的关系没有理顺,会加剧生态保护与经济发展的矛盾。长期以来,政府对补偿的绝对主导使我们存在这样一种认识,我国的生态保护补偿只有政府干预,没有甚至不需要市场机制,这种认识源于对两者边界的错误认知。党的十九大报告明确提出,要"建立市场化、多元化生态补偿机制"。由此,在可预见的范围内,政府会逐渐淡化对补偿事务的主导,市场的作用必将凸显。这一语境下,对生态保护补偿中的政府和市场关系进行深入

---

① 吕圳昌:《基于生态补偿视角的政府间财政转移支付制度研究》,西北师范大学2013年硕士学位论文。

考证,对于我国发展市场化的生态保护补偿机制而言,意义重大。

二、生态保护补偿的科斯理论与庇古理论

国际社会上曾先后存在过以市场为基础的科斯型生态保护补偿和政府干预下的庇古型生态保护补偿两种制度模式。科斯认为,外部性来源于产权界定不清晰,必须明确产权才能解决外部性问题,而且基于市场竞争机制有可能消除市场的外部性。该理论的前提在于生态服务的商品化,商品化是产权配置的前提。[①] 然而,生态系统的关联性和整体性使得其很难独立出来,生态服务的产权交易仍缺乏公认的内容界定与价值界定。且市场化工具会侵蚀生态保护的内在动机,导致自然的不良商品化。[②] 庇古理论认为,外部性的原因在于市场失灵,必须通过政府的介入,政府主要通过补贴来解决外部性问题。但是,西方社会在政府是否可以有效干预外部性上仍存在质疑和争论。尽管如此,我国政府主导的生态保护补偿实施效果表明,财政投入型的庇古理论还是有效的。目前,全球范围内开展了广泛的生态保护补偿实践,绝大部分是包含政府干预(税收或补贴)的庇古型生态保护补偿。[③]

20世纪70年代末以来,我国政府一直实行强干预模式,在生态保护补偿领域取得了积极成效。但就我国补偿实践而言,庇古理论与科斯定理均有发挥效用的空间。就今后一定时期来看,比较实际的是以庇古手段为主,逐步解决科斯定理中的产权问题。这不仅是政府提供生态环境服务的正当性使然,还与政府的功能以及我国当前生态保护补偿机制中的市场化水平有关。可以说,生态保护补偿中的政府与市场的融合反映出科斯定理和庇古进路的结合,两者具有相对独特的适用空间。[④]

三、生态保护补偿中的政府与市场关系厘定

生态保护补偿的公共物品属性决定了,政府是当然的提供者。然而政府

[①] R. Muradian, E. Corbera and U. Pascual et al., "Reconciling Theory and Practice: An Alternative Conceptual Framework for Understanding Payments for Environmental Services", *Ecological Economics*, 2010, (6):1202-1208.

[②] E. Gómez-baggethun and R. Muradian, "In Markets We Trust? Setting the Boundaries of Market-based Instruments in Ecosystem Services Governance", *Ecological Economics*, 2015, 117(9):218-222.

[③] Claudia Sattler and Bettina Matzdorf, "PES in A Nutshell: From Definitions and Origins to PES in Practice—Approaches, Design Process and Innovative Aspects", *Ecosystem Services*, 2013, (6):2-11.

[④] Á. Bellver-Domingo, F. Hernández-Sancho and M. Molinos, "A Review of Payment for Ecosystem Services for the Economic Internalization of Environmental Externalities: A Water Perspective", *Geoforum*, 2016;70(3):116.

在生态保护补偿中也会面临诸如政策制定的封闭性、政策落实的目标偏差等问题。所以,任何政府规制,均无法脱离市场机制单独存在。当前,我国已采用消费型的间接市场化生态保护补偿方式,但不是直接意义上的市场机制。在政府与市场关系层面,我国政府的角色为:制定生态保护补偿国家与行业政策及规划;维护良好的生态保护补偿秩序;对市场化的生态保护补偿参与企业给予支持和优惠。

与市场的关系中,首先,政府是生态保护补偿政策与计划的制订者。从实践看,补偿的实施往往通过中央政府、环保部门或者其他资源主管部门制定的补偿政策和计划来推动。省级以下政府及其有关部门均根据国家规定,通过制定本行政区划内的各类补偿政策和计划来贯彻国家规定。因政策和计划具有更强的操作性,各级政府及其资源部门颁布的生态保护补偿政策很大程度上发挥了"软法"规制的效用。此外,自然资源利用权主体和所有权主体根据民事规则,就环境资源使用权有关的财产权限制与补偿形成契约。

其次,政府是生态保护补偿秩序的维护者。政府的首要任务是建立科学的环境资源产权体系,建立相应的生态领域产权体系。由于环境资源的产权确立还不完善,政府有责任推动自然资源领域的确权登记工作,创造公平的交易秩序与规范的市场规则,培育和扶植市场主体。政府应以不动产登记为基础,构建自然资源统一确权登记制度体系,对所有自然资源统一进行确权登记,逐步划清全民和集体所有的边界,划清全民所有、不同层级政府行使所有权的边界,划清不同集体所有者的边界,划清不同类型自然资源的边界,进一步明确不同类型自然资源的权利和保护范围等。同时,还要加快建立全民所有自然资源资产有偿使用制度,为生态保护补偿市场的建立创造必要条件。

再次,政府的角色体现在对生态保护补偿参与企业给予扶持上,推动私主体间生态系统服务建立。我国现有的市场化补偿方式有生态农产品、生态旅游、生态产品标志等,这些生态产品或服务,并不是公众基本需求的公共产品。对于政府而言,其主要义务是提供公共环境服务,一般不提供奢侈性环境产品或服务。但是,作为一种环境友好型的企业经营方式,在税收、信贷、声誉等诸多方面,政府均应对市场化的生态保护补偿参与企业给予多种激励性支持。

最后,长期来看,政府的角色体现为促进以市场为基础的生态保护补偿体系建立。在这一框架内,以私人自治交易为主要方式的生态保护补偿将发挥越来越重要的功能。目前,典型的私人自治方式是域外实施多年的生态系统服务付费制度,该制度以良好的生态环境私人需求为起点,基于市场竞争机制,使得生态资源与经济资源配置得以优化。我国可以适当借鉴该制度,并统筹考虑政府性生态保护补偿基金制度、税费制度和许可证交易制度多方面因素。由于生态系统服务付费制度的基础是建立自然资源确权登记及有偿使用制度,为此,政府的积极引导必不可少。此外,政府还应推动建立自然资源与生态价值评估机制,完善市场化的生态系统服务实施评估机构及监督机制。这些制度均关涉生态系统服务付费制度的实施。

本 章 小 结

生态保护补偿作为新时代最能体现中国特色制度自信的环境激励制度,旨在解决源于经济活动的生态与环境问题,其实质是发展权和生态权的再分配。我国官方主导的生态保护补偿现实,决定了政府角色的科学定位是生态保护补偿制度阐释和机制运行的关键。由于在生态保护补偿实施中,政府的自然资源所有者与管理者角色混同,存在种种弊端,为此,亟待推进两权分离。进一步而言,生态保护补偿中的政府角色定位,取决于政府与公众的关系、央地政府关系以及政府与市场关系的厘定。生态文明新时代,建立市场化、多元化的补偿机制是大势所趋,由此,政府应理性反思在生态保护补偿中的法律定位,主动摆正位置,积极顺应变革潮流,加快推动形成政府引导、市场调节以及公众积极参与的新时代生态保护补偿格局。

第五章 生态保护补偿法律关系主体及其权义结构

厘清生态保护补偿的法律构造,其核心在于梳理出生态保护补偿的法律关系主体及其权利义务结构,这将是构建和完善生态保护补偿法律制度的关键。在研究生态保护补偿的法律关系主体及其权利义务关系时可以运用演绎法或归纳法,两种思路各有利弊。具体到生态保护补偿主体及其权利义务关系而言,归纳法更为适合。一方面,生态保护补偿的法学理论研究目前尚不成熟,尚无可供演绎的理论基础和前提。另一方面,我国已经开展了丰富多彩的生态保护补偿制度实践,这为归纳法的运用提供了鲜活的素材。基于上述认识,本部分将通过对单项生态要素领域、区域、流域的生态保护补偿典型实践分析,梳理各领域生态保护补偿中的法律关系主体,在此基础上归纳生态保护补偿主体及其权利义务结构的一般构造模型。[1]

第一节 重点领域补偿主体及其权义构造:以草原为例

主体及其权利义务关系正是生态保护补偿概念的核心要素,同时也是构建生态保护补偿法律关系的前提。[2] 不同领域的生态保护补偿法律关系都有必要重点关注主体及其权利义务关系问题。随着经济和社会的发展,草原利用逐渐增多,草原生态安全问题逐渐凸显。为了应对经济利益驱动引发的"超载过牧"问题,从20世纪90年代开始至2022年,国家和地方层面一直在实施以禁牧和草畜平衡等为主要内容的草原生态保护补偿政策体系,旨在恢复草原生态环境,达到草原生态保护和促进牧民增收的双重目标。草原生态保护补偿的主体及其权利义务关系问题是草原生态保护补偿的核心问题,本部分以甘肃省天祝藏族自治县(以下简称"天祝县")草原生态保护补偿为

---

[1] 理论中有观点认为草原是资源类型,流域和区域是空间类型,不宜如此划分。在笔者看来,首先,草原本身既有资源属性,也有环境、生态属性,本身也是环境要素,森林、荒漠、湿地等均类似。其次,国家层面的《条例》《关于深化生态保护补偿制度改革的意见》《关于健全生态保护补偿机制的意见》大体均采用上述分类标准,并获得广泛的实践认可。

[2] 张建、夏凤英:《论生态补偿法律关系的主体:理论与实证》,载《青海社会科学》2012年第4期。

例,对该领域生态保护补偿的主体及其权利义务关系进行抽象和归纳,以期为从整体上描述森林、草原、湿地、荒漠等重点领域生态保护补偿的权利义务关系作出"局部"的知识贡献。

一、草原生态保护补偿的基本概念及其分析方法

(一) 相关概念的厘定

草原生态保护补偿作为生态保护补偿的主要领域之一,是指在综合考虑草原生态保护成本、牧民(村民)发展机会成本和草原生态服务价值的基础上,以政府主导为主,通过草原生态保护受益者向草原生态保护者支付金钱、物质或提供其他补偿的方式,弥补其成本支出及其他相关损失的行为。[①] 草原生态保护补偿体现了"受益者负担"原则,本质上反映了草原资源的使用者在使用草原资源过程中对草原生态系统整体功能引起的积极变化,体现出"正外部性"补偿。

在生态保护补偿法律关系中,国家主体地位的确立,是确定其他生态保护补偿法律关系主体的基础。通过合法行为直接或间接地与国家发生生态利益关联关系的社会主体,均可成为生态保护补偿的主体。按照主体的性质,生态保护补偿主体可分为公共补偿主体和社会补偿主体。前者主要是指国家、政府以及按照法律规定或约定执行公共目标的各类非营利性组织,如环保组织、社会环境公益基金等;后者也被称为生态保护补偿的微观主体,是指直接与生态资源发生关系的各类主体,包括自然人、法人和其他组织等。按照其在生态保护补偿关系中的地位,又可分为生态保护补偿的补偿主体和受偿主体。补偿主体与受偿主体之间的权利义务对应关系,构成了生态保护补偿的核心。

草原生态保护补偿的法律关系主体和草原生态保护补偿的"补偿主体"属于不同的概念范畴。草原生态保护补偿的法律关系主体,即草原生态保护补偿政策实施的执行主体,是生态保护补偿活动的各方参与者,涉及草原生态保护补偿政策实施的各方,包括各级政府,草原、农业、畜牧、国土等与草原生态保护补偿政策实施有关的资源主管部门,配合草原生态保护补偿政策实施的有关财政、金融、统计、监察等部门,以及广大村民、牧民等。草原生态保护补偿主体是根据其在生态保护补偿关系中的地位,置于生态保护补偿的"补偿主体—受偿主体"这一范畴进行考量的,主要为国家。

[①] 汪劲:《论生态补偿的概念——以〈生态补偿条例〉草案的立法解释为背景》,载《中国地质大学学报(社会科学版)》2014年第1期。

（二）研究思路

甘肃省通过实施国家的退耕还草工程、退牧还草政策和草原生态保护补助奖励政策（以下简称"草原补奖政策"）三个政策工程来贯彻落实草原生态保护补偿政策。天祝县作为贯彻落实国家草原补奖政策的试点县，在草原补奖政策的立法和实践上，探索出了不平凡的道路，是我国迄今实施效果较好的地区之一。草原生态保护补偿主要涉及两个层面的主体范畴，一是"补偿主体—受偿主体"范畴，二是草原生态保护补偿政策实施主体范畴。本节首先对补偿主体和受偿主体进行识别，其次根据天祝县贯彻草原补奖政策实践，分析讨论实施政策的有关主体及其权利义务关系。

鉴于草原补奖政策是生态保护补偿的一种，本质上是一种利益协调机制，与之相关的所有法律关系，均建立在财政筹集、管理和支出的基础上，因此围绕资金的"来源"和"使用"分析不同层面的执行主体及其权利义务关系，既是一条合理的分析路径，也是现实可行的研究方法。实践表明，天祝县草原补奖政策在经历第一轮实践（2011—2015）、第二轮实践（2016—2020）后，积累了相对成熟的经验，规范性文件均得到较好的执行。目前，天祝县正在按照"十四五"发展要求，根据2021年《关于印发〈第三轮草原生态保护补助奖励政策实施指导意见〉的通知》及省以下文件精神开展第三轮实践。① 天祝县草原补奖政策的三方面内容均是通过不同的财政主体以一定的转移支付形式进行的。由此可见，通过分配任务的形式，以一定的财政转移支付为途径，才产生相应的管理监督机制、考评机制等。最后，进一步归纳、勾勒出草原生态保护补偿的有关主体及其权利义务关系，并总结出重点领域类生态保护补偿主体和权利义务关系。

二、草原"补偿主体—受偿主体"及政策执行主体

（一）补偿主体

与补偿主体相对应的两个概念是"受偿主体""补偿客体"，此外，还有表述为"补偿对象"等内容。本书认为，"受偿主体"即"补偿对象"，是直接接受补偿的自然人、法人、团体等。"补偿客体"是补偿的标的或具有相应价值的实物。价值的体现主要包括生态环境价值损失、居民直接财产损失与人身健

---

① 2013—2022年间，笔者曾多次奔赴天祝县调研草原补奖政策的实施情况，通过考察其政策实施效果发现，不仅草原生态系统得到了明显恢复，而且补偿资金均足额发放给了牧民，没有附加条件。由此可见，国家的草原补奖政策在甘肃省实施达到了预期目标。这说明从草原补奖政策的目的考量，甘肃省和天祝县的实施政策及监管机制是成功的。

康损失、自然资源自身价值损失以及环境与资源未来价值等。

草原补奖政策的主要目的是恢复草原生态,对牧民因保护草原生态造成的损失进行补偿。草原生态保护补偿的基本原则是"受益者补偿"。建立草原生态补偿的目的在于使投入资金更具针对性,对因保护草原而产生的建设成本和失去的发展权进行生态补偿,以调动牧民或其他开发者保护和建设草原的积极性与自觉性,实现草原的可持续发展。①

厘定草原生态保护补偿主体是解决"谁来补偿"的问题。根据前文的分析,为了清晰厘定天祝县草原补奖政策所涉及的资金及转移支付主体,有必要分析所有的资金来源、去向及支付主体。根据国家每轮关于草原补奖政策的实施意见和甘肃省及天祝县的具体情况,天祝县草原补奖政策实施中涉及的资金包含四类,实施的不同轮次补偿标准有所不同。

第一,草原补助奖励资金。该资金包括禁牧补助、草畜平衡奖励、牧草良种补贴、牦牛山羊良种补贴、牧民生产资料综合补贴。根据2022年《武威市第三轮草原生态保护补助奖励政策实施方案》,天祝县禁牧补助标准为23元/亩,草畜平衡奖励3.5元/亩。就转移支付的主体来看,草原补助奖励资金全部由国家安排,国家(财政部作为代表)将资金划拨给甘肃省,甘肃省以直接资金和项目补贴的形式发放。其中,禁牧补助、草畜平衡奖励、牧草良种补贴、牦牛山羊良种补贴以资金形式直接发放到户,牧民生产资料综合补贴以项目补贴形式发放。就天祝县的实践来看,资金的划拨依次通过各级财政部门最终发放给村民,天祝县为省直管县,资金的流经途径为:甘肃省财政厅—武威市财政局—天祝县财政局—乡财政所—户(牧民)。补奖资金通过"一卡通(折)"及时足额发放到户,卡折中明确政策项目名称为农牧民补奖资金,补奖资金的发放实行村级公示制。②

第二,后续产业培育资金。就天祝县的实践来看,对于后续产业培育资金,天祝县分别向国家和省申请补助,此外,县财政也补助了一部分。这部分资金有些以资金形式直接发放到户,有些以项目补贴形式发放。

第三,草原执法和服务体系建设经费。此部分资金由县财政解决。从用途可以看出,它并不发放给配合实施草原补奖政策的牧民。

第四,工作经费。此部分资金由县财政承担。从其用途来看,该资金并不发放给配合实施草原补奖政策的牧民。

---

① 杨尚钊、张宏胜:《西南地区草原生态补偿资金管理机制的思考》,载《高原农业》2022年第1期。
② 《天祝藏族自治县农业农村局关于分配下达2023年草原生态保护补助奖励政策的通知》,天祝藏族自治县人民政府网,2023年9月13日,http://www.gstianzhu.gov.cn/art/2023/9/13/art_6491_1153273.html,访问日期:2024年4月15日。

透过天祝县草原生态保护补助奖励政策及其实践能够发现,草原生态保护补偿的主体为各级政府及其相应的机构和组织。依据委托代理理论,中央政府、地方各级政府乃是国家的代表。中央财政部门作为国务院的组成部分,同样代表着国家,地方各级财政部门亦是如此。由此来看,中央政府、财政部、地方各级政府以及地方各级财政部门,本质上都是国家的代表。

由于中国当前的分税制体制,地方各级政府在执行中央政府政策的同时,也具有一定的自身利益。因此,每一级政府都有自己的财政权,不同层级的政府均可被视为相对独立的"法人"。此外,鉴于草原生态保护补助奖励政策涉及中央政府、甘肃省各级政府以及财政、畜牧、审计等不同的政府部门,为了充分区分不同主体间的权利义务关系,本书在分析中将财政部(代表国务院)、甘肃省财政厅(代表甘肃省)、天祝县财政局(代表天祝县)视为相对独立的补偿主体。

(二) 受偿主体

厘定草原生态保护补偿的受偿主体,乃是解决"谁接受补偿"问题的关键所在。依据受益者负担这一基本原则,天祝县、甘肃省、国家皆为受益主体。牧民作为以草原为主要乃至唯一经济来源的群体,为草原的生态建设与保护作出了牺牲和贡献。尽管牧民同样是草原生态系统服务的受益者,然而他们却缺乏筹措改善生态系统资金的能力。故而,牧民不应支付生态建设费用,否则会加重其负担,有失社会公平。[①] 严格来讲,不管是资金层层划拨到户,还是通过项目补贴形式进行间接补偿,接受补偿的主体均为牧民。因此,牧民无疑是受偿主体。

就受偿主体的性质而言,短期内,草原生态保护补偿的受偿主体既是生态贡献者,又是经济利益损失者。从理论上讲,这种损失主要存在两种形态:其一,休牧、禁牧导致的损失,即对沙化退化严重的草场进行休牧或彻底禁牧,致使牧民经济受损;其二,因草场退化而实行以草定畜,使得牧民饲养牲畜的数目减少。当前仅对第一种情况进行了补偿。[②] 然而,从长远来看,牧民仍是生态改善的受益者。在笔者前期的调研中,大多数牧民反映:若草原补奖政策不实施,草场环境将会持续恶化,天然草场面积减少以及草质恶化所带来的后果是牛羊牲畜数量减少,进而不得不购买草料,形成恶性循环。

[①] 洪冬星:《草原生态建设补偿机制——基于中国西部地区的研究》,经济管理出版社2012年版,第93页。
[②] 田艳丽:《建立草原生态补偿机制的探讨——以内蒙古锡林郭勒盟为例》,载《农业现代化研究》2010年第34期。

如前所述,天祝县有关草原补奖政策任务的资金还用于草原执法、服务体系建设及工作经费等方面。这部分经费实际上补给了参与草原补奖政策工作的有关机关及其工作人员。那么,这部分主体的法律地位该如何界定呢?本书认为,依据草原生态保护补偿的原则和目的,获得资金支持的参与草原补奖政策工作的有关机关及其工作人员不属于草原生态保护补偿的受偿主体。①

总之,国家和各级政府借助财政转移支付制度来达成生态保护补偿的目标。在草原生态保护补偿中,补偿主体是生态受益者即国家,国家有责任对草原生态保护者及利益受损方予以补偿,而受偿主体是牧民。据相关研究,草原补奖政策主要以补奖资金为传导,牧民家庭畜牧业劳动力数量、家里是否有村干部、草地总面积等因素对牧民草原畜牧业代际传递意愿有影响,草原补偿政策对这种影响存在正向调节作用。

(三) 政策执行主体

天祝县等草原补偿政策的执行主体主要包括组织及实施主体、监督管理主体以及评估主体。这些主体范畴是基于"补偿主体—受偿主体"这一核心主体关系产生的。从动态角度来看,同一生态保护补偿政策的执行主体,由于不同的职能定位和主体功能,会在不同语境下成为生态保护补偿的不同主体。②

草原生态保护补偿的补偿实施主体、监督管理主体、评估主体,可能相互分离,也可能合而为一。本书所强调的是职能主体的差异,即依据不同主体的角色定位,在行使相应主体功能时将其纳入不同的主体范畴。

1. 组织及实施主体

天祝县草原生态保护补偿的实施,涉及的主体一方是政府及有关组织(包括各级政府部门以及村委会),另一方是牧民(村民)。从甘肃省整体情况来看,草原生态保护补偿实施的三类主体分别是省、市、县三级政府(天祝县是省直管县,实际上是两级)、省以下各级财政部门(补偿主体)和各级草原监督管理部门。其中,各级草原监督管理部门是草原生态保护补偿法律关系中的重要主体,因为各级财政部门的资金划拨主要依据草原畜牧部门对草原资源、牲畜及牧民个人信息资料的统计及核算。草原畜牧部门是与牧民关

---

① 参与草原补奖政策工作并获得资金支持的有关机关及其工作人员,自身并没有直接的利益损害,他们只是扮演了生态建设者的角色。
② 潘佳:《区域生态补偿的主体及其权利义务关系——基于京津风沙源区的案例分析》,载《哈尔滨工业大学学报(社会科学版)》2014年第5期。

系最直接、最密切的部门。根据前期调研,甘肃省一级层面涉及草原补奖政策组织、管理和实施的机构包括农牧厅的草原处、甘肃草原技术推广总站、甘肃草原监督管理局、财政厅、发改委、国土资源厅、审计厅、监察厅等。天祝县主要实施主体与省属各部门相对应。

由此可见,草原生态保护补偿的协调管理主体是各级人民政府和发改委。各级政府主要负责草原补奖政策的综合决策与贯彻落实,发改委负责草原补奖政策相关项目的审核审批。实施主体包括各级草原畜牧部门、财政部门、国土资源部门、审计部门、监察部门等。

2. 监督管理主体

草原补奖政策的监督管理主体涵盖三个层面:其一,上级政府及其有关部门对下级落实草原补奖政策的情况进行监督管理;其二,审计部门对财政部门在补助资金发放方面的执行情况进行监督管理;其三,纪检监察部门对政府及其各部门工作人员的履职情况进行监督管理。

由此可见,草原生态保护补偿的监督管理主体包括上级政府、实施草原生态保护补偿的上级政府部门、审计部门以及纪检监察部门。

3. 评估主体

草原生态保护补偿的评估主体,理论上可能涉及生态学意义上对生态价值的评估主体、管理学角度对实施生态保护补偿工作效果评估的主体等。但从实践看,草原生态保护补偿的评估主体并不包括生态学意义上对生态价值的评估主体。天祝县草原补奖政策的评估仅涉及对公权力行为的绩效考评,甘肃省也是如此。也就是说,无论是甘肃省还是天祝县的草原补奖政策实施,都不涉及市场化的营利或非营利主体。草原补奖政策的贯彻落实,主要是政府内部的审核、监督和考察。

根据天祝县不同时期关于落实草原补奖政策的绩效考核办法,绩效考核的内容主要是:各乡镇落实草原生态保护补助奖励机制政策的组织领导、宣传教育等基础性工作、目标任务、资金投入和监督管理等事项,由县落实草原生态保护补助奖励机制政策领导小组办公室进行考核。此外,还有考核的内容和具体的量化指标,上述内容是绩效考评主体的权利义务规定。由此可见,天祝县草原生态保护补偿的考核主体是县政府,考核对象是乡(镇)政府。

总之,草原生态保护补偿的评估主体主要是政府,评估内容是上级政府对下级政府落实草原生态保护补偿政策的情况进行量化考核。

三、草原生态保护补偿有关主体的权利义务及其实现形式

草原生态保护补偿有关主体的权利义务关系涉及"补偿主体—受偿主

体"的一般(抽象)权利义务关系,以及政策执行主体的具体权利义务关系。从天祝县草原补奖政策实践来看,政府及其相关部门主要是履行职责,牧民自身的权利和义务较为明显。其中,作为补偿执行主体的政府,其职责对应作为受偿主体牧民的权利。其他有关主体(政府及其部门),主要表现为上下级之间的监督、管理关系以及不同部门之间的实施协作关系等。

(一) 补偿主体和受偿主体的一般权利义务

草原生态保护补偿主体是国家,其主要义务是按照国家及地方的政策文件要求,足额、定期、不附加条件地拨付补奖资金。草原生态保护补偿的受偿主体是牧民,牧民的权利主要是接受足额、定期、无附加条件的补奖资金以及基于草原补偿任务要求的其他权利,其主要义务是落实禁牧、草畜平衡、舍饲养殖等旨在恢复草原生态环境的任务要求。

(二) 执行主体的具体权(力)利义务

第一,组织及具体实施主体的职责。草原生态保护补偿的协调管理主体主要是各级人民政府。各级政府主要负责草原补奖政策的综合决策与贯彻落实,发改委负责草原补奖政策的审核审批工作。实施主体即各级草原畜牧部门、财政部门、国土资源部门、审计部门、监察部门等,这些不同主体的职责如下:

其一,农牧厅的草原处、甘肃草原技术推广总站、甘肃草原监督管理局。其中,草原处对总站和管理局进行业务指导,总站和管理局是农牧厅的下属单位,草原处是农牧厅的组成部门。总站是负责草原补奖政策实施的主要机构,管理局协助负责草原补奖政策的实施。其二,财政厅。财政厅负责草原补奖政策资金计划安排与拨付。其三,国家发展改革委员会。国家发展改革委员会负责草原补奖政策审核与审批。其四,自然资源部。自然资源部负责土地、草地类型划分的协调、界线划分、确权及配合纠纷的调处。其五,审计厅。审计厅负责草原补奖政策资金的审计。其六,监察厅。监察厅负责检查草原补奖政策工作人员是否履职等。天祝县主要实施主体的职责与省属各部门相对应。

第二,监督管理主体的职责。首先,上级政府及其有关部门对下级贯彻落实草原补奖政策进行监督管理。其次,审计部门对财政部门贯彻落实补助资金的发放进行监督管理。最后,纪检监察部门对政府及其各部门工作人员履职进行监督管理。

在资金监管方面,各主体的具体职责如下:首先,各乡(镇)人民政府是资金兑现工作的主体,具体负责补助奖励资金的兑现工作。财政局负责补助奖励资金的拨付,并会同畜牧兽医局制定资金分配方案,对资金的分配使用进行监督检查。畜牧兽医局具体负责补助奖励政策的组织实施和管理,组织开展草原生态监测和监督管理,并评估实施效果。发改局负责对各项补助奖励资金的兑现工作进行监督检查。审计局负责对资金的拨付和兑现情况进行审计监督。监察局负责兑现情况的监察工作,查处有关的违法违纪案件。其次,各项直补资金由县草原补奖政策领导小组统一管理,严格按照国家和甘肃省制定的有关惠农资金的政策执行,设立专户进行存储。审计部门对资金拨付和兑现情况进行专项审计和监督检查,强化资金监管力度,确保各项直补资金专款专用。畜牧兽医局和财政局设立草原补奖政策监督电话,受理政策咨询和举报事项。

第三,评估主体的职责。草原补奖政策的贯彻落实必须经过政府内部的审核、监督和考察。各乡镇政府负责落实草原补奖政策的组织领导、宣传教育等基础性工作,以及目标任务、资金投入和监督管理等事项。草原生态保护补助奖励机制政策领导小组办公室负责对县政府进行考核。此外,天祝县还明确了考核的内容和具体的量化指标。上述内容即为绩效考评主体的权利义务规定。

从甘肃省草原生态保护补偿实践来看,根据甘肃省不同时期的落实草原补奖政策绩效考核评价相关规定,绩效考核评价工作由省财政厅和省农牧厅统一组织、分级实施。省财政厅、省农牧厅负责对各市(州)进行绩效考核评价;市(州)财政和农牧部门负责组织本区域内各县(市、区)的绩效考核评价工作。该办法要求对实施草原补奖政策的全部市(州)、县(市、区)开展绩效考核评价工作。省财政厅和省农牧厅每年制定对上年度落实工作开展绩效考核评价的工作方案,各市(州)财政和农牧部门按照绩效考核评价的有关要求,组织开展本区域内工作,并依照绩效考核评价结果,填报基础考核评价指标信息及相关资料,形成书面评价报告,连同各县(市、区)的绩效考核评价资料一起于每年8月底前报省财政厅和省农牧厅。在此基础上,由省财政厅和省农牧厅对各市(州)组织开展绩效考核评价工作,对重点县(市、区)进行延伸考核评价。

(三) 补偿主体和受偿主体权利义务的实现形式

生态保护补偿权利义务的实现有两种形式:一是"补偿主体"导向型,即将补偿主体分为政府补偿和市场补偿两种类型;二是"补偿物质形态"导向型,将补偿方式分为货币补偿、实物补偿以及技术劳务等其他补偿方式。

在我国草原生态保护补偿领域,无论是甘肃省还是其他地区,目前均不存在市场补偿,仅是政府主导的政府补偿,即以国家或者上级政府为实施和补偿主体,以区域、下级政府或者牧民为补偿对象,以保护草原生态安全和区域协调发展为目标,以财政补贴、政策倾斜、项目实施、税收利率优惠、转移支付、人才技术投入等为手段的补偿方式。① 就甘肃省天祝县的实践来看,存在货币补偿、实物补偿和其他方式补偿等多种实现形式。其他地区还存在技术补偿和政策补偿等类型。② 本书认为,货币补偿、实物补偿的方式基本可以确定为草原生态保护补偿,然而其他补偿方式,究竟是否可以看作草原生态保护补偿的独立方式,在理论上还有争议,在实践中的认定也很复杂。

第一,货币补偿。就天祝县的实践来看,以草原补奖政策为代表的草原生态保护补偿政策采取货币补偿,即通过财政转移支付制度,最终将资金给付给牧民。其中,禁牧补助、草畜平衡奖励属于草原生态保护补偿的货币补偿,资金的给付没有附加条件和义务,不存在返还等问题;而牧草良种补贴、牦牛山羊良种补贴明显不具备生态保护补偿的属性。

第二,实物补偿。天祝县在草原补奖方面存在农业生产资料综合补贴政策,实践中通常发放的化肥、收割补贴(牧户有收割机的话,每户给一定资金的补贴,没有的就不给)属于草原生态保护补偿的实物补偿。此外,常见的还有一些生活必需品的补贴,比如米、面、食用油等物品的发放,但生活必需品的补贴、假日的福利性发放、低保补贴、对少数民族的优待以及五保户补贴等明显不具备生态保护补偿的属性。

第三,其他权利义务的实现形式。其他补偿方式主要是治理补偿和技能培训。比如,在实施草原补奖政策之前及过程中,村委会、县畜牧兽医和草原管理等部门组织工作人员宣传草原补奖政策,对草场的维护、人工草地的种植以及牲畜的养殖防疫及暖棚建设情况进行讲解、技术指导。这些治理补偿和技能培训有助于提高牧民的生态保护意识和能力,促进草原生态的保护和恢复,属于草原生态保护补偿的重要组成部分。

四、对草原补偿有关主体及其权义关系的归纳

如前所述,主体的功能定位并非固定,本书中所谓的主体是指职能主体。根据前文分析,总结出三类主体关系范畴。在三对不同的主体范畴中,可以

---

① 巩芳、常青:《我国政府主导型草原生态补偿机制的构建与应用研究》,经济科学出版社2012年版,第81页。
② 薛强、樊宏霞:《新疆草原生态补偿机制的问题及对策研究》,载《新疆农垦经济》2011年第12期。

清晰看出每一对关系中涉及的职能主体及其权利(力)义务(职责)对应关系。

首先,草原生态保护补偿主体与受偿主体这一主体关系,是抽象的一般主体关系。在这一主体关系中,补偿主体的职责主要对应受偿主体的权利。其中,补偿主体是国家,其主要义务是按照国家和地方的政策文件要求,足额、定期、不附加条件地拨付补奖资金。草原生态的受偿主体是牧民,牧民的权利主要是接受足额、定期、无附加条件的补奖资金以及基于草原补偿任务工程要求的其他权利。牧民的义务主要是落实禁牧、草畜平衡、舍饲养殖等旨在恢复草原生态环境的任务要求。

其次,草原畜牧部门和牧民这一直接发生权利义务关系的主体,是重要的具体法律关系主体。在这一主体法律关系中,牧民的义务较为明显,直接对应草原畜牧部门的权力。草原畜牧部门的主要职责是核定草原补奖的数据、资料,负责草原补奖政策的实施。牧民的义务主要是落实草畜平衡责任书和禁牧、舍饲养殖的要求,配合草原畜牧部门实施有关的草原补奖工作。

最后,在协调管理主体、监管主体和评估主体参与草原补奖政策的过程中,形成相应的法律关系。具体而言,主要有三种类型:一是组织和具体实施主体与被组织和配合实施主体的法律关系。各级政府和发改委与被组织和申请审批的部门是一对法律关系。各级政府主要负责草原补奖政策的综合决策贯彻落实,发改委负责草原补奖政策的审核审批。作为具体的实施法律关系,实施主体与配合实施的组织(个人),如草原畜牧部门、国土部门、卫生防疫部门直接与牧民发生权利义务关系,其权力是履行与补奖政策实施有关的部门职责,其他部门如财政、审计、监察等,不直接与牧民发生联系,其权力是履行补奖政策实施有关的部门职责。牧民主要有配合工作的义务。二是监督管理主体和被监督管理主体形成的法律关系。该法律关系又涉及三个层面的关系。首先,上级政府及其有关部门对下级政府及其有关部门贯彻落实草原补奖政策进行监督管理;其次,审计部门对财政部门贯彻落实补奖资金发放的监督管理;最后,纪检监察部门对政府及其各部门的工作人员是否履职的监督管理。三是评估主体和被评估主体形成的绩效考评法律关系。如前所述,上级政府对下级政府进行考评。评估内容是上级政府对下级政府落实草原生态保护补偿政策的情况进行量化考核。

结合对生态保护补偿应然私法属性的理解,重点领域生态保护中的政府民事权利包括:第一,作为自然资源所有者的代表,并基于民事受益者的地位,将自然资源开发利用权利,依法授予村民、牧民等组织;第二,按照国家及地方的政策文件要求,与相对人约定生态保护补偿有关权利义务的内容、形式;第三,行使自然资源所有者的基本权能;第四,权利受到侵害时取得民事救济的权利等。政府的民事义务主要包括:其一,根据生态保护者资源开发利用有关的财产权受限程度及约定,足额、定期、无附加条件地给付补偿资金或者其他形式的补偿;其二,向生态保护者主动宣传、讲授生态补偿协议及资源类专门法、各类生态补偿政策文件等,使保护者了解补偿有关的各项要求、政策,包括对政府实施各类行政行为的监督途径、渠道等;其三,作为补偿义务主体,当受偿权利主体的受偿权利等受到侵犯时,应主动予以弥补或者救济;其四,履行其他有关约定或者法定民事义务。

五、重点领域"补偿主体—受偿主体"及其权义构造

国家和地方政府会对草原资源使用受限的个人和组织给予补偿,其中草原生态保护补偿作为重点领域补偿的代表。

在重点领域补偿中,受偿权利主体和补偿义务主体属于核心主体范畴。受偿权利主体主要包括生态保护者、生态建设投入者,补偿义务主体则为生态环境受益者。由此,"生态保护者、生态建设投入者"与"生态环境受益者"所建构的法律关系,形成了对应的权利义务关系。在中国,补偿义务主体和受偿权利主体主要包括各级政府及其组织实施部门、机构,或者授权委托的组织,为保护生态建设投入资金等各种支持的组织或者个人,以及因保护环境生态利益、环境资源使用权受限的组织或者个人。

受偿主体的权利主要是有权获得包括财政资金补偿、实物补偿、技术补偿、政策补偿等在内的各种补偿。主要义务是通过与政府达成协议的方式,实施与改善生态环境有关的环境保护措施以及遵守禁止性或者约束性措施,配合生态保护补偿政策工程的实施等。补偿义务主体为生态环境受益者。其中,环境受益者主要有某一区域内享受良好生态环境的组织、个人或者代表(如当地政府甚至国家),其主要义务为组织实施生态保护补偿建设工程,投入生态保护补偿项目所需的资金、技术、实物、政策等。

此外,在重点领域补偿法律关系中,具体的实施执行主体有组织协调主体、实施主体、配合主体、监管主体以及评估主体。组织实施主体、监督管理主体、评估主体以及其他主体在参与生态保护补偿活动中形成了相应的权利义务关系。

六、结　语

作为重点领域补偿典型代表的草原补奖政策,是保护草原生态环境、保

障牧民生产生活、建设生态文明的重要举措。草原补奖政策在恢复牧区草原生态方面效果显著。① 区分补偿的主客体,弄清楚谁应该向谁补偿,是生态保护补偿得以存在和开展的首要前提。② 生态保护补偿的主体制度是生态保护补偿实践中首先需要解决的问题。③ 在以草原补奖为代表的草原生态保护补偿法律关系中,补偿主体和受偿主体是核心主体范畴,其权利义务关系为一般性法律关系。在草原生态保护补偿政策实施的过程中,不同的主体在执行草原生态保护补偿政策中形成相应的具体的权利义务关系。这些政策执行主体主要有组织管理主体、主要实施主体、监管主体和评估主体。其中,作为国家利益代表的政府及其资源主管部门,在政策实施执行中,在直接与牧民发生权义关系中,往往发挥着重要作用。

第二节 区域补偿主体及其权义构造:京津风沙源区实践

区域生态保护补偿主要包括不同政府之间开展的横向补偿、重点生态功能区补偿、自然保护地补偿三种类型。④ 流域补偿属于较早开展的不同政府之间的横向补偿,目前多单独进行研究。重点生态功能区补偿与自然保护地补偿,从财政转移支付来源和去向看,大体遵从纵向补偿的方式,即依托中央对地方的财政转移支付和上级对下级的纵向转移支付来实施。不同之处在于,领域类型的纵向补偿,财政资金层层直接转移到自然资源使用者个体,是受益地与保护者个体间的行为;而区域补偿的资金是由一个区域代表将补偿资金直接转移给另一个区域代表,是受益地区和保护地区间的区域行为。纵向区域补偿实践的性质基本相同,均通过中央政府、上级政府以财政转移支付等资金形式,对生态保护中环境资源使用权受限的个体、组织、区域等生态保护主体给予补偿。就补偿的性质来看,与重点领域生态保护补偿具有一致性。由此,本节将关注流域补偿以外的政府之间开展的横向补偿实践,以彰显理论和现实价值。

---

① 王天雁、马晓青:《生态保护与牧民生计:牧区草原生态保护补助奖励政策实施状况调查》,载《青海民族大学学报(社会科学版)》2022年第2期。
② 李笑春、曹叶军、刘天明:《草原生态补偿机制核心问题探析——以内蒙古锡林郭勒盟草原生态补偿为例》,载《中国草地学报》2011年第6期。
③ 王清军:《生态补偿主体的法律建构》,载《中国人口·资源与环境》2009年第1期。
④ 自然保护地往往设置在重要生态功能区域内。在全国主体功能区域实践期间,自然保护区被置于禁止开发区的范畴内。自然保护地既可以表现为单一自然要素的保护地,比如湿地自然保护区、森林自然保护区、水源地自然保护区;也可以是包含多种自然环境要素的综合类自然保护地,比如青海三江源国家公园、甘肃祁连山国家级自然保护区等。这些综合类的自然保护地涵盖了平原、森林、湿地、水域、野生动物等多种资源类型。

一、研究背景

区域经济与区域生态关系的协调一直是社会各界的核心议题。随着京津冀协同发展上升为国家战略,理论界和实务界对京津冀协同发展的路径选择、顶层设计等一直给予高度关注。京津冀发展的内涵之一,就是要从科学发展、可持续发展的角度关注"人地关系",实现"人与自然的协调"和"区域与区域的协调"。建立和完善区域生态补偿机制的关键最终落实在制度层面,这与法学视域下区域生态补偿的研究重点相契合。

法学界对横向区域生态保护补偿的研究起步较晚,从法律和政策层面厘清主体及其权义构造,对于弥补当前区域生态补偿的理论匮乏、分析实践中的难点和障碍,十分必要。鉴于主体的界定是构建生态保护补偿法律关系的前提[1],本书拟结合京津风沙源区域生态保护补偿实践,尝试分析区域生态保护补偿的主体及其权利义务关系,以期勾勒出横向区域补偿的法律关系主体及其权义关系框架。

二、分析框架

(一)案例概述

京津风沙源治理工程是党中央、国务院为改善京津及周边地区生态环境状况和减轻风沙危害而实施的重大生态建设工程。我国自21世纪开始实施京津风沙源治理工程。2000年至2012年,京津风沙源治理一期工程建设实际完成造林营林708万亩。2013年启动二期工程。截至2022年,工程已累计完成造林营林921.9万亩,北京山区森林覆盖率达到58.8%,比2000年增加19个百分点,北京的沙尘天气显著减少。[2] 该工程涉及北京、天津、河北、山西四省(市)及内蒙古自治区。在工程实施中,乌兰察布市和张家口市等地区开展了一系列的工程举措,内容包括荒山荒沙造林、退耕还林、营造农田(草场)林网、草地治理等,为生态环境恢复和保护作出了巨大的贡献。同时,乌兰察布市和张家口市等地都属于经济相对欠发达地区。它们是国家重点生态功能区和限制开发区,同时又位于京津周边,担负着艰巨的生态保护重任,其生态环境和社会经济发展与京津地区有着密切的关系,因而工程的

---

[1] 张建、夏凤英:《论生态补偿法律关系的主体:理论与实证》,载《青海社会科学》2012年第4期。

[2] 《绿色屏障护京畿 京津风沙源治理工程累计造林营林921.9万亩》,百度网,2022年6月17日,https://baijiahao.baidu.com/s?id=1735851808556378490&wfr=spider&for=pc,访问日期:2024年8月2日。

实施纳入了区域生态保护补偿的框架。在该工程实际所反映的区域补偿实践中,北京是京津风沙源区治理的明显受益者,虽然其没有直接宣传实施区域生态保护补偿,但是分别从扶贫和合作共建的角度对乌兰察布市和张家口市等地区给予了极大的帮助,如京蒙对口帮扶、京张合作共建。北京市对张家口市赤城县还实施了"退稻还旱"补贴。① 无论是单独的治理举措如退耕还林草、禁牧、生态移民、沙化土地补偿等,还是整体的多元参与地区治理框架,都具有明显的生态保护补偿性质。因为京津风沙源治理工程更大的意义是区域协同发力下的生态保护实践,所以从宏观视角展开区域生态保护补偿分析更为实际。

(二) 分析思路

区域生态保护补偿的主体为区域利益和区域行为的承担者,由于政府往往成为区域利益的代表,因此,区域生态保护补偿的利益边界往往与行政边界相吻合。即使区域利益的边界与行政边界不完全重合,政府作为行政区域的代表,仍主要通过财政转移支付实现区域生态保护补偿的目的。

京津风沙源区的区域生态保护补偿,并非理论层面单一的横向或者纵向财政转移支付关系,而是融合各种类型生态保护补偿的项目工程组的整体区域补偿。京津风沙源区的区域生态保护补偿缺乏明确的利益统筹机制,不仅受益者的范围难以明确,补偿的方式、主体也很复杂,厘清背后的权义结构并不容易。由此,对于区域生态保护补偿的研究,重要的是揭示补偿目的、主要的利益相关者有哪些、涉及的利益相关主体权利义务关系和实现形式是什么。尽管如此,京津风沙源区的区域补偿实践牵涉的补偿类型多样化、利益关系主体复杂化、补偿方式多元化和"反常规化"等问题,反而更有价值。

三、京津风沙源区实践的补偿主体和受偿主体

(一) 区域生态保护补偿的法律关系主体

区域生态保护补偿法律关系主体是指在区域生态保护补偿法律关系中权利的享有者和义务的承担者。区域生态保护补偿的补偿主体是指依照生态保护补偿规范性文件要求或合同约定,应当向特定区域提供生态保护补偿资金、物质、其他援助等支持的区域代表;区域生态保护补偿的受偿主体,是指因向受益地区提供良好生态产品、从事生态建设而限制自然资源开发利

---

① 《京蒙协作:今年以来70%的项目资金投向产业协作》,新华网,2021年11月16日,http://www.news.cn/local/2021-11/16/c_1128070215.htm,访问日期:2024年4月15日。

用,依照法律规定或者合同约定,应当获得补偿的区域代表。关于区域生态保护补偿的主体,不同分类模式决定了不同的补偿主体类型。

根据性质不同,区域生态保护补偿的主体可分为主法律关系主体和从法律关系主体。基于生态保护补偿的经济利益调整定位,资金等支持的给予者和接受者在参与生态保护补偿社会关系中所形成的法律关系为主法律关系,其参与主体为主法律关系主体,即"补偿主体"和"受偿主体"。为配合实施主法律关系所形成的法律关系为从法律关系,从法律关系主体主要有组织协调主体、配合实施主体、监管主体和评估主体。

(二) 京津风沙源区实践中的补偿主体和受偿主体

实施区域生态保护补偿的核心目标就是要平衡不同区域之间生态、环境和经济利益,因此各级政府成为当然的主体。生态保护补偿政策是政府的主要行为依据。区域之间的生态保护补偿,更多的是上级政府参与的生态保护补偿。[1]

在京津风沙源区生态保护补偿的实践中,区域生态保护补偿的补偿主体和受偿主体,并不严格遵守生态保护补偿的基本原则,甚至是"悖行"。确定提供和接受补偿的主体,是实施区域生态保护补偿的关键。然而,确定区域生态保护补偿权利义务主体,是我国区域生态保护补偿面临的难题。

2000—2019 年,张家口市完成京津风沙源治理、退耕还林等国家重点工程建设 2202.43 万亩、京冀生态水源保护林工程 40.5 万亩,自主实施国家储备林基地建设工程 237 万亩,共建成万亩以下工程片区 128 处、1 万—10 万亩工程片区 29 处、10 万亩以上新旧对接集中连片工程片区 4 处,形成百万亩塞北林场沿坝工程区 1 处。[2] 截至 2020 年,天津蓟州区已累计完成封山育林 37 万亩、飞播造林 13 万亩、人工造林 13 万亩、退耕还林 14 万亩。[3] 2000—2012 年,国家在京津风沙源治理上为乌兰察布市累计下达任务 1615 万亩,但实际完成了 1654 万亩,累计投资 12.5 亿元。乌兰察布市实施了退耕还林工程、天然林工程、禁牧、轮牧等。[4] 2012 年之后,内蒙古自治区开始实施京津风沙源治理二期工程。2016—2020 年"十三五"期间,完成国家重

---

[1] 王金南、万军、张惠远:《关于我国生态补偿机制与政策的几点认识》,载《环境保护》2006 年第 19 期。
[2] 《京津风沙源治理工程实施 20 年成效显著》,人民网,2020 年 9 月 25 日,http://env.people.com.cn/n1/2020/0925/c1010-31874879.html,访问日期:2024 年 4 月 15 日。
[3] 王敏:《天津蓟州区:重封育严管护,治沙富农并行》,搜狐网,2020 年 9 月 30 日,https://www.sohu.com/a/421832955_100011043,访问日期:2024 年 8 月 2 日。
[4] 李爱平:《内蒙古乌兰察布市"力治"京津风沙源》,中国新闻网,2013 年 5 月 7 日,https://www.chinanews.com.cn/sh/2013/05-07/4794502.shtml,访问日期:2024 年 8 月 2 日。

点林业生态工程150.25万亩,占自治区计划任务的100.2%,其中完成京津风沙源治理112.37万亩,完成京津风沙源治理(草原部分)围栏封育19.3万亩。根据"十四五"规划要求,乌兰察布市继续实施京津风沙源治理任务目标。

乌兰察布市、张家口市和天津市蓟州区得到的生态保护补偿主要以国家项目形式的政府财政转移纵向支付为主,补偿主体主要是国家。北京市政府作为主要受益者,也应当对生态建设地区和发展利益受损地区给予补偿,且这种补偿应目的明确、性质鲜明,围绕"生态保护补偿"进行,但在实践层面北京以另外的形式给予了补偿。具体而言,体现为国家补偿的中央财政支付涉及的用途有:退耕还林、禁牧舍饲、易地移民、对生态保护区域下拨的各类环境保护资金、生态效益林补助基金和草原生态保护补助奖励机制政策等财政补助。作为京津风沙源区治理的明显受益者,北京虽不是以生态保护补偿为理由进行补偿,但分别从扶贫和合作共建的角度对乌兰察布市和张家口市给予了极大帮助,如京蒙对口帮扶、京张合作共建。天津市蓟州区的生态保护补偿实施未获得北京市的直接生态保护补偿支持,但是,其一直通过京津冀协同发展从北京引入大量项目、基础设施建设和投资。综上所述,北京市不是基于主观上的受益者补偿认知,对内蒙古自治区、张家口市、天津市蓟州区等地直接实施生态保护补偿,而是间接地实践了广义上具有生态保护补偿效果的一系列区域发展合作。北京市和上述地区开展的有助于生态保护地发展的合作,先后被置于扶贫、对口支援、京津冀一体化、京津冀协同发展等不同阶段的区域政策或国家战略框架下实施,一定程度上具有生态扶贫色彩和区域经济发展援助色彩。不仅项目实施和经济补偿不具有对应性,生态保护补偿项目实施和经济援助也存在时间间隔,多是生态保护补偿活动先予开展,经济援助随后跟进。

进一步讲,这种补偿关系时空的移位,反映了区域生态保护补偿利益相关者责任界限不明确的问题。内蒙古自治区从旗县到市区领导之所以认为向北京等受益区申请补偿不太可能,原因之一在于风沙源受益者不仅包括北京、天津,还包括工程区自身和河北省等东部省份,难以明确界定利益相关者的责任界限。倘若想更深层次地理解这一问题,尚需解决两方面的议题:第一,区域产权问题,区域产权规定了区域的公共财政收入仅来源于本区域,因此,区域财政提供的公共物品严格限定在本区域内;第二,生态服务具有全国公共物品属性,需要找到一个公共财政理论来支持一个区域为其他地区的生态服务提供财政转移支付。[①] 从生态系统服务的现实效果看,天津市蓟州区

---

① 参见秦玉才、汪劲主编:《中国生态补偿立法:路在前方》,北京大学出版社2013年版,第227—235页。

作为生态系统服务提供方,为天津市的风沙治理作出了重要贡献,天津市也应当作为生态受益者。

总之,京津风沙源区的区域生态保护补偿的实然补偿主体为国家,受偿主体为乌兰察布市、张家口市、天津市蓟州区等生态保护区域。鉴于该区域生态保护补偿实际上是不同类型生态保护补偿项目的综合,而每一个生态保护补偿项目工程的最终受益者主要为居民个人,因此,该区域生态保护补偿的间接主体为居民、村户、企业等个体。此外,鉴于北京、天津等地作为主要的生态受益者,北京市政府和天津市政府等作为生态受益地的代表,理应成为区域生态保护补偿的补偿主体。

(三) 京津风沙源区补偿的执行主体

京津风沙源区的区域生态保护补偿是实现生态保护补偿客观效果且包含一系列具有生态保护补偿性质项目和经济合作支持的"集合"。由此,每一个项目工程均涉及一类组织实施主体、监督管理主体以及履职考评主体。

除了财政部门之外,区域生态保护补偿各项目工程中的执行主体有:统一领导和综合协调主体(各级政府和发改委)、资源主管部门、分管部门。

除工程项目中主要的公权力主体之外,还存在企业、个人和社会组织等共同参与进行区域生态保护补偿的案例。比如:内蒙古自治区锡林郭勒盟多伦县是离京津地区最近的风沙源,近年来,在国家京津风沙源治理工程和退耕还林等政策的推动下,该地区的生态和环境得到了极大改善。为了表示答谢,由天津市总工会、市妇联等联合主办,西班牙米盖尔皮草服饰(天津)有限公司协办"米盖尔情"集体婚礼,倡导新人在结婚时捐款10元用于在多伦种树,由此建造了500亩"天津情侣林"。这片情侣林对多伦县的生态建设、旅游观光等方面起到了积极的促进作用。[①]

京津风沙源区域补偿中,不存在生态价值评估主体,这也是当前区域生态保护补偿的主要问题。由于生态服务具有"俱乐部物品"性质或"全国性区域生态物品性质",现有的公共财政理论不支持一个区域为其他区域提供转移支付。即使区域愿意承担转移支付的责任,如果问题涉及支付标准,就会遇到生态服务的价值评估问题,而这个问题目前还没有一个被大家所接受

---

① 参见秦玉才、汪劲主编:《中国生态补偿立法:路在前方》,北京大学出版社2013年版,第230—231页。

的解决方案①,这是造成评估主体缺位的重要因素。

综上所述,京津风沙源区的区域生态保护补偿的执行主体包括每一个项目工程下的组织实施主体、监督管理主体以及履职考评主体。具体有:财政部门、统一领导和综合协调主体(各级政府和发改委)、资源主管部门、分管部门等。此外,还存在企业、个人等各类社会组织。

四、京津风沙源区相关主体的权义构造

(一)补偿主体和受偿主体的权义结构

京津风沙源区的区域生态保护补偿的实然补偿主体为国家,应然补偿主体包括北京、天津等生态受益者。直接受偿主体是为生态环境保护作出牺牲的乌兰察布市、张家口市、天津市蓟州区等地,乌兰察布市市政府、张家口市市政府、天津市蓟州区区政府等作为区域代表接受生态保护补偿。

京津风沙源区生态保护补偿是宏观时空维度下多样化生态保护补偿项目和经济援助的综合体现。虽然每一个生态保护补偿项目工程的潜在受益者主要为个体,但是该区域补偿受偿主体间接地表现为个人、企业等。

中央政府通过履行职责实现对内蒙古自治区、张家口市、天津市蓟州区等地的补偿。具体而言,其职责为:通过财政转移支付手段,实施包括退耕还林、禁牧舍饲、易地移民、生态效益林补助基金和草原生态保护补助奖励机制政策等一系列具有区域生态保护补偿性质的项目工程。北京、天津等地通过经济援助、市场活动等形式实现对内蒙古自治区、张家口市、天津市蓟州区等地的经济支持,其主要义务是履行相关协议或者合同规定义务。

乌兰察布市、张家口市、天津市蓟州区等地作为受偿主体,其义务主要是配合实施国家的一系列具有生态补偿性质的政策工程,如退耕还林、禁牧舍饲、易地移民等,并保证涉及居民个人的补助足额、及时入账,履行与北京、天津等地签订的发展协议或者合同;其权利主要是接受上述各项目中的补助款项,享受协议、合同权益。

(二)执行主体的权义结构

一是组织及具体实施主体的职责。如前所述,除了财政部门之外,区域生态保护补偿性质的各项目工程中的公权力主体有:统一领导和综合协调主体(各级政府和发改委)、资源主管部门、分管部门。上述主体的职责主要

---

① 李宁、丁四保、赵伟:《关于我国区域生态补偿财政政策局限性的探讨》,载《中国人口·资源与环境》2010年第6期。

是:各级政府或者政府成立的项目领导小组负责项目工程的总体领导和管理,发改委负责项目审批,资源主管部门负责本领域各项目工程的主要实施,分管部门负责不同领域项目工程的配合实施。

二是监督管理主体的职责。首先,上级政府及其有关部门对下级贯彻项目工程的情况进行监督管理;其次,审计部门对财政部门贯彻落实项目有关资金的发放进行监督管理;最后,纪检监察部门对政府及其各部门工作人员玩忽职守行为进行监督管理。

三是评估主体的职责。评估存在于区域生态保护补偿有关的各政策工程中。政策的贯彻落实主要通过政府内部的审核、监督和考察。评估主体主要为各级政府,其职责为对下级履行项目工程的情况进行监督考评。

四是非政府主体的权利义务。生态保护补偿潜在受益个体的义务是配合实施项目工程,权利是接受包括资金在内的各种形式的补助。多伦植树捐助的新人,作为生态建设者,系生态保护补偿的主体,多伦县接受补偿,是受偿主体。捐款主体间接享受了生态服务,享受了"奉献公益"的精神价值,是权利的一种形式。受偿主体接受捐款是权利的享有,为周边提供良好的生态服务,实现捐助者的"精神夙愿"是义务的履行。

(三) 补偿和受偿主体的权义实现形式

财政转移支付是生态保护补偿机制的重要组成部分,这一机制通过改变地区间的既得利益格局,实现地区间发展的均衡。① 生态保护补偿依托财政转移支付来协调地区关系。

在京津风沙源区的区域生态保护补偿中,补偿主体和受偿主体权利义务的实现主要依靠政府间的财政转移支付,包括以国家项目形式为主的政府财政转移支付以及地方配套资金,从而对乌兰察布市和张家口市进行补偿。

京津风沙源区域补偿历史上存在过"退稻还草补贴"形式,即依托群众自筹资金以及具有横向财政转移支付性质的方式,由内蒙古自治区锡林郭勒盟多伦县企业、个人和社会组织等共同参与实施。张家口市赤城县为保证对北京的供水量和配合京津风沙源治理,2006 年曾启动"退稻还旱"工作,北京市每年按照平均 550 元/亩的标准,对赤城县退耕农民给予资金补贴,几年间还旱面积达 3.2 万亩,每年可多为北京输水 2000 多万立方米,实现了长效补偿。②

上述各种方式中的资金涉及的项目类型繁多,包括退耕还林、禁牧舍饲、

---

① 张守文:《财税法学(第二版)》,中国人民大学出版社 2010 年版,第 20 页。
② 秦玉才、汪劲主编:《中国生态补偿立法:路在前方》,北京大学出版社 2013 年版,第 232 页。

易地移民、生态功能区转移支付、京津风沙源治理资金、退耕还林补助、生态效益林补助、草原补奖政策等。

总之,京津风沙源区的区域生态保护补偿中,补偿主体和受偿主体权利义务的实现主要通过上下级政府之间的财政转移支付方式和经济合作等方式,还存在群众自筹资金以及横向财政转移支付形式。

五、对法律关系主体及其权利义务对应关系的进一步归纳

某一主体的功能定位并非固定不变,当主体参与不同的法律关系时,会被纳入不同的法律关系主体调整范畴,进而成为不同的权利(力)与义务(职责)的承担者。依据前面的分析,可总结出如下几对主体关系范畴。

首先,区域生态保护补偿主体和受偿主体是最为重要的法律关系主体。在这一法律关系中,补偿主体的职责主要对应受偿主体的权利。京津风沙源区的区域生态保护补偿的应然补偿主体为国家、北京和天津等生态受益地区,直接受偿主体是乌兰察布市、张家口市、天津市蓟州区等为生态环境保护作出牺牲的生态保护地区,中央政府是国家作为补偿主体的代表,地方政府是各地区作为受偿或补偿主体的代表。

中央政府主要通过履行职责,以财政转移支付的手段实现对区域生态保护地区的经济补偿,实施包括退耕还林、禁牧舍饲、易地移民等具有生态保护补偿性质的项目工程。北京、天津等地通过经济援助、基础设施建设合作、市场活动等形式实现对生态保护地的经济支持。

乌兰察布市、张家口市、天津市蓟州区等地作为受偿主体,其义务主要是配合实施国家一系列具有生态保护补偿性质的政策工程和发达地区的经济合作协议,并保证涉及潜在受偿个体的补助足额、及时入账;其权利主要是接受上述各项目中的补助款项,并享有合同、协议中的相关权利。居民个人作为间接受偿主体,其义务主要是配合实施项目工程,权利是接受包括资金在内的各种形式的补助。

其次,资源主管部门和居民等个体的关系是另一对重要的法律关系。在这一对法律关系中,居民的义务较为明显,直接对应各资源主管部门的权力。资源主管部门的职责是核定资源补偿有关的数据、资料,负责补偿政策的实施。个体义务主要有:落实项目工程的要求、责任约定等,配合主管部门实施有关区域生态保护补偿的各项目工程。具体而言,资源主管部门中,林业、农牧、国土资源、粮食、水利等部门负责各自领域的生态保护补偿工作的实施。

最后,协调管理主体、监管主体及评估主体形成的法律关系,主要存在如下具体的类型:

第一,组织和被组织主体、实施主体及配合实施主体形成的法律关系。各级政府和发改委及被组织的部门和申请审批的部门形成的法律关系。各级政府主要负责各区域补偿项目工程的综合决策与贯彻落实,发改委负责项目工程的审核审批工作。作为具体的实施法律关系,包括实施主体与配合实施的组织(个人)。其中,发改委负责综合协调和项目审批,各级政府或者某些领域的领导小组负责该领域生态保护补偿工作的组织领导;林业、农牧、国土资源、粮食、水利等负责各自领域的生态保护补偿工作的实施;财政部门负责生态保护补偿资金的拨付;与生态保护补偿工作有关的其他部门依照规定和职责分工,配合主管部门开展生态保护补偿的有关工作;此外,公安、监察部门负责政府工作人员违法违纪的查处;审计厅负责财政资金的审计监管;统计部门负责自然资源有关的数据统计。上述组织和实施主体针对的相对人以及居民主要是配合履行相关工作的义务。

第二,监督管理主体和被监督管理主体形成的法律关系。该法律关系涉及三个层面:一是上级政府及其有关部门对下级政府贯彻落实区域生态保护补偿相关项目工程的监督管理关系;二是审计部门对财政部门在项目补助资金发放方面的监督管理关系;三是纪检监察部门对政府及其各部门工作人员玩忽职守行为的监督管理关系。

第三,评估主体和被评估主体形成的绩效考评法律关系。对区域生态保护补偿的各类项目工程分别进行考核,上级政府对下级政府履行生态保护补偿项目工程的情况实施考评,从而形成相应的法律关系。在这个法律关系中,评估主体为上级政府,被评估主体为下级政府。评估主体的权力对应被评估主体的义务。评估主体有权对下级政府履行职责情况进行量化考核监督,被评估主体有义务接受考评监督。

第四,非政府主导的补偿实践中个人、组织和受偿区域形成的法律关系。在"新人植树"案例中,为多伦植树捐助的新人作为生态建设者,是生态保护补偿的主体,多伦县接受补偿,是受偿主体。捐款主体间接享受了生态服务,获得了"奉献公益"的精神价值,这是一种权利享受形式。

六、结　语

面对区域发展的重大议题,区域生态保护补偿致力于应对人地关系中的区域关系。区域关系从根本上说是区域各利益主体从个体理性的角度博弈的结果。① 关注区域主体,并通过区域政策手段解决这些问题,是生态保护

---

① 仲俊涛、米文宝:《基于生态系统服务价值的宁夏区域生态补偿研究》,载《干旱区资源与环境》2013年第10期。

补偿体系中的重要部分。

京津风沙源区的区域生态保护补偿,是各种类型的生态保护补偿项目工程和一系列时空移位的具有补偿性质的经济合作的整合,根本目的是让内蒙古自治区、张家口市、天津市蓟州区等地为京津提供良好的生态环境。就补偿主体和受偿主体而言,京津风沙源区的区域生态保护补偿的应然补偿主体为国家、北京和天津等生态受益地区,直接受偿主体是为生态环境保护做出牺牲的乌兰察布市、张家口市、天津市蓟州区等生态保护地区,中央政府和地方政府是区域受偿、补偿主体的代表。遗憾的是,现实中北京和天津等生态受益地区并未充分尊重受益者补偿原则直接支付经济补偿的要求。

就其他有关主体,京津风沙源区的区域生态保护补偿的每一个项目工程均涉及单独的组织实施主体、监督管理主体以及考评主体。除财政部门之外,区域生态保护补偿各项目工程中的公权力主体有:统一领导和综合协调主体(各级政府和发改委)、资源主管部门、分管部门。此外,还存在企业、个人等各类社会组织。各类主体在实施具体的项目工程中,履行相应的角色义务(职责),享有相应的角色权利(权力)。在主体权利义务的实现方式方面,京津风沙源区的区域生态保护补偿,主要是通过上下级政府之间的财政转移支付来实现,此外,还存在群众自筹资金以及横向财政转移支付形式。补偿主体和受偿主体、组织与被组织主体、实施主体及配合实施主体、监督管理主体和被监督管理主体、评估主体和被评估主体之间,以及非政府主导的个人、组织和受偿区域之间,均形成了相应的法律关系。

根据前文的介绍,区域生态保护补偿包括不同政府之间开展的横向补偿、重点生态功能区补偿、自然保护区等自然保护地补偿三种类型。重点生态功能区在补偿方式和权义结构上,仍有自身的特殊性。重点生态功能区转移支付,仅仅是中央对地方生态保护补偿的投入来源之一,与草原、退耕还林等重点领域补偿中的专项资金不同,重点生态功能区均衡性转移支付不是专款专用,而是中央将一揽子资金无偿拨付给地方使用,一揽子资金的用途并不具体,只要用于重点生态功能区便可,而且,具体使用方式由地方政府自己决定。就我国实际情况看,中央政府和上级政府的重点生态功能区均衡性转移支付与自然保护区投入,要么投入到国有资源,要么投入到集体资源,遵循了"双轨制"下的财产权运作模式。

当重点生态功能区均衡性转移支付与自然保护区投入用于国家所有自然资源补偿时,为了使国家所有的自然资源能够持久永续利用,发挥更大的环境效益,生态保护补偿的主管部门将代表政府和国家对开发利用主体的利用方式进行限制。这种限制一方面使自然资源所有者的资产保值增值,另一方面开发利用主体的自然资源经济利益部分或全部丧失,进而其财产权受到限制。国家基于受益者的地位,通过契约形式,对丧失发展机会成本的主体进行补偿,补偿资金的给付主体和生态环境的保护主体之间的权利义务关系是民事关系或者经济法上的合作关系。

结合以上归纳,区域补偿的开展主要依托作为生态受益者的政府以及作为生态保护者的政府,两类利益主体分别代表生态服务提供地以及良好生态环境需求地。区域生态保护补偿主体是区域利益和区域行为主体,由于政府往往成为区域利益的代表,因此,区域生态补偿的利益边界往往与行政边界重合。即使区域利益的边界和行政边界不完全重合,政府作为某一行政区域的代表,应当通过财政转移支付来履行生态保护补偿义务。生态保护地政府主要负责给付资金,生态受益地政府主要负责配合实施一系列约定的财产权益受限的资源利用方式,并进行保护性建设投入。

区域补偿的核心目标是应对不同区域之间生态、环境和经济利益的失衡,因此各级政府成为当然的主体。从受益者补偿的角度看,政府是区域利益的代表,有权代表本地区实施生态保护补偿。受益地政府和保护地政府作为平等的区域代表主体,一旦生态环境效益需求方与提供方达成合意,这一合作关系便得以形成。我国常存在补偿主体关系的时空移位问题,一方面,这与区域生态补偿利益相关者责任界限不明确和政策驱动有关;另一方面,这与中央政府过度干预有关。

区域补偿是保护地政府与受益地政府之间达成的合意,一方通过限制资源开发利用方式保护生态环境,另一方代表区域利益对保护者给予补偿资金。抽象意义上,其权利义务关系是:一方提供良好生态环境,另一方享有良好生态环境。

由于某一区域特殊的功能定位,保护地提供的生态服务不仅辐射到当地行政区划周围,而且对全国的生态安全都有重要影响。这时,所在区域的省级政府以及中央政府均属于环境生态受益者的范围,受益者均有义务对保护地提供生态保护补偿资金,与保护地形成合约,对一方提供良好生态环境、另一方给付资金的权利义务作出规范并予以实施。

第三节 流域生态保护补偿主体及其权义构造

我国早就在一些省域内部建立了流域生态保护补偿(以下简称"流域补偿")办法或者方案。相比较而言,跨省的流域补偿政策实践仍处在探索中。近年来,尽管流域补偿实践取得了一定成就,然而,仍面临诸多问题,包括补偿主体与受偿主体关系不明确、权利义务内容不清晰、资金来源过于依赖中央政府、缺乏流域生态保护的整体性考虑、流域补偿缺乏持续稳定性与长效性等。① 流域补偿作为生态保护补偿的重要内容之一,其制度构造涉及主体制度、权利义务内容、实现方式及特性等。流域补偿的基础是上游区域开发利用资源有关的财产权受限导致的利益分配不均衡,因此必须引入新的利益配置模式,以体现下游对上游民事利益的弥补。流域补偿体现了民事财产权的运行,发生在平等、独立的物权主体之间,体现了物权处分关系。流域补偿的发展,应当逐渐改变长期以来流域补偿依赖中央政府投入的补偿方式,减轻中央财政负担,这就需要理顺流域补偿的法律构造,以及完善保护者的救济途径。

一、流域生态保护补偿的类型梳理

流域生态保护补偿主体及其权义构造的证成,首先需要明确流域补偿的具体类型。我国开展的流域水环境保护主要包括中央政府对地方政府的投入,以及地方政府间的投入与流域协议实践。② 在当前流域补偿理论研究中,存在一种误区,即将流域治理、流域水环境保护一概纳入流域补偿的范围,实际上,这种认识是不科学的。本书认为,流域补偿包括用于支持横向补偿的中央对流域治理的专项投入以及地方政府间的流域横向补偿这两类。

(一) 中央支持地方流域治理的补偿性投入

生态保护补偿是对保护生态作出特别牺牲的补偿。③ 流域生态保护补偿作为生态保护补偿的一个类型,是流域生态服务受益人或需要更高质量生态服务的主体与流域生态服务的提供者或因更高的生态要求而使其权益受损者之间,通过约定由前者给予后者的回报或弥补。④

---

① 温锐、刘世强:《我国流域生态补偿实践分析与创新探讨》,载《求实》2012年第4期。
② 例如,中央财政设立专项资金用于重点流域水污染防治的项目投资,江苏、湖北、福建等省份根据断面水质是否达标确定上下游政府之间的补偿者和被补偿者。流域水环境保护往往和流域污染治理、水资源的配置结合起来,通过中央财政转移支付的方式,将预算资金用于水资源工程建设,或者设定专项资金用于重点流域污染防治和环境保护。
③ 《杨朝霞访谈:民法典的生态化》,中南河法制网—法学学习,2016年1月19日,https://www.nlaw.org/a/Lawyer/blog/2016/1219/640453.html,访问日期:2024年8月9日。
④ 彭丽娟:《生态补偿范围及其利益相关者辨析》,载《时代法学》2013年第5期。

从宏观层面看,参与流域补偿的上下游政府,首先是区域利益的代表①,代表区域整体而存在。从这个意义上说,上游地区为下游地区提供良好的水环境服务,虽然丧失了区域发展的整体利益,但是还进行了旨在提升水环境质量的进一步积极投入。依据公平原则,上游地区政府必然享有获得补偿的正当性。从微观层面看,当上游地区政府为履行既定的补偿协议或者方案而限制本地区发展时,必然涉及对所在区域开发利用环境资源有关主体的财产权限制。其中,财产权受限的主体(即生态保护者)既包括普通市民、村民,还涉及利用环境资源的企事业单位等主体;限制财产权的形式主要有:设置严于法定标准的污染排放限度、高于法定标准的资源开发强度、划定保护区域禁止或限制开发利用环境资源等。也就是说,对区域发展权的整体性限制,最终会体现在所在区域的个体、组织等财产权限制上。从这一层面看,当地政府则是作为资源所有者的代表与开发利用资源的个体发生补偿权利义务关系,签订补偿协议。鉴于流域补偿的直接法律关系主体为上下游政府,因此,本书对政府与个体之间的间接补偿关系不做讨论。

依据上述界定,中央政府对地方的投入,多为纯粹的环境生态治理、生态建设及保护。譬如,国务院对南水北调工程进行了专项转移支付;中央政府以中央财政预算投资支持重点流域的水污染防治和水环境保护,早在2001年实施"三河三湖"流域水污染防治,直到目前均对地方单纯水污染治理给予各类资金支持。由于中央对地方的单纯流域保护性投入并非建立在作为丧失发展机会方与生态环境效益的受益者方之间的"受益—补偿"关系基础之上,因此,该类型的转移支付不在生态保护补偿的范围。只有当中央对地方水环境治理投入资金用于支持横向补偿(即用于弥补丧失发展机会的生态保护成本)时,才具有生态保护补偿的性质。

目前,中央支持地方流域治理的补偿性投入主要是2018年后开展的中央为支持长江、黄河等大流域建立补偿而给予的财政支持。有关中央支持地方流域治理的补偿性投入的实践,较早开展实践的是新安江流域生态保护补偿,但是,新安江流域补偿不仅仅具有"生态保护补偿"属性,理由在于资金给付的范围既有对丧失发展机会的企业补助,也有单纯的污染治理与生态建设投入。因此,新安江流域补偿还不是纯粹意义上的"生态保护补偿",还具有生态治理、生态建设的性质。从另一个角度看,新安江流域补偿的实施最终目的是实现良好的流域水生态环境(也是所有水环境保护与治理的目

---

① 潘佳:《区域生态补偿的主体及其权利义务关系——基于京津风沙源区的案例分析》,载《哈尔滨工业大学学报(社会科学版)》2014年第5期。

标),然而实践中的资金使用并未如理论预期那样严格区分生态保护补偿与生态治理以及生态修复等。随着理论研究的推进与认知的深入,流域保护资金投入的"补偿"属性将会愈发凸显,越来越专项化。

(二) 地方政府间的流域横向补偿——流域补偿的重点领域

地方自主安排的财政转移支付,分为地方政府上级对下级的统筹或单向投入及跨界横向补偿两类。对于地方政府上下级的投入而言,由上级政府安排专项资金或者同时要求下级政府相应配套资金,专项用于流域治理。倘若资金单纯用于污染治理,便不是生态保护补偿;倘若地方政府基于受益者角色将资金最终用于支付丧失发展机会成本,便属于生态保护补偿。早在2007年,山东省《关于在南水北调黄河以南段及省辖淮河流域和小清河流域开展生态补偿试点工作的意见》便规定,补偿资金由省与试点市、县(市、区)共同筹集,补偿对象包括退耕(渔)还湿的农(渔)民、达到国家排放标准的企业、流域内实施"深度处理工程"进入城市污水管网的单位、按治污规划新建污水垃圾处理设施的单位等。2021年,山东省出台《关于建立流域横向生态补偿机制的指导意见》。截至2021年9月,16市133个县(市、区)全部完成跨县界河流上下游横向生态补偿协议签订工作,涉及断面301个,其中跨市断面88个、市内断面213个,在全国范围内率先实现县际流域横向生态补偿全覆盖。①

对于地方政府间的跨界横向补偿,上下游地方政府之间通过协商、谈判和环境协议等形式实现流域上下游的补偿机制。该类补偿又分两种模式:一种模式是由上级政府作为主导,对跨界出境水质超标的上游或下游政府扣缴生态保护补偿金,或者对跨界出境水质达标的上游或下游政府给予资金奖励,河北、河南、山西、辽宁等地采用该模式;另一种模式是上下游政府自主协商,省级政府主要负责督促。上下游政府直接根据跨界水质协议、规划要求以及实际水质状况,当上游出境断面水质超标时,上游政府补偿下游政府;反之,当上游出境断面水质达标甚至优于水质目标要求时,下游政府补偿上游政府,江苏、贵州、湖南等地采用该模式,显然该模式为典型的生态保护补偿。

为此,流域补偿的类型界定应把握其核心本质——体现对发展机会受限流域所在地的利益弥补。与之相应的,流域补偿包括中央支持地方流域治理的补偿性投入以及地方政府间的流域横向补偿两种。

---

① 《山东省建立流域横向生态补偿机制》,国家发展和改革委员会官网,2021年8月2日,https://www.ndrc.gov.cn/fggz/dqzx/stthdqzl/202108/t20210802_1292780.html,访问时间:2024年8月7日。

二、流域补偿的主体:作为平等资源物权主体的上下游政府

(一) 上下游政府对水资源的占有关系

流域补偿根据上下游之间的支付意愿及可接受的支付标准和价格达成。对于上游地区而言,其接受的价格应当大于等于其发展机会成本;对于下游而言,其支付的补偿资金应当小于等于其享受的生态服务对价。为此,只有当上游投入的成本低于下游可得的收益时,双方才有可能自愿达成生态保护补偿协议,且无须上级政府的介入。然而,上游的成本与下游的收益不仅难以评估,而且成本低于收益也很难实现,同时双方之间又难以协商解决。所以,实践中常常存在上级政府的介入以促成合意。作为上下游的同级政府,既然存在着协商与交易,如果将这类交易作为平等的民事关系,那么双方必然是平等的物权主体关系。对这一问题的证成,既需要界定流域补偿的客体,还需要证明对补偿客体享有权利的主体之独立性。

实践表明,流域补偿的实施主体是各级政府及其有关部门。上游政府及其所在地区作为生态保护者,提供了良好的水资源;下游政府及其所在地区作为生态受益者,提供补偿资金。流域补偿的实施旨在维护良好的水资源环境,往往通过对流域周边影响水质环境的各类土地资源开发利用行为来实施。上级政府实际上不仅控制着上游水资源,还控制着周边有关国有土地资源。唯有如此,才有可能因土地及水资源的占有资格参与到流域补偿的谈判及实施中。问题在于,上游政府对其控制的水资源以及周围依附水资源的土地等资源是什么样的权属关系?

我们先从《民法典》和与水资源有关的规范性文件中,梳理水资源物权的规定以及与土地占有的关系。当前,我国只有《宪法》《民法典》《水法》《关于水权转让的若干意见》等少数国家层面的立法。在这些法律文件中,只有为数不多的条款对水资源所有权配置问题进行了规定,且规定得十分抽象模糊。《宪法》第9条规定,矿藏、水流、森林、山岭、草原、荒地、滩涂等自然资源,都属于国家所有,即全民所有。《民法典》规定,矿藏、水流、海域属于国家所有。《水法》第3条对水资源所有权配置问题作了如下规定,水资源属于国家所有。水资源的所有权由国务院代表国家行使。农村集体经济组织的水塘和由农村集体经济组织修建管理的水库中的水,归各该农村集体经济组织使用。

无论是现有立法还是理论研究层面,鉴于水资源的流动性特性和重要的战略经济、自然地位,绝大多数学者认为国家应该是水资源所有权的唯一主

体。但是,仍有几个问题没有解决:第一,水资源所有权规定极其简单;第二,没有明确和土地的关系;第三,没有细化水资源的客体范围①;第四,国家层面立法肯定的仅是水资源使用权的交易。就我国各地水资源的支配情况而言,实际上是各级政府对其辖区水资源均有支配权。对物的支配权首先表现为占有。对于水资源这类典型的流动性自然资源应当是"观念上的占有",即这里的占有不是对某些物质的实在占有,而应该是建立一定区域内的观念上的占有。由于水是流动的,占有不是针对某部分特定的水,而是特定某区域范围内的水。②

这种占有关系应该如何认定呢?是否是水资源的所有权呢?如果不是水资源所有权,那么如何确立上下游政府作为独立的物权主体之法律地位呢?依笔者所见,这与流域生态保护的客体有关。

(二) 上下游政府之间的水资源物权关系

与草原、森林、湿地等资源不同,我国现有的法律明确规定了水资源的单一所有制,且只能由国务院代表行使。因此,各地方政府与其控制的水资源之间不能是所有关系。流域补偿旨在提供优质的水资源,使其符合上下游政府约定目标的水质标准。国家的水资源所有权派生出各地区的水资源使用权。水资源所有权作为母权利,派生出区域的水资源使用权。地方政府作为区域利益的代表,可以就水资源的使用权情况形成交易。也就是说,上下游政府均是独立的水资源使用权主体。

根据2016年的《水权交易管理暂行办法》,水权包括水资源的所有权和使用权。区域水权交易以县级以上地方人民政府或者其授权的部门、单位为主体,以用水总量控制指标和江河水量分配指标范围内结余水量为标的,在位于同一流域或者位于不同流域但具备调水条件的行政区域之间开展。然而,根据水利部的办法,水权交易的目标是解决水资源短缺,流域生态保护补偿旨在解决水污染和水环境恢复问题,一个是"量"的问题,一个是"质"的问题。但可以从水利部的概念中获得启示:交易的客体均是水资源使用权,只不过"量"的要求只要符合用水量便可,而"质"的要求必须达到"水环境"约定指标,即在量的客观基础上,附加了对水资源使用权的"质"的规定。据此,流域补偿可以在理论层面看作广义上"水权交易"的一种。上下游政府作为水资源使用权的代表,以优质的水资源使用权为交易对象,通过契约形式,实现水资源使用权的流转。

---

① 曹可亮、金霞:《水资源所有权配置理论与立法比较法研究》,载《法学杂志》2013年第1期。
② 施志源:《论自然资源国家所有权的法律构成》,载《理论月刊》2015年第2期。

综上所述,各级政府对其辖区水资源有一定的支配权,但上下级政府之间并非完全独立的物权主体关系。对水资源的支配权首先表现为占有。鉴于水资源流动的特性,占有是针对特定区域内的水"观念上"的控制。进一步讲,这种占有关系的流转,在流域补偿中体现为水资源使用权的转让。因此,流域补偿的客体是良好的水资源使用权。

三、流域补偿的物权处分特性及权义构造

流域补偿有关主体的独立物权主体资格已经明确,接下来便是物权主体的交易问题。如果流域补偿是一种物权处分行为,那么它应该体现权利人双方的法律地位平等、意思自治,并且具备物权处分行为的核心要义。

(一) 流域补偿作为物权处分关系之法理

根据一般法理,处分行为是直接使某种权利发生、变更或消灭的法律行为,就物权让与而言,依据物权契约,在物权登记或者让与合意达成之际生效。处分行为不仅存在于物权领域,也存在于债法等其他领域。处分行为的对象包括所有权、用益物权或担保物权,也包括债权、股东权、无体财产权等。物权处分行为,则是对所有权、用益物权和担保物权的处分,这一点与债权上的处分行为区别开来。[①] 以此为参照,流域补偿的客体是符合约定条件的水资源使用权(显然是"物权"),并且体现了良好的水资源使用权由一个主体流转到另一个主体,权利的转让以处分协议为形式,旨在直接实现用益物权的流转,显然,流域补偿是物权法意义上的处分行为。就我国实践而言,截至2022年年底,除国家推动的跨省新安江流域补偿及陕西与甘肃自发建立的跨省渭河流域补偿外,省域范围内开展的市级、区县级补偿全面铺开。长江、黄河相邻省市间也全面开展了流域补偿。鉴于上述两个实践不仅是两类流域补偿类型的典型代表,而且实施效果显著,所以拟结合其予以解释,以论证流域补偿协议是一种物权处分行为。

2011年12月初,陕、甘两省沿渭六市一区在西安签订的《渭河流域环境保护城市联盟框架协议》提出了一些基本原则:设定跨省、市出境水质目标,按水质目标考核并给予补偿。各出境断面的考核因子暂定为化学需氧量和氨氮两项,各考核断面的出境水质以两省环保厅共同认可的监测结果为依据。陕西拿出的600万元补偿金,定西、天水两市各得300万元。按照双方协议,生态保护补偿金专项用于渭河流域污染治理、水源地生态建设、水质监

[①] 王泽鉴:《民法概要》,中国政法大学出版社2003年版,第316页。

测能力提升等工程和项目,不得用于平衡地方财力。①

陕西、甘肃渭河流域补偿实践中,处于下游的陕西省政府代表其所在区域的生态受益者,与代表生态保护者且处于上游的天水市政府和定西市政府基于双方自愿,在没有中央政府干预以及上级环保部门的协调下,自由达成协议,就双方的民事权利义务关系进行了规范,首先体现了双方民事法律地位平等、意思自治的原则。其次,在"补偿—受偿"这一核心权利义务关系中,补偿主体的主要义务,是向天水市和定西市分别每年补助生态保护补偿资金300万元;受偿主体的主要权利是接受补偿资金。受偿主体的主要义务,是通过补偿资金的投入来弥补区域发展损失(主要是补偿为保护水环境而做出牺牲的个体、组织等),提供良好的水资源;补偿主体的主要权利是享受良好的水资源。不难看出,补偿主体与受偿主体的权利义务也是对等的。而上述权利义务的实现依据为双方达成的补偿协议,因其涉及良好水资源使用权的转让,必然属于物权处分行为。据此,渭河的流域补偿所体现的物权处分行为特性得以明确。

2016年财政部等四部门联合印发《关于加快建立流域上下游横向生态保护补偿机制的指导意见》,提出到2020年,各省(区、市)行政区域内流域上下游横向生态保护补偿机制基本建立;到2025年,跨多个省份的流域上下游横向生态保护补偿试点范围进一步扩大。截至2022年年底,在中央财政的支持下,生态环境部已经协调18个相关省份,签订了13个跨省的流域横向生态补偿协议,其中半数的流域已经完成了至少一轮补偿协议。②

渭河的补偿实践是一种单向的资金给付,没有约定未能提供符合约定标准水资源的惩罚措施。新安江流域补偿协议的形成,则相对复杂,其不仅存在中央政府的干预,还通过双向激励机制来实现补偿目标。

2011年,财政部、环保部牵头制订了《新安江流域水环境补偿试点实施方案》,提出由中央财政和安徽、浙江两省共同设立新安江流域水环境补偿基金,规定从2012年起,补偿资金为每年5亿元,其中3亿元由中央财政出资,浙江、安徽各出资1亿元。③ 2012年的《关于大力实施促进中部地区崛起战略的若干意见》中提出"鼓励新安江、东江流域上下游生态保护与受益区

---

① 武卫政:《渭河生态保护补偿开了好头 跨省生态补偿仍需政策支持》,环境生态官网,2012年4月5日,http://www.eedu.org.cn/water/ShowArticle.asp?ArticleID=72203&Page=2,访问日期:2024年8月1日。
② 《1.26亿,河南"赌"赢了山东,却没有输家》,百度网,2022年7月15日,https://baijiahao.baidu.com/s?id=1738412485463511935&wfr=spider&for=pc,访问日期:2024年8月7日。
③ 《新安江跨省生态补偿进入新一轮试点 启动全流域综合治理》,凤凰网,2017年2月1日,https://inews.ifeng.com/50640456/news.shtml,访问日期:2024年8月7日。

之间开展横向生态环境补偿"。2012年9月,浙江省和安徽省人民政府签订了新安江流域水环境试点实施方案。2016年年底,安徽、浙江两省已签订了新一轮的补偿协议,根据该协议,中央每年投入3亿不变,安徽、浙江两省每年安排两亿元,即各新增1亿元。2018年第三轮补偿试点正式实施。新安江流域补偿前三轮实践累计完成投入194.05亿元用于新安江综合治理,其中试点补助资金47.2亿元。2020年度,黄山市城市水质指数在全国337个城市中排名第28位,长三角区域第一名。2022年,双方正在谋划第四轮补偿。[①]

早期新安江水环境补偿协议中,每年由环保部(现生态环境部)组织两省开展跨界水环境监测,以皖、浙两省跨界断面高锰酸盐指数、氨氮、总氮、总磷四项指标为考核依据,设置补偿基金每年5亿元(中央3亿元、皖浙两省各出资1亿元)。年度水质达到考核标准,浙江拨付给安徽1亿元;水质达不到标准,安徽拨付给浙江1亿元。不论上述何种情况,中央财政3亿元全部拨付给安徽省,试点期限三年。前几轮试点,新安江流域生态保护补偿资金既有来自两省的上级政府(即中央政府)的财政转移支付,又有安徽、浙江两省同级政府之间的支付。据此,新安江流域水环境生态保护补偿同时具有横向补偿和纵向补偿的性质,不是纯粹的横向补偿。

流域补偿协议以一方提供良好的水资源,另一方接受良好的水资源为主要内容。该类补偿与其他生态保护补偿协议,如退耕还林合同、草原补偿合同等,最大区别在于主体与客体的关系多数时候可随双方的损益关系变化而互相转化。如果补偿客体达不到生态环境保护标准而使补偿主体的利益受损,原作为补偿对象的客体将成为赔偿主体,而原作为补偿主体的一方将成为有权索赔的补偿客体。[②] 也就是说,只有基于受益者补偿的标准实现时,主客体关系才能确定,体现受益者补偿要求的权利义务关系才能确定,否则流域生态服务的支付补偿资金的主体与接受补偿资金的主体则可能发生转化。那么,流域补偿协议作为物权处分行为依据,其适用标准该如何确定才能保证适用大前提的科学性呢?

一般来说,如果上下游政府之间已经有跨界水质协议存在,那么达成协议的水质要求就应该成为流域水质生态保护补偿的基本依据。倘若存在上一级政府批准实施的流域水污染防治规划或者制定了流域补偿的规范性文件,合理的做法是将规划中确定的跨界断面水质标准作为生态保护补偿依

---

① 《新安江流域生态补偿机制使清水长流》,百度网,2021年8月29日,https://baijiahao.baidu.com/s?id=1707582973791671096&wfr=spider&for=pc,访问日期:2024年8月7日。
② 陈卫佐:《处分行为理论之正本清源》,载《政治与法律》2015年第7期。

据。根据2021年实施的《江苏省水环境区域补偿工作方案》(2020年修订)，水环境区域补偿依据省确定(或认定)的跨市、县河流交界断面、直接入海入湖入江入河断面、出省断面，以及国家重点考核断面、集中式饮用水源地的水质目标及年度监测考核结果组织实施。由此，跨界水质目标的确立，系流域补偿的基本依据。流域跨界水质的确定通常以流域水环境功能区划为基础。在没有流域水污染防治规划或水质协议的情况下，将至少不低于Ⅲ类水作为跨界水质是否达标的依据比较合适。①

(二) 流域补偿的权义构造及其特殊性

补偿协议作为确定物权处分行为的根本依据，其适用标准已经明确。接下来需要在这一科学基准下，确定物权处分行为的权利义务内容，以便为生态保护者(流域补偿资金的接受主体)以及生态受益者(流域补偿资金的给付主体)提供稳定的预期，明确流域补偿的方向与行为方式。

从协议文本看，新安江流域补偿中的补偿主体主要是浙江省政府，受偿主体是安徽省政府。安徽省政府是因保护水环境而发展受限的上游政府，浙江省政府是希望安徽提供良好的水环境因而提供补偿资金的下游政府。新安江流域补偿协议实际上是三方达成的约定，提供资金的补偿主体是作为水资源所有者的中央政府与拟接受良好水资源的下游政府，接受资金的受偿主体是作为生态保护者的上游政府。中央政府的补偿并没有附加条件。由于安徽作为上游地区，经济条件多不发达，政府对其支援保证了水环境保护的资金储备，也旨在消除安徽省更多的抵触情绪。安徽、浙江两省的双向互补机制，旨在激励保护者提供良好的生态环境。虽然双方协议达成中央政府干预较多，但协议本质上是在中央协调下，双方以独立的财产权主体身份达成的合意，权利义务具有对等性，没有明显的不公平，应该说，仍然是一种物权处分行为。鉴于地方实践的初次尝试，补偿主体和受偿主体均没有经验，双方协调难度大，所以，中央政府干预力度较大。但是，新安江流域补偿本质上是物权处分行为，这一性质不会改变。

拟为享受良好水资源而支付补偿资金的补偿义务主体，以及接受流域补偿资金的受偿权利主体都享有一定权利，同时也履行相应义务。具体而言，

---

① 依据我国《地面水环境质量标准》(GB3838-2002)规定，Ⅲ类水环境质量标准主要适用于集中式生活饮用水地表水源地二级保护区、鱼虾类越冬场、洄游通道、水产养殖区等渔业水域及游泳区。可以说，Ⅲ类水质是水生态系统及维持人类生存环境的基本条件，是流域政府应当完成的目标。水生态系统及其生态过程所形成及所维持的人类赖以生存的自然环境条件与效用的基础水质，也是流域内地方政府必须完成的法定水环境保护目标，全流域应该遵守此基本的水质标准，而无须相互补偿。

上游政府作为所在区域的代表,是受偿权利主体,主要以消极不作为的方式承担合同潜在义务。实践中,上游政府为了确保良好的水资源,往往会限制流域水资源所在区域的环境容量及资源开发利用的限度,也可能根据流域补偿协议约定或者合同目的,为保证或者改善水环境而承担积极的保护性义务,如对生态保护进行投入等。下游政府作为补偿义务主体,当上游提供的水资源达到合同约定的水环境标准时,负有以足额、恰当的方式对上游地区丧失的发展机会和生态保护投入等进行补偿的义务。进一步讲,在流域补偿中,作为补偿主体,其法律权利是要求调水区提供清洁水资源的请求权,以及在未获得清洁水资源情况下的救济权;其法律义务是对调水区实施生态保护补偿,包括支付补偿费用或提供政策优惠、提供技术支持等。作为受偿主体,其法律权利包括补偿费用的请求权、调水行为的收益权、得不到补偿或补偿不及时的申诉权和控告权等;其法律义务是保护调水区生态环境,调出并保障水资源的清洁性能。①

值得注意的是,新安江流域补偿是一种双向激励补偿模式,即当补偿不达标准时,补偿资金接受权利主体与给付义务主体会发生角色转变。这一逆向激励机制意味着,当上游出境断面水质超标,对下游可能造成看似"负外部性"的反向"损害赔偿"效果。那么,此时的流域补偿是否不再是生态保护补偿呢?

依本书所见,对该问题的定性根本上取决于补偿协议所约定的水质标准实现效果。首先,上游出境断面水质超标并不意味着一定是负外部性。因为流域生态保护补偿的标准是在法定水环境质量标准之上以及污染标准之下的约定标准,即使达不到约定的水环境质量标准,但仍然优于流域水环境法定标准时,也体现了上游地区因丧失发展权利而进行的保护性投入和积极贡献,这种行为仍然是正外部性的环境影响。也就是说,与补偿实施之前相比,水环境质量仍然得到了提升就是正外部性贡献,只不过是处在不违法、合法与约定标准的中间界线而已。其次,一旦上游出境断面水质超出法定标准,违反水污染防治法及法定水质标准时,便会产生负外部性后果,这时流域补偿的性质便会转化为损害赔偿。然而,从实际情况看,补偿实践还不存在这种先例,而且因牵涉巨额的补偿资金以及潜在的利益,上游政府往往会审慎行事,以免造成既丧失发展机会又赔偿损害而丧失政府公信力的尴尬境地。最后,反向激励机制(对负外部性行为给付资金)如果从"后果主义"视角解读,完全可以作为一种违法义务的惩罚措施,也就是没有实现正外部性补偿

---

① 才惠莲:《论生态补偿法律关系的特点》,载《中国地质大学学报(社会科学版)》2013年第3期。

的否定性评价后果。从这个意义看,后果虽然是负外部性,但仍然不能改变正外部性实施行为作为"生态保护补偿"的法律性质,不能将其与纯粹的惩罚或处罚行为混同。

所以,流域补偿的性质需要结合实施效果来检验,综合上述主客观条件,全面权衡。至于其性质转变为"民事损害赔偿",则不够现实,或许更多地具有警示和约束效果。尽管如此,良好的现状并不意味着理想的未来,"损害赔偿"的可能性出现反映了理论与现实的张力。

流域补偿体现了行政主体间形成的纯粹民法上的契约关系,其作为物权意义上的处分行为已确定,其所包含的权利义务内容也已明晰。那么,流域补偿作为一种物权处分行为,其区别于一般物权处分行为的个性何在?这是流域补偿能够维系自身特性存在的正当性所在。根据物权制度的基本原理与流域补偿的自身属性,与一般的物权处分行为相比,流域补偿具有如下特性。

其一,处分之"物"的特殊性。作为一般物权处分行为之"物",具有以下特性:首先,往往是自然形态确定、产权相对明晰、不宜改变位置的不动产所有权,或者是对各类所有权予以使用或者担保的用益物权和担保物权。对于所有者和使用者来说,一定时期内其价值是固定的。其次,一般意义的处分行为之"自然物",往往是对某一小范围区块拥有所有权的房屋等不动产,或者是某一相对较小范围的土地等状态稳定的自然资源的开发利用。此外,对一般自然资源的使用限度往往由法律规定。最后,最为关键的是,对于非流动自然资源的流转结果,往往意味着受让者的排他使用。

然而,流域补偿中的"物",首先是自然状态下不固定且始终流动的水资源——正所谓"我们不能两次踏进同一条河流"。作为补偿客体的良好水资源使用权难以定价,对其进行控制只能通过支配某一区域来占有该范围内的水资源。

其次,水资源作为流域补偿之"物",其生态效益不仅惠及上下游市、上下游省,而且因其作为大江大河的主干流,可能涉及多个省份,甚至全国,直接关涉区域乃至国家的生态安全。流域水资源承载了更大范围的生态功能,具有更强更广泛的"公共利益"属性;相反,倘若保护不力,也具有极强的负外部性。再次,从生态功能角度看,水资源的生态价值从流域补偿的上游到下游必然是递减的,与之相应的,流经不同地理位置时,所在区域享受的生态福利也不尽一致。另外,流域补偿之水资源使用标准,如前所述,必然优于良好的水环境质量标准,且在法定水污染标准之下。最后,最为明显的差异是,对水资源使用权的流转,并不意味着使用权利的绝对转移和消灭,权利转让方与受让方均可以使用水资源,享受良好水资源的下游地区,并不是排他性地使用水资源。

其二,物权变动的生效要件存在差异。一般物权处分行为,依据物权的公示公信原则,通常需要进行依法权属变更登记或备案,即便是一般的自然资源使用权流转也不例外。然而,从实践来看,流域补偿并未进行变更登记或备案,其生效要件是上下游政府之间基于"意思自治"所签订的流域补偿协议成立。

在笔者看来,首先,流域水资源流转具有非排他性使用的特性,这从根本上否定了依据"一物一权"进行物权公示公信的必要性。只要上下游合理使用,就不会导致水资源使用权的减损。其次,物权公示公信原则旨在维护交易秩序与交易安全,其适用条件是存在无数民事主体参与且允许自由交易的充分市场机制。换言之,潜在的第三人众多,涉及的潜在利益主体广泛。而流域补偿虽与一般物权处分行为一样体现了民事意义上的财产关系,但这种关系是政策拟制下或少数政府主体协商形成的,并非众多市场主体通过自由竞争、价格和供求机制博弈形成的纯市场交易关系。因此,流域补偿中不存在可能损害"第三人"利益的情况,从这个角度看,或许流域补偿中并不需要公示公信原则。

其三,处分结果与目标的差异。就处分结果而言,一般的物权处分行为,往往是物权权利让与方接受经济利益,物权权利接受方获得物权,不存在反向激励的可能性。然而,流域补偿中存在具有双向激励效果的新安江协议,这一对赌性协议与射幸合同较为类似,它结合了奖励与惩罚,设置了助力与阻力,符合一般法律理论中奖励与惩罚模式的适用条件和原则。[1]

就处分目标来说,一般的物权处分行为主要侧重于物在使用层面的经济价值。当然,在非流动性自然资源(如土地、草地、森林、矿藏等)的使用中,会兼顾其生态价值,但作为民事物权制度所规范的对象,仍然侧重于经济价值的实现。而流域补偿所体现的处分行为,尽管也是资源使用权的流转,但其直接目的是环境公共利益。而且,从实践来看,上游地区往往是经济欠发达地区,下游地区是经济条件较好的区域,通过下游提供补偿资金支持上游保护环境,还具有经济上的公益属性。

综上所述,就流域补偿的实现形式而言,其性质为物权处分行为,这一处分行为形成的依据是,给付补偿金的补偿主体(主要是下游政府)与接受补偿金的受偿主体(主要是上游政府)之间权利义务明晰的补偿协议。与一般

---

[1] 柯坚、吴凯:《新安江生态补偿协议:法律机制检视与实践理性透视》,载《贵州大学学报(社会科学版)》2015年第2期。

的物权处分行为相比,流域补偿具有显著的特殊性。

从基于形式理性的视角审视,以新安江流域补偿为代表的"中央支援模式"并不严格符合"受益者补偿"的要求。中央政府的资金支持不具备"受益者补偿"的法理正当性,并非纯市场化地实现由受益方直接向保护方实施经济补偿。然而,鉴于跨省协调的难度以及我国在该领域的初次尝试,这一模式也是不得已而为之。随着生态保护补偿政策法规、机制的完善,合理的流域补偿机制应当是直接受益的下游政府与因保护水环境而丧失发展机会的上游地区政府直接对接,双方基于意思自治而形成补偿契约,通过上游地区做出生态保护的诱使机制和下游地区主动做出生态保护补偿的迫使机制,实现流域内的集体理性。①

尽管本书认为,政府间协议特别是流域补偿协议属于应然的物权处分协议,宜解释为具有理论上的私法属性。但在具体操作层面,目前还难以为我国现行法律制度所容纳,更合适的做法是按照经济法上的合同来处理。不过,在具体权利义务内容设定上,可以借鉴本书前文的论述,更为重要的是通过立法和制度实践规范协议签订的内容和方式。所以,政府间生态保护补偿协议在条例解读时宜稳妥地解释为经济法上的合同,在立法中宜界定为政府间合作协议,理由在于:该类协议双方均为外观上的公权力主体,既不符合行政主体和外部私主体履约的行政协议主体结构,又因其不属于被我国现阶段民事立法所认可的民事合同。

四、结　语

生态保护补偿以可持续利用生态系统服务为目标,是促使环境生态系统整体功能发生积极变化的重要举措。② 本书的中心论点为:流域生态保护补偿是应然的平等、独立的民事物权主体之间的财产权关系,这一财产权关系依赖物权处分行为来实现。具体而言,主体及其权义结构如下。

第一,我国开展的与流域水环境保护有关的实践,包括中央政府对地方的投入以及地方政府之间的投入与交易。鉴于流域补偿的本质是对发展权受限的民事利益进行弥补,因此,当中央对地方的水环境治理投入用于支持横向补偿时,才具有生态保护补偿的性质。地方自主安排的财政转移支付,分为地方政府间上级对下级的投入以及跨界横向补偿。地方政府间的跨界

---

① 徐健、崔晓红、王济干:《关于我国流域生态保护和补偿的博弈分析》,载《科技管理研究》2009年第1期。
② 李永宁:《论生态补偿的法学涵义及其法律制度的完善——以经济学的分析为视角》,载《法律科学(西北政法大学学报)》2011年第2期。

横向补偿是流域生态保护补偿的主要类型。

第二,流域补偿的主体是作为独立物权主体的上下游地区政府;提供良好水环境的上游政府作为区域代表,有权在流域目标达成时接受下游政府的经济补偿。就我国各地水资源的支配情况而言,各级政府对其辖区水资源均有支配权。对物的支配权首先表现为占有。地方政府作为区域利益的代表,可以就水资源的使用权进行流转,也就是说,上下游政府均是独立的水资源使用权主体。

第三,流域补偿体现了特殊的权义构造。就陕西、甘肃渭河流域补偿实践来看,下游地区的陕西省政府代表生态利益受益者,与代表生态利益保护者的上游政府天水市、定西市基于完全的意思自治,在没有中央政府干预以及上级环保部门协调的情况下自愿达成协议,对双方的民事权利义务关系进行了规范。新安江流域协议实际上是两方(三类主体)的约定,补偿主体是作为水资源所有者代表的中央政府与水资源利用者的下游政府,受偿主体是作为水资源利用者和保护者的上游政府。协议本质上是在中央协调下,双方以独立的财产权主体身份达成的,权利义务具有对等性,不存在明显的不公平。应该说,这实际上仍然是一种物权处分行为。然而,现实的未必就是合理的,随着实践的发展,流域补偿实践应逐渐减少中央政府的不必要干预。此外,与一般的物权处分行为相比,流域补偿具有显著的特殊性,包括:处分之"物"的特殊性、物权变动的生效要件不同以及处分结果与目标的差异。

第四节　一体化的生态保护补偿主体及其权义构造

如前所述,生态保护补偿既涉及森林、草原、湿地、荒漠、海洋、水流、耕地等重点领域补偿实践,还涉及横向区域补偿、重点生态功能区和自然保护等纵向区域补偿以及流域补偿实践。因此,较为合理的路径是根据不同类型考察与之相应的主体权义构造,归纳出一体化的政府角色。也就是说,基于重点领域、区域及流域补偿中的主体及其权利(力)义务关系的逐一考量和抽象提炼,归纳出一体化的主体及权利(力)义务关系理论。

一、生态保护补偿的主体及其权义构造

生态保护补偿的核心主体为生态保护者与生态受益者。在生态保护补偿法律关系中,受偿权利主体为生态保护者,补偿义务主体为生态受益者。

由此，在"生态保护者——生态环境受益者"所建构的法律关系中，形成对应的权利义务关系。其中，生态保护者主要是指因保护生态环境而限制自然资源使用的个人、组织、团体、区域或国家等。生态受益者包括享有良好生态环境的个人、组织、团体、区域和国家等。

（一）补偿主体的权利义务

补偿主体（生态受益者）的主要权利包括：代表公众利益，享受良好的生态环境；以政策文件或契约形式设定自然资源开发利用的权利义务边界；通过政策法规或契约明确生态补偿中补偿主体、受偿主体、组织协调主体、监管主体、评估主体等的权利义务，规定补偿范围和补偿标准，设定权利义务的实现方式；享有与生态补偿政策工程实施有关的文件或合同中约定的其他权利。

补偿主体（生态受益者）的主要义务包括：制定并公开生态补偿有关的政策规范，并向受众解释说明；足额、无附加条件、及时地拨付补偿资金及相关资金；组织实施生态补偿政策的有关工作；监督及评估生态补偿政策的实施；监管补偿资金及相关资金；对补偿工作实施过程中违法违规行为进行监管管理与追责；履行与生态补偿政策工程实施有关的文件或合同中约定的其他义务。

（二）受偿主体的权利义务

受偿主体（生态保护者）的主要权利是：及时、足额、无附加条件地受领补偿资金及有关资金；获悉补偿政策、补偿主体权利义务、补偿范围、补偿标准、补偿方法等内容的权利；对补偿范围、补偿标准、补偿方法等提出异议并得到合理答复的权利；对补偿工作实施过程进行监督、提出批评建议的权利；上述各项权利受到侵犯时获得合理救济的权利，包括诉讼救济与非诉救济。

受偿主体（生态保护者）的主要义务是：根据政策文件或者合同约定的自然资源开发利用的权利义务边界行使权利、履行义务；配合补偿义务主体实施生态补偿工作；接受对履行生态补偿政策中的法定或约定义务情况的监督；履行与生态补偿政策工程实施有关的文件或者合同中约定的其他义务。

二、政府的一般权义构造

考虑到我国生态保护补偿制度的政府主导特性，有必要结合生态保护补偿制度的基本法律属性,单独梳理政府的主体角色及其私法权义构造。

(一) 政府角色的理顺

就各领域生态保护补偿实践来看,重点领域补偿中的政府、区域以及流域补偿中的政府,既存在角色身份的一致性,也存在不同。区别在于,在重点领域和非横向区域补偿中,政府角色及其功能有所不同,且受偿主体会通过政策文件直接落实到接受补偿资金的公民个人、农户等组织,因此"补偿主体—受偿主体"的角色功能也是固定的。而在横向区域补偿和流域补偿中,政府作为独立的物权主体,与另一物权主体之间形成了鲜明的一对一契约关系。流域补偿还有双向激励机制,使得作为补偿义务主体和受偿权利主体的上下游政府之间具有潜在的不确定性,也就是说,补偿的实现与否决定了债权债务人角色关系的转化,即上下游政府之间的角色转化。综合前述的类型化分析,重点领域补偿中的政府角色、纵向区域补偿以及流域补偿中的政府角色,存在一致性:首先,补偿主体都是政府,实施主体都是政府及其有关部门。其次,在各种类型的保护补偿中政府都会与公民个人、组织、团体等发生关联。最后,生态保护补偿中的政府均有两个身份,既代表国家行使自然资源管理国家所有权,行使相应的民事权利;又通过法律授权的形式,授权政府及其有关部门履行自然资源的管理权,即生态保护补偿工作的管理权、实施权、监督权等。政府角色定位务必要厘清生态服务所依托的自然资源财产权与监管权的关系。如前所述,现有的各类生态保护补偿,存在的共性问题是:政府角色定位不清晰,自然资源所有者的代表身份和监督管理者混同。鉴于此,明确生态保护补偿中的政府角色定位,首先要区分两种意义上的政府角色职能。一是把政府在生态保护补偿方面国有财产出资代理人职能区分开来,与政府的生态保护补偿的实施管理职能区分开来。二是把政府的国有财产管理者职能,与政府作为国有财产的所有者的代理职能——代理行使所有权区分出来。短期看,其一,将开发利用自然资源的民事权利从现有行政主管部门监管权力中适当分离出来;其二,建立由综合经济行政部门和财政部门主导、行政主管部门参与的生态保护补偿协调机制。①

(二) 政府的权利和义务

在做好生态保护补偿角色定位的"两权分立"基础上,强化政府的民事主体地位,明确其行使生态保护民事权利和履行义务的内容,这才是政府在

---

① 汪劲:《让"谁受益,谁补偿"真正落地》,中国政府网,2016年5月25日,https://www.mnr.gov.cn/dt/ywbb/201810/t20181030_2282862.html,访问日期:2024年8月7日。

生态保护补偿工作中的重中之重。这有待于突出政府作为国家资源所有权代表主体的民事地位,并将生态保护补偿中的有关民事权利和义务具体化。结合之前各种类型的生态保护补偿中政府角色及其权利义务关系,关于政府在生态保护补偿中的一般权利义务,本书拟归纳如下。

其中,政府作为补偿义务主体(生态环境受益者)的抽象民事权利是:作为自然资源所有者和受益者的代表,代表公众利益,享受良好的生态环境带来的权益。具体权利包括:以自然资源所有者代表或者环境利益受益者代表的身份,通过无偿或者招标、拍卖、挂牌等有偿方式授权环境资源用益物权主体开发利用自然资源;通过契约形式明确生态保护补偿的补偿主体、受偿主体、组织协调主体、监管主体、评估主体等的权利义务,规定补偿范围和补偿标准,设定权利义务的实现方式;行使国家所有的自然资源资产出资权、经营者选择权、重大事项决策权、收益分配权等权能;在权利受到侵害时享有损害赔偿请求权。

政府作为补偿义务主体(生态环境受益者)的主要民事义务包括:以自然资源所有者的代表或者环境利益受益者代表的身份,因其是格式合同的提供者,有义务解释说明与合同内容有关的生态保护补偿政策规范;足额、无附加条件、及时地拨付补偿资金及有关资金;履行与生态保护补偿政策工程实施有关的文件或者合同中约定的其他义务。

政府作为受偿权利主体(生态环境保护者)的主要民事权利有:足额、无附加条件、及时地受领补偿资金及有关资金;获悉与合同履行有关的补偿政策、补偿主体权利义务、补偿范围、补偿标准、补偿方法等;对补偿义务主体制定的补偿范围、补偿标准、补偿方法等要求提出异议并得到合理答复的权利;当上述各项权利受到侵犯时,寻求民事救济权利等。

政府作为受偿权利主体(生态环境保护者)的抽象民事义务是:以接受环境资源开发利用限制的方式,提供良好的生态环境。具体民事义务包括:依据合同约定的环境资源开发利用的权利义务边界行使权利、履行义务;配合补偿义务主体实施生态保护补偿工作;按照约定的环境资源开发利用限制区域、流域的位置、范围、面积履行义务;根据保护补偿工作的约定要求及合格标准履行生态保护义务;在约定期限到达前完成生态保护建设要求;依照约定履行资源开发利用更新的规定;履行与生态保护补偿政策工程实施或者双方协议有关的其他合同义务。

本 章 小 结

生态保护补偿制度的核心在于明确生态保护补偿主体及其权利义务关

系。生态保护补偿主要涉及两个层面的主体范畴:一是"补偿主体与受偿主体"范畴,二是生态保护补偿制度的实施主体范畴。

在以草原为代表的重点领域补偿中,甘肃省天祝县草原补奖政策实践表明,草原生态保护补偿主体为国家,受偿主体是牧民(村民)。基于"国家—牧民"这一基本主体范畴所产生的权利义务关系,是草原生态保护补偿的一般性权利义务关系。在草原生态保护补偿政策执行过程中,不同主体如组织管理主体、主要实施主体、监管主体和评估主体等,彼此之间或者与牧民之间会产生具体的权利义务关系。由此,可初步归纳出重点领域类生态保护补偿的主体及其权利义务关系。

京津风沙源区为代表的区域补偿实践中,实然补偿主体为国家,应然的补偿主体还包括北京、天津等生态受益地区。受偿主体为乌兰察布市、张家口市和天津市蓟州区等。区域补偿的实施主体有:各级政府和发改委、财政部门、资源主管部门、相关分管部门,以及企业等各类社会组织和个人。京津风沙源区的区域补偿主体权利义务的实现方式以上下级政府之间的财政转移支付为主,以具有生态保护补偿性质的经济援助、市场合作、基础设施建设为支撑,还存在群众自筹资金及横向财政转移支付形式。根据区域补偿有关主体参与法律关系的不同及其角色行为,归纳出具体的主体及其权利义务对应关系。

流域补偿的基础是作为保护地的上游区域开发利用资源有关的财产权受限导致的利益不均衡而引入的新的利益配置模式。流域补偿体现了发展权和生态利益的再分配,理论上是民事财产权的运行,进一步讲,是独立的资源物权主体之间的物权处分关系。新安江流域补偿的补偿主体是中央政府、浙皖两省政府;受偿主体是黄山市政府、黄山市的生态移民。补偿主体的抽象权利是享受良好的流域生态环境,抽象义务是弥补因开发利用环境资源造成的损失。受偿主体的抽象权利为接收环境资源开发利用者的补偿资金等其他补偿,抽象义务为保证流域资源合法开发利用者的权益、提供良好的流域生态环境;具体义务包括加强流域保护和管理、限制开发利用等。在具体操作层面,更合适的做法是按照经济法上的合同来处理。但在具体权利义务内容设定上,可以借鉴本书前文的论述,更为重要的是通过立法和制度实践规范协议签订的内容和方式,在立法中宜界定为政府间合作协议。基于重点领域、区域及流域补偿的主体及其权利(力)义务关系的逐一考量和抽象提炼,可以归纳出一体化的主体及权利(力)义务关系理论。因政府在我国生态保护补偿中的主导作用,有必要单独提炼出政府的角色及应然权义结构。

第六章　生态保护补偿专门立法评述与法典化发展

对生态保护补偿制度的基础理论和法律构造进行探究,终究要服务于现有的制度实践。《条例》颁布后,我们需要按照立法规律和立法诉求,遵循生态保护补偿的制度法理,进行客观的制度解释和立法评价,同时基于法典化的潮流,在这一发展背景下进行科学的制度塑造。

第一节　生态保护补偿为什么要专门立法

生态保护补偿为何要专门立法呢?回答该问题涉及到对生态保护补偿立法客观情况的科学评价,即立法的重要性和可行性问题。

一、专门立法的重要性和可行性

(一) 是协调区域发展和构筑生态安全屏障的重要制度保障

党中央、国务院一直高度重视生态保护补偿制度建设。党的十八大提出要建立生态补偿制度,党的十九大要求建立市场化、多元化生态补偿机制。2019 年,习近平总书记主持召开中央财经委第五次会议时强调,全面建立生态补偿制度,健全区际利益补偿机制和纵向生态补偿制度。党的十九届四中全会要求落实生态补偿制度。《条例》的制定,是落实党中央、国务院重要部署并推动我国生态文明建设向更高质量发展的迫切需要,是助力脱贫攻坚、促进区域协调发展、积极促进经济社会持续发展的一项根本性举措。实施《条例》,对于有效防范生态环境风险、提升我国生态安全保障能力、完善生态安全制度体系具有重要意义,为实现中华民族伟大复兴的中国梦奠定更加坚实的生态基础。

(二) 生态保护补偿的政策成效亟待通过《条例》予以巩固

近年来,各地区和有关部门有序推进生态保护补偿政策实施,取得了阶段性进展。《条例》实施后,各类补偿活动中的部门职责和相关方的权利义务关系将更加清晰,补偿标准的制定方式和管理部门也有了立法依据。现阶段,我们在草案建议稿的起草过程中,充分依据有关部门和地方在生态保护补偿领域的成熟经验及政策措施,提炼出重要的原则和方法,并将其上升到行政法规层面予以固化。对于仍处于试点探索阶段的工作,为预留进一步完善的空间,暂不纳入《条例》,但这并不影响这些工作的继续推进。为此,颁布《条例》能够为巩固政策经验进一步提供法律依据。

(三) 生态保护补偿现有制度亟须通过《条例》进一步完善

目前,生态保护补偿政策散见于各领域的部门规章和文件。《条例》进一步明确了生态保护补偿制度体系和范围,有利于统一社会各界对于生态保护补偿工作的认识。当前实施的生态保护补偿大多缺乏制度化的调整机制,调整的周期、原则、程序不明确。《条例》进一步规范了这些内容,有利于稳定生态保护者的预期,使补偿政策实施效果更加显著。此外,补偿资金如何发放、怎样约束生态保护者的行为也是面临的突出问题。《条例》明确了生态保护者获得补偿资金后履行的义务,要求受益者和保护者签订补偿协议,以规范双方的履约行为。并且要对补偿效果和协议执行情况进行阶段性的评估、监督和考核,以便于生态保护责任的落实。

二、以行政法规作为立法位阶最恰当

生态保护补偿事务的综合性、跨部门性,决定了不宜采取部门规章的形式,且相较于法律,制定条例更为合理。

首先,根据《立法法》的相关规定,国务院可根据《环境保护法》中生态保护补偿这一基础制度,制定可操作的行政法规,这是对基本法上基本制度实施的系统说明。现行《环境保护法》第 31 条规定了生态保护补偿制度。根据《立法法》第 72 条,国务院根据宪法和法律,制定行政法规。行政法规可以就下列事项作出规定:(一) 为执行法律的规定需要制定行政法规的事项;(二) 宪法第 89 条规定的国务院行政管理职权的事项。《条例》是为执行《环境保护法》和其他单项立法中关于生态保护补偿的规定而制定的行政法规。

其次,生态保护补偿形成法律更为复杂且缺乏广泛共识,宜循序渐进,先由国务院颁布条例,条件成熟后再制定法律。生态保护补偿制度的制定,一直缺乏专门的国家层面立法,包括专门的法律、行政法规、部门规章都没有颁布,仅有地方少数立法和国家层面专门的细则规范性文件出台。法律的制定要求更为严格,需要更为严格的程序、更广泛的共识。按照《立法法》第 11

条,生态保护补偿不属于只能制定法律的情形。国务院在立法计划中,一直把生态保护补偿条例制定纳入立法计划的范畴。官方和学界一直普遍支持以条例的形式规范生态保护补偿活动。从长远来看,我国在《条例》运行效果良好的前提下,应当继续出台《生态保护补偿法》,①出台《条例》是短期的必然选择。

最后,生态保护补偿因与区域发展和国家生态安全密切相关,地方普遍存在难以解决的制度矛盾,自身无法应对,需要国家制定较高位阶的《条例》。生态保护补偿实务涉及国家层面重要的大型政策工程,很多生态保护补偿事务由中央政府主导推进,如重点生态功能区的推进、退耕还林草工程实施、大江大河流域补偿等。跨区域、国家层面生态保护补偿的实施,属于中央事权和财权,无法通过地方立法独立解决。此外,生态保护补偿在基本概念、央地关系、权利义务关系的处理上,地方立法和文件规定存在不一致甚至冲突,必须通过较高位阶立法来定分止争、夯实共识,以便更好地指导实践。

三、《条例》颁布时的立法形势

(一) 生态保护补偿规范体系建设提供了立法基础

生态保护补偿既是一项重要的环境法律制度,亦是一整套实施机制。早在 2010 年,国务院已多次将起草专门条例纳入立法规划。《条例》在颁布前也被列入国务院 2022 年立法计划。当前,我国生态保护补偿的规范性体系为:以《环境保护法》中生态保护补偿基本制度为统领,以自然资源专门法中的补偿规范为补充,以《条例》为指导,以其他有关行政法规性文件、部门规章为衔接,以地方性法规、地方政府规章相互配合的制度体系。总体而言,森林、海洋、草原、野生动物、水、自然保护区等领域法律法规中的生态保护补偿规定零散且简单。在《条例》颁布前,我国主要通过各类政策文件调整生态保护补偿关系。

早在 1993 年 12 月,国务院环境保护委员会在陕西榆林召开环保检查现场会时便提出"探索建立生态环境补偿机制";1997 年《关于加强生态保护工作的意见》要求"积极探索生态环境补偿机制";2004 年《湖库富营养化防治技术政策》提到"开展农业生态保护补偿政策研究"。2005 年 10 月,中共中央《关于制定国民经济和社会发展第十一个五年规划的建议》将生态补偿的原则确立为"谁开发谁保护、谁受益谁补偿"。同年 12 月,国务院《关于落实科学发展观加强环境保护的决定》提出"完善生态补偿政策,尽快建立生态

---

① 连峰、黄英:《乡村振兴视域下耕地生态补偿法律制度之完善路径》,《农业经济》2023 年第 2 期。

补偿机制",此后,生态补偿试点开始铺开。2007年《国家环境保护总局关于开展生态补偿试点的指导意见》系统确立了指导思想、原则和目标、具体领域及措施、组织保障等。2008年《水污染防治法》在法律文本中使用"生态保护补偿"一词。2013年《国务院关于生态补偿机制建设工作情况的报告》指出,2005年以来,我国初步形成森林、草原、水资源和水土、矿山环境治理和生态恢复、重点生态功能区五大领域的生态补偿制度框架。2014年《环境保护法》将"生态保护补偿"确立为环境保护法上的一项基本制度。

2016年《意见》基本明确了"生态保护补偿"的概念内涵与外延,确立了受益者补偿基本原则,认为补偿范围不包含资源使用者付费、损害者赔偿,并指出生态保护补偿的范围仅限于对生态产生正外部性影响的领域,包括森林、草原、湿地等重点领域、流域以及区域补偿,不包括大气污染损害赔偿、生态损害赔偿、资源税费等。该文件实施后,几乎所有省份均颁布了本区域生态保护补偿机制的实施意见,还有一些地区制定了地方性法规或者规章。2016年多部委联合发布了首个国家层面流域生态保护补偿的专门政策——《关于加快建立流域上下游横向生态保护补偿机制的指导意见》。2018年多部委联合颁发了《建立市场化、多元化生态保护补偿机制行动计划》,遗憾的是,从政策内容来看,我国生态环保领域的几乎所有市场化行为均被纳入计划,使得生态保护补偿的概念外延变得无所不包。2021年两办印发《关于深化生态保护补偿制度改革的意见》,为进一步深化生态保护补偿制度改革,指导新时代生态保护补偿制度建设,提供了全新指引。

除上述综合性生态保护补偿规定外,国家和地方层面还颁布了大量涉及森林、湿地、草原等领域及区域生态保护补偿政策,文件数量庞大,涉及补偿类型和事项众多。

(二) 重点领域补偿政策成效形成了立法经验

第一,建立了覆盖天然林资源保护工程、退耕还林还草、森林生态效益补偿等在内的森林生态保护补偿规范体系。退耕还林还草于1999年启动,2014年国家实施了新一轮退耕还林还草。截至2020年年初,实施规模近8000万亩,涵盖22个省和新疆生产建设兵团。退耕还林种苗造林费补助由每亩300元提高到400元,新一轮退耕还总的补助标准达到每亩1600元,实现了保生态和保民生双赢。1998年以后,我国在长江上游、黄河上中游区域、东北和内蒙古等重点国有林区实施了天然林资源保护工程(简称"天保工程")。20多年来,天保工程累计完成公益林建设任务2.75亿亩,使19.32

亿亩天然林得以休养生息。① 2001年,我国开始启动森林生态效益补偿工程。为配合实施森林生态效益补偿,2009年发布了《国家级公益林区划界定办法》和《国家级公益林管理办法》,并于2017年修订。现行《森林法》规定了"国家建立森林生态效益补偿制度"。

第二,建立了包括退耕还草、退牧还草、草原生态保护补助奖励政策在内的草原生态保护补偿规范体系。目前,退耕还草的补助标准由每亩800元提高到1000元。② 从2003年开始,内蒙古等8省区及新疆生产建设兵团开展了退牧还草试点工作,进展顺利。2011年8月,多部委印发《关于完善退牧还草政策的意见》。截至2018年,中央已累计投入资金295.7亿元,累计增产鲜草8.3亿吨。③ 2011年起,国家在甘肃、宁夏和云南等8个主要草原牧区省(区)和新疆生产建设兵团全面开展草原生态保护补助奖励政策。"十三五"期间,国家在河北、山西等13个省(自治区)以及新疆生产建设兵团和黑龙江省农垦总局,启动实施了新一轮草原生态保护补助奖励政策。中央财政按照每年每亩7.5元的测算标准给予禁牧补助,对履行草畜平衡义务的牧民按照每年每亩2.5元的测算标准给予草畜平衡奖励。中央财政每年安排绩效评价奖励资金,对成效显著的省区给予资金奖励。

第三,形成了湿地生态保护补偿机制。2009年中央1号文件明确要求,启动全国湿地生态效益补偿试点。此后,随着2014年《关于全面深化农村改革加快推进农业现代化的若干意见》的落实,我国加快了湿地生态效益补偿和退耕还湿试点工作。2016年,财政部和原国家林业局印发的《林业改革发展资金管理办法》提出"湿地补助包括湿地保护与恢复补助、退耕还湿补助、湿地生态效益补偿补助"。2016年以后,中央财政每年都通过林业补助资金下拨地方,支持湿地保护,其中包括用于实施退耕还湿和湿地生态效益补偿的资金。

第四,初步建立了沙化土地封禁保护补偿制度。原国家林业局依据《防沙治沙法》等文件规定,于2013年正式启动了沙化土地封禁保护补助试点工作。试点范围包括内蒙古、西藏、陕西、甘肃、青海、宁夏、新疆七个省区。为

---

① 《天然林保护工程,20年收获了什么》,人民网,2018年5月18日,http://env.people.com.cn/n1/2018/0518/c1010-29999970.html,访问日期:2024年8月8日。
② 《退耕还林还草生态民生双赢》,动静新闻网,2019年7月15日,https://movement.gztv.com/news/detail/124065/?type=1&args=%7B%22id%22:%22124065%22,%22ctype%22:%22news.rticle%22%7D,访问日期:2024年8月8日。
③ 《中国累计近300亿元用于退牧还草工程》,中国新闻网,2018年7月18日,http://www.chinanews.com/gn/2018/07-18/8570876.shtml,访问日期:2024年8月8日。

配合实施2015年颁布的《国家沙化土地封禁保护区管理办法》,国家林业主管部门每年都会公布国家沙化土地封禁保护区名单。随着这些措施的实施,保护区的植被得到了较好恢复。

第五,逐步推进渔业等水生生物生态保护补偿制度建设。1998年至今,国家农业主管部门历年都发布有关海洋伏季休渔工作的通知,要求从渔业油补政策省级统筹资金中调剂资金用于休渔补贴。2003年的《海洋捕捞渔民转产转业专项资金使用管理规定》被2014年的《中央财政农业资源及生态保护补助资金管理办法》取代,该办法在农业资金保护支出内容中明确了渔业资源保护与利用所需的水生生物增殖放流、海洋牧场建设、渔民减船转产补助等项目。2019年《长江流域重点水域禁捕和建立补偿制度实施方案》要求,退捕渔民临时生活补助、社会保障、职业技能培训等相关工作所需资金,主要由各地结合现有政策资金渠道解决。中央财政采取一次性补助与过渡期补助相结合的方式对禁捕工作给予适当支持。该方案的第一阶段任务已经完成,另一阶段任务是在2020年年底前完成长江干流和重要支流除保护区以外水域的渔民退捕工作。目前,江西省、重庆市、湖北省等地均实现了水生生物保护区全面禁捕。① 《2020年渔业扶贫和援藏援疆行动方案》提出摸排因新冠肺炎疫情、因灾、因退捕、因退养等因素导致的返贫情况,及时提出针对性政策建议并采取积极帮扶措施。

第六,耕地轮作休耕补偿政策试点成效显著。根据2016年《探索实行耕地轮作休耕制度试点方案》的要求,对承担轮作休耕任务农户的原有种植作物收益和土地管护投入给予必要补助,确保试点不影响农民收入。按每年每亩150元的标准安排补助资金,支持开展轮作试点。河北省黑龙港地下水漏斗区季节性休耕试点每年每亩补助500元,湖南省长株潭重金属污染区全年休耕试点每年每亩补助1300元,贵州省和云南省两季作物区全年休耕试点每年每亩补助1000元,甘肃省一季作物区全年休耕试点每年每亩补助800元。截至2020年年初,我国耕地轮作休耕制度试点省份由9个增加到17个,试点面积由616万亩扩大到3000万亩。试点区域耕地质量稳步向好,生态环境得到改善。黑龙江试点区域提升了品牌效益,增加了农民收益。江苏、甘肃等省将轮作休耕与有机农业、生态旅游相结合。内蒙古阿荣旗扶贫

---

① 《江西水生生物保护区实行全面禁捕》,中国政府网,2020年1月1日,https://www.gov.cn/xinwen/2020-01/01/content_5465653.htm,访问日期:2024年4月26日。《长江流域重庆段水生生物保护区全面禁捕》,中国网,2019年12月31日,http://guoqing.china.com.cn/2019-12/31/content_75565394.html,访问日期:2024年8月8日。姜文婧:《湖南省将率先在长江流域水生生物保护区实施全面禁捕》,搜狐网,2017年6月12日,https://www.sohu.com/a/148163923_362042,访问日期:2024年8月8日。

农场统一经营,实现人均增收 1000 多元,完成了脱贫攻坚任务。①

(三) 地方流域补偿实践创造了立法条件

2005 年,国家将生态补偿机制建设列为年度工作要点,地方开始探索建立流域生态保护补偿制度。2005 年,北京市与张家口、承德两市签订《关于加强经济与社会发展合作备忘录》,拉开了上下游政府探索水环境生态补偿的序幕。2011 年《新安江流域水环境补偿试点实施方案》颁布,安徽、浙江两省于 2012—2014 年间启动首轮试点。2011 年年底,陕西、甘肃两省渭河沿岸的六市一区签订了《渭河流域环境保护城市联盟框架协议》,自主探索了跨省流域补偿机制。2015 年新安江流域继续实施第二轮试点(2015—2017),中央财政资金按照退坡原则分年补助数额为 4 亿元、3 亿元、2 亿元,皖浙两省政府投入补偿资金增加到 2 亿元。2022 年年底,经过三轮试点,千岛湖水质各项指标基本符合I类水标准,出境断面水质持续保持I类水标准,饮用水水源地水质达标率为 100%。

截至 2023 年 5 月,我国已有 20 多个省(自治区、直辖市)制定了本行政区域内的流域补偿规范性文件。地方流域补偿实践中,除新安江补偿外,还有渭河、引滦入津、东江、汀江—韩江、九洲江、赤水河、潮白河、酉水、滁河等试点。此外,水权交易也成为市场化流域补偿的形式之一,义乌市和东阳市的水权交易,河南平顶山市和新密市的跨流域水权交易、永定河上游水权交易、黄河流域内蒙古自治区盟水权交易等探索相继成功。2020 年《支持引导黄河全流域建立横向生态补偿机制试点实施方案》既坚持中央财政安排引导资金,也鼓励沿黄九省(区)探索建立多元化横向生态补偿机制。

(四) 多样化区域补偿机制建立提供了立法铺垫

中央生态保护补偿投入的重点生态区域,主要位于中西部地区、重点生态区和贫困地区。2008 年开始,财政部出台了《国家重点生态功能区转移支付办法》,2012 年至今,财政部逐年发布年度《中央对地方重点生态功能区转移支付办法》,转移支付资金力度逐年加大。同时,中央财政还对国家级自然保护区、国家级风景名胜区、国家森林公园、国家地质公园等自然保护地给予补助。

2016 年后,区域补偿注重与精准扶贫、生态扶贫相结合。在我国贫困的

---

① 《耕地轮作休耕制度试点工作座谈会在滁州召开》,中华人民共和国农业农村部官网,2019 年 11 月 22 日,http://www.moa.gov.cn/xw/zwdt/201911/t20191122_6332303.htm,访问日期:2024 年 4 月 26 日。

生态脆弱区,如贵州、云南、四川等地,对一些有劳动能力的贫困人口,通过为他们提供生态建设岗位补偿,增加贫困人口的工资性收入。一些重点脱贫对象,将其直接纳入生态效益补偿资金优惠政策享受者范围,从而获得生态补偿政策补贴。我国集中连片特殊困难地区等贫困人口聚集的地区,大多分布在生态环境脆弱、需要重点保护的区域,如湖南省桂东县、汝城县、宜章县等,作为国家限制开发区域,已被列入南岭山地森林及生物多样性保护国家重点生态功能区,享受国家生态补偿示范区政策,同时也位于罗霄山集中连片特殊困难地区,是扶贫的重点区域。还有很多地区通过政策倾斜,帮助贫困村调整和优化产业结构、转变经济发展方式,比如,帮助广西河池南丹县贫困户发展养蜂、养鸡等林下产业。贵州黔南实施退耕还林工程,发展以"都匀毛尖"为主的绿色茶产业,助推精准扶贫。广西都安县生态补偿脱贫中,因地制宜发展葡萄、核桃、禽畜养殖等特色产业。①

地方横向区域生态保护补偿也已开始探索。2019年3月重庆市江北区与酉阳土家族苗族自治县签订以森林覆盖率为指标的横向生态补偿协议。按照协议,江北区向酉阳县支付7.5万亩森林面积指标价款共1.875亿元。2019年11月、12月,九龙坡区政府与城口县政府、南岸区政府、重庆经开区管委会与巫溪县政府签订横向购买协议,成交森林面积指标共2.5万亩。

(五)生态保护补偿制度建设的突出矛盾亟待《条例》应对

首先,在《条例》颁布前,生态保护补偿一直存在专门立法缺位、制度体系滞后、概念混乱等问题。由于尚未形成完备系统的生态保护补偿规范体系,较高位阶的专门规定长期缺位,《意见》并非可操作的行政法规,仅有的法律规定属于分领域的个别规范。各领域政策发布主体极为分散,没有将不同类型的补偿政策工程综合安排、统筹实施,从而带来不同政策工程的适用冲突、混乱的后果,增加行政成本以及出现重复补偿等问题。政策制定主体的多样化造成生态保护补偿相关概念适用不一和理解混乱。尽管"生态保护补偿"一词在当前已被较多使用,但各类规范性文件中的类似概念仍然很多,如生态补偿、生态补偿机制、生态效益补偿、生态环境补偿、生态环境恢复补偿等。这些概念在不同的法律、法规、规章等文件中混同使用,却均未对其进行解释。生态保护补偿相关概念不仅在综合性生态保护补偿文件中界定不一致,而且在森林、草原、湿地等重点领域以及区域、流域等领域中的称谓也各不相同,与法律概念应具有确定性的目标背道而驰。

---

① 刘春腊、徐美、周克杨等:《精准扶贫与生态补偿的对接机制及典型途径——基于林业的案例分析》,载《自然资源学报》2019年第5期。

其次,生态保护补偿机制的价值目标不清晰。由于生态保护补偿涉及众多领域,承载多元价值,各界对其一直存在不同认识。目前,我国的政策文件及补偿实践多将生态保护补偿理解为涵盖所有产生生态正外部效益的"大补偿",既包括对生态保护者的补偿,还包括政府实施的生态建设和生态投入。实际上,生态保护补偿作为一种新型环境制度,旨在激发生态保护者保护生态环境的积极性,这一点与世界范围内的 PES 机制并无差异。生态保护补偿的产生背景是生态保护者为保护生态环境作出牺牲,但难以通过受益者获得公平补偿,进而影响生态保护的可持续性。因此,致力于解决依靠传统政策无法调整的、旨在理顺生态保护者和受益者关系的生态保护补偿机制应运而生。旨在规范单纯的生态建设、生态投入层面的环境行政给付关系,依靠财政转移支付和行政管理等制度便能得到实现,没有必要再进行新的立法确认。补偿机制价值目标的不清晰,容易导致行政机关权力任性,以管理者角色强制推行补偿政策,造成保护者和受益者关系的错位,这是生态保护者权益保障不到位的根源所在。由此,"大补偿"的认知和做法背离了生态保护补偿立法的价值,使得这一机制的目标存在偏差和模糊。

再次,实践中的补偿方式相对单一,市场化和综合性补偿机制尚不完善。第一,生态保护补偿的主要资金渠道是财政转移支付以及专项基金,其中占比例最大的是中央向地方的转移支付。政策法规实践中大量出现生态保护补偿由中央政府买单的情形,背离了受益者补偿和中央财政逐渐减少投入的要求。目前的生态保护补偿方式仍以"输血型"补偿为主,缺少"造血型补偿"。第二,我国生态保护补偿的市场化实践主要有生态标签、间接型的生态保护补偿商品消费、生态旅游、市场化的权利交易等,然而这些市场化的手段在法规政策实践中鲜有得到奖励或者受到激励。第三,综合性生态保护补偿实践有待拓展。《意见》要求"统筹各类补偿资金,探索综合性补偿办法"。福建等地颁布了综合性补偿办法,如《福建省综合性生态保护补偿试行方案》。尽管我国在推进生态补偿示范区建设中,在一定程度上综合实施了各类生态补偿,但没有从体制机制层面解决不同领域补偿资金重复、补偿重合乃至补偿措施矛盾的问题,也没能通过统筹安排的补偿政策、整合的资金和补偿项目、统一的考核以及权威的机构来综合推进各类补偿。

最后,补偿标准体系有待健全。我国尚未形成科学的、动态化的生态保护补偿标准体系,《条例》对此尚未进行直接规范。生态保护补偿标准实践一直存在三方面问题。其一,缺乏科学的补偿标准计算依据。补偿标准政策实践虽宣称考虑生态保护成本和发展机会成本,并将其作为核算方式,但实际上主要关注了生态保护成本,缺乏对丧失发展机会成本的核算。其二,公众普遍反映补偿标准过低。生态保护补偿制定标准由政府单方面决定,公众在标准确定方面没有话语权,标准的确立缺乏程序性的规定。其三,有些地区在确定重点扶贫对象时,除考虑经济收入等贫困因子外,并未考虑其生态贡献度,以确定相应的补偿(帮扶)标准。合理的标准应当是补偿金不低于生态保护者丧失的发展机会成本,鼓励有条件的地区按照市场化的补偿方式,使得补偿金接近或者等于生态保护者创造的生态效益。

四、《条例》的立法时机和预期效果

无论是从生态保护补偿的发展,还是从国家与地方层面对立法的迫切期望和需求看,《条例》在制定时,其时机已然成熟。

(一) 立法时机成熟

第一,生态保护补偿实践不断发展,亟待立法予以规范。首先,多领域的生态保护补偿实践蓬勃开展,其制度效果需通过立法不断加以肯定,以形成可持续的生态保护补偿利益分配关系和稳定的生态保护补偿分配秩序。其次,生态保护补偿正在朝着多元化、市场化的方向发展,因此更需要立法引领并及时确认多元化、市场化的生态保护补偿权利义务关系。最后,生态保护补偿涉及领域众多,很多规范性文件出台较早,有的欠缺科学性,随着时间的推移,很多已经不适应当前发展,有必要通过新的立法取代旧有的规章和政策。只有立足当下,面向未来,尽快立法,才能既确认和巩固生态保护补偿的已有效果,也能为未来实践的展开提供法律保障。

第二,国家高度重视生态保护补偿法制建设,地方迫切期待国家立法。国家层面多次在重大会议上强调完善生态保护补偿制度建设。党的十八大和十九大提出建立和完善生态保护补偿制度与机制。习近平总书记主持召开中央财经委员会第五次会议时,强调要全面建立生态保护补偿制度。而完善生态保护补偿制度建设的落脚点在于尽快改变现有分散立法、缺乏较高位阶生态保护补偿专门规范性文件的立法现状,及时推进形成系统完备的生态保护补偿专门立法。在地方层面,尽管多数省市颁布了本区域内的生态保护补偿具体实施意见,但是鉴于生态保护补偿的一些主要问题涉及普遍性的国家层面问题,各地一直呼吁国家尽快立法,以解决地方生态保护补偿立法实践难以解决的共性问题。

(二) 预期立法效益明显

第一,立法有助于激励生态保护,实现可持续的生态文明建设。生态保

护补偿是一套系统的激励制度,通过激发生态保护者的积极性,达到良好生态环境的目的。生态保护补偿专门立法,将改变传统的环境管制模式,是一种促进经济与环境和谐发展的环境资源利用模式,通过内在的激励发挥生态保护补偿的杠杆效应。激励机制将更能获得生态保护者的内心认同,增强其保护生态环境的主动性,以非强制性的外在压力的形式实现保护生态的目标。生态保护补偿专门立法就是要将激励机制科学配置到位,不断激发保护者的自愿行为,以实现可持续的生态文明建设。

第二,立法有利于改善民生。生态保护补偿实施区域广泛,大多位于限制和禁止开发区,涉及众多农牧民等主体的生产生活。生态保护补偿立法将保护生态保护者的权益作为重要立法目的之一,同时明确要求,直接涉及生态保护者限制开发利用的补偿,需要签订协议,并从协议内容上突出对生态保护者的权利维护,体现了对广大生态保护者基本权利的保障。

第三,立法有利于促进政府积极履行环境保护职责。首先,生态保护补偿立法明确国家有在重要领域建立完善生态保护补偿制度的义务。其次,在一些重要的生态区域和流域,全面理顺了各级政府应当履行的生态保护补偿职责,如明确了国务院有关部门和地方政府的财政补助职责、区域或流域的政府合作义务,规范了国家和政府搭建补偿市场主体交易平台等职能。通过上述举措,将政府应当履行环境职责的生态保护补偿领域和事项详尽确定下来。

五、立 法 目 的

(一) 立法目的之功能

立法目的是立法者以"为了"或者"为"作为标识语,用规范化的语句开宗明义表达整个立法文本目的的特定法条形式。立法目的条款与规定适用范围、基本原则、部门职责等法条一样,都属于辐射范围及于整个制定法文本且执行特定立法职能的专门性法条。

生态保护补偿立法目的具有独特的根据、功能定位、规范结构和表述技术,对中国特色生态保护补偿法治建设具有重要价值。找准生态保护补偿专门立法目的,可以提高该行政法规立法技术水平,提高立法质量;在法律实施方面,有利于生态保护补偿领域的管理部门和实施者准确理解立法的原旨,公正地实施制度文本;在法律遵守方面,可以使生态保护补偿主体和其他公众知悉生态保护补偿规定的精神内涵,正确地行使权利、履行义务;在法理研究方面,可以促使研究者将目光聚焦于法律文本,增强研究服务于法治实践的能力。

生态保护补偿立法目的不仅指引《条例》的全部条款设计,体现对生态保护补偿社会关系实行法律调整的思想动机和意图出发点,还为《条例》制度体系中的全部原则、制度和具体规则提供价值基础。采用何种立法目的将决定《条例》如何定位,进一步影响执法和司法方式,是从法律适用层面界定究竟保护何种利益的根本问题。因此,找准生态保护补偿的立法目的尤为重要。

生态保护补偿立法目的是《条例》法律文本内在价值的根本体现,也是立法的价值导向。从国家和地方政策法规实践看,生态保护补偿的立法目的具有多元性,相关文件中的目的规定不尽一致。在理论研究中,生态保护补偿立法目的并未受到单独关注,但可以从概念解释角度发现存在不同的认识。本部分将通过梳理生态保护补偿需要平衡的多元利益与多重价值,分析不同价值目标之间的关系,以明确《条例》应当吸纳哪些现有的行之有效的政策法规价值,阐明应当保护什么价值。

进行立法目的研究的目标是理顺生态保护补偿保护或调整的多元利益之间的关联,厘清生态保护补偿力求保护的直接价值与根本价值,设定生态保护补偿立法的应然目的,以此审视《条例》的立法目的规定。

具体而言,本书路径如下:首先,通过现实的生态保护补偿制度文本和有关规定,对生态保护补偿立法目的在现行规范性体系中的表达进行客观描述并给予分析。其次,从应然角度就如何界定生态保护补偿立法目的进行说明和论证。最后,设计应然的立法目的条文。

(二) 现行规范中生态保护补偿立法目的条款表达

对立法目的进行规范性考察,其意义在于通过观察生态保护补偿不同领域的单一或综合性文件规定,归纳出立法目的中存在的共识性认知,并从正反两方面全面审视,以提炼出实证层面的可借鉴之处。生态保护补偿的立法目的,既能够直接从综合性或单一生态保护补偿文件中的目的规定或条款中得以呈现,也可以从现有立法等规范性文件中涉及生态保护补偿的条款中进行推演。[①]

其中,综合性生态保护补偿文件是指以生态保护补偿或者相似概念作为文件名的、效力层级不同的规范性文件,如《意见》等。单一生态保护补偿文

---

① 本部分之立法目的考察,并非只关注立法法层面各类法律文件中的生态保护补偿目的表述,而是将研究对象扩大到各类生态保护补偿文件。也就是说,所谓立法目的,并非《立法法》中的"法"目的,而是直接体现生态保护补偿规定的所有规范性内容的制定目的。

件,是指以流域生态保护补偿、湿地生态保护补偿等相似概念作为文件名,指导某一具体领域生态保护补偿活动的、效力层级不同的规范性文件①,如《支持引导黄河全流域建立横向生态补偿机制试点实施方案》。现有立法等规范性文件中涉及生态保护补偿的条款,是指该类文件并不主要调整综合性或单一性的生态保护补偿活动,而是在文件中有一些内容或者条款涉及了生态保护补偿内容,如《水污染防治法》规定:国家通过财政转移支付等方式,建立健全对位于饮用水水源保护区区域和江河、湖泊、水库上游地区的水环境生态保护补偿机制。

上述三类文件均包括国家层面和地方层面生态保护补偿文件两类。尽管第三类文件中涉及生态保护补偿的条款并未直接明确生态保护补偿立法目的,且内容分散,也不是以整体制度文本的形式呈现,但依然有诸多涉及生态保护补偿制度的重要规定,特别是大量的法律层面的条文具有重要的指导意义。透过这些分散的规定,可以在一定程度上探寻立法者对规定的价值取向,进而探寻立法目的。

目前,在生态保护补偿的综合性或具体领域,我国国家层面制定了调整生态保护补偿关系、包含生态保护补偿规定的规范性文件,效力层级不一,行政规范性文件占据了绝大多数。因数量过于庞大,对于国家层面涉及生态保护补偿规定的规范性文件,本书仅就代表性的领域和重要的文件规定进行罗列。在地方层面,鉴于我国的生态保护补偿工作几乎都是自上而下地逐级安排与实施,具有立法法范畴的地方性特色立法并不多,绝大多数以政策形式为执行国家层面立法或规定而制定,而且涉及生态保护补偿规定的文件更是浩如烟海。由此,考虑到分析的便利和讨论重点的突出,在解释地方规范性文件立法或制定目的时,本节仅罗列以生态保护补偿或相似概念命名的地方性法规与地方政府规章,以及某一领域有独创性的地方性法规或者地方政府规章。

对上述规范性文件进行实然性考察,有助于从现实层面看待我国国家和地方层面对生态保护补偿的立法目的认知。

因生态保护补偿的称谓不尽一致,仍有生态补偿、生态补偿机制、生态效益补偿等多种称谓,本书在文件检索择取关键词时将这些文件统一纳入进来,以保证文献的周全性。

1. 国家层面立法(制定)目的规范性考察

第一,综合性生态保护补偿规范性文件立法(制定)目的(见表6-1)。

---

① 鉴于国家层面和地方层面单一领域生态保护补偿文件较多,如退耕还林草领域,本书仅选择较重要的进行罗列。

表6-1 国家层面综合性生态保护补偿规范性文件立法(制定)目的

文件名	效力等级	制定/修改时间	立法(制定)目的表述
关于深化生态保护补偿制度改革的意见	党内法规制度	2021年9月	要围绕生态文明建设总体目标,加强同碳达峰、碳中和目标任务衔接,进一步推进生态保护补偿制度建设,发挥生态保护补偿的政策导向作用。
生态综合补偿试点方案	部门规范性文件	2019年11月	为贯彻落实党中央、国务院的决策部署,进一步健全生态保护补偿机制,提高资金使用效益,特制定《生态综合补偿试点方案》。
建立市场化、多元化生态保护补偿机制行动计划	部门规范性文件	2018年12月	为贯彻中共中央办公厅《党的十九大报告重要改革举措实施规划(2018—2022年)》(中办发〔2018〕39号)以及中共中央办公厅、国务院办公厅《中央有关部门贯彻实施党的十九大报告重要改革举措分工方案》(中办发〔2018〕12号)精神,落实《国务院办公厅关于健全生态保护补偿机制的意见》(国办发〔2016〕31号),积极推进市场化、多元化生态保护补偿机制建设,特制定本行动计划。
关于健全生态保护补偿机制的意见	国务院规范性文件	2016年4月	实施生态保护补偿是调动各方积极性、保护好生态环境的重要手段,是生态文明制度建设的重要内容。为进一步健全生态保护补偿机制,加快推进生态文明建设,经党中央、国务院同意,现提出以下意见。
关于生态补偿机制建设工作情况的报告	国务院规范性文件	2013年4月	建立生态补偿机制,是建设生态文明的重要制度保障,采取财政转移支付或市场交易等方式,对生态保护者给予合理补偿,使生态保护经济外部性内部化的公共制度安排,对于实施主体功能区战略、促进欠发达地区和贫困人口共享改革发展成果,对于加快建设生态文明、促进人与自然和谐发展具有重要意义。
国家环境保护总局关于开展生态补偿试点工作的指导意见	部门工作文件	2007年8月	有利于推动环境保护工作实现从以行政手段为主向综合运用法律、经济、技术和行政手段的转变,有利于推进资源的可持续利用,加快环境友好型社会建设,实现不同地区、不同利益群体的和谐发展。建立生态补偿机制是落实新时期环保工作任务的迫切要求。开展试点工作是全面建立生态补偿机制的重要实践基础。

基于上述内容,可归纳出国家层面综合性生态保护补偿规范性文件的立法(制定)目的,主要包含如下要义:其一,贯彻落实党中央、国务院的决定或重要中央会议精神;其二,推进健全生态保护补偿机制;其三,建设生态文明,实现资源可持续利用,保护生态环境,促进人与自然和谐发展;其四,调动各方积极性,使生态保护经济外部性内部化;其五,明确界定生态保护者与受益者的权利与义务,对生态保护者给予合理补偿,促进欠发达地区和贫困人口共享改革发展成果;其六,实施主体功能区战略,实现不同地区、不同利益群体的和谐发展。

在诸多目的中,国家层面综合性生态保护补偿规范性文件大多确立了多元化生态保护补偿目的,且各有不同侧重。

第二,具体领域生态保护补偿规范性文件立法(制定)目的(见表6-2)。

表6-2 国家层面具体领域生态保护补偿规范性文件立法(制定)目的

文件名	效力等级	制定/修改时间	立法(制定)目的表述
支持长江全流域建立横向生态保护补偿机制的实施方案	部门工作文件	2021年4月	为贯彻习近平总书记在全面推动长江经济带发展座谈会上的重要讲话精神,落实《中华人民共和国长江保护法》等要求,积极构建现代环境治理体系,深入推进长江全流域建立横向生态保护补偿机制,进一步健全共抓大保护的工作格局,财政部、生态环境部、水利部、国家林业和草原局(以下简称四部门)制定本实施方案。
支持引导黄河全流域建立横向生态补偿机制试点实施方案	部门规范性文件	2020年4月	为深入贯彻党的十九大和十九届二中、三中、四中全会以及习近平总书记在黄河流域生态保护和高质量发展座谈会及中央财经委员会第六次会议上的重要讲话精神,探索建立黄河全流域生态补偿机制,加快构建上中下游齐治、干支流共治、左右岸同治的格局,推动黄河流域各省(区)共抓黄河大保护,协同推进大治理。
农业部办公厅关于做好2018年黄河禁渔工作的通知	部门工作文件	2018年3月	为做好2018年黄河禁渔工作。

(续表)

文件名	效力等级	制定/修改时间	立法(制定)目的表述
财政部关于建立健全长江经济带生态补偿与保护长效机制的指导意见	部门规范性文件	2018年2月	为全面贯彻落实党的十九大精神,积极发挥财政在国家治理中的基础和重要支柱作用,按照党中央、国务院关于长江经济带生态环境保护的决策部署,推动长江流域生态保护和治理,建立健全长江经济带生态补偿与保护长效机制,制定本意见。
全国碳排放权交易市场建设方案(发电行业)	部门规范性文件	2017年12月	为扎实推进全国碳排放权交易市场,确保2017年顺利启动全国碳排放交易体系。
关于加快建立流域上下游横向生态保护补偿机制的指导意见	部门规范性文件	2016年12月	开展横向生态保护补偿,是调动流域上下游地区积极性,共同推进生态环境保护和治理的重要手段,是健全生态保护补偿机制的重要内容。为加快建立流域上下游横向生态保护补偿机制,推进生态文明体制建设,经国务院同意,现提出以下意见。
国务院办公厅关于建立统一的绿色产品标准、认证、标识体系的意见	国务院规范性文件	2016年11月	为贯彻落实《生态文明体制改革总体方案》,建立统一的绿色产品标准、认证、标识体系。
贫困地区水电矿产资源开发资产收益扶贫改革试点方案	国务院规范性文件	2016年9月	为推动资源开发成果更多惠及贫困人口,促进共享发展,逐步建立贫困地区水电、矿产等资源开发资产收益扶贫制度,制定本方案。
关于构建绿色金融体系的指导意见	部门规范性文件	2016年8月	为全面贯彻《中共中央 国务院关于加快推进生态文明建设的意见》和《生态文明体制改革总体方案》精神,坚持创新、协调、绿色、开放、共享的发展理念,落实政府工作报告部署,从经济可持续发展全局出发,建立健全绿色金融体系,发挥资本市场优化资源配置、服务实体经济的功能,支持和促进生态文明建设。
用能权有偿使用和交易制度试点方案	部门规范性文件	2016年7月	为有序推进用能权有偿使用和交易工作,拟在部分地区开展制度试点,先行先试,制定本试点方案。

(续表)

文件名	效力等级	制定/修改时间	立法(制定)目的表述
退耕还林条例	行政法规	2016年2月	为了规范退耕还林活动,保护退耕还林者的合法权益,巩固退耕还林成果,优化农村产业结构,改善生态环境,制定本条例。
探索实行耕地轮作休耕制度试点方案	部门工作文件	2016年6月	在部分地区探索实行耕地轮作休耕制度试点,是党中央、国务院着眼于我国农业发展突出矛盾和国内外粮食市场供求变化作出的重大决策部署,既有利于耕地休养生息和农业可持续发展,又有利于平衡粮食供求矛盾、稳定农民收入、减轻财政压力。为有序推进试点,制定本方案。
水权交易管理暂行办法	部门规范性文件	2016年4月	为贯彻落实党中央、国务院关于建立完善水权制度、推行水权交易、培育水权交易市场的决策部署,鼓励开展多种形式的水权交易,促进水资源的节约、保护和优化配置。
关于进一步推进排污权有偿使用和交易试点工作的指导意见	国务院规范性文件	2014年8月	为进一步推进试点工作,促进主要污染物排放总量持续有效减少。
关于推进林业碳汇交易工作的指导意见	部门工作文件	2014年4月	为深入贯彻落实党的十八届三中全会和全国林业厅局长会议精神,指导各地规范有序推进林业碳汇交易工作。
关于完善退牧还草政策的意见	部门规范性文件	2011年8月	为进一步完善退牧还草政策,巩固和扩大退牧还草成果,深入推进退牧还草工程,现提出以下意见。
2011年草原生态保护补助奖励机制政策实施指导意见	部门规范性文件	2011年6月	加强草原生态保护,促进牧民增收,对于保障国家生态安全,加快牧区经济社会发展,促进构建和谐社会具有重大意义。在有关省区全面建立草原生态保护补助奖励机制,是党中央、国务院统筹我国经济社会发展全局做出的重大决策;是深入贯彻落实科学发展观,促进城乡区域协调的具体体现;是加快草原保护,建设草原生态文明的重要举措。

(续表)

文件名	效力等级	制定/修改时间	立法(制定)目的表述
国务院关于完善退耕还林政策的通知	国务院规范性文件	2007年8月	由于解决退耕农户长远生计问题的长效机制尚未建立,随着退耕还林政策补助陆续到期,部分退耕农户生计将出现困难。为此,国务院决定完善退耕还林政策,继续对退耕农户给予适当补助,以巩固退耕还林成果,解决退耕农户生活困难和长远生计问题。
关于进一步加强退牧还草工程实施管理的意见	部门规范性文件	2005年4月	为了认真贯彻落实《中共中央 国务院关于进一步加强农村工作提高农业综合生产能力若干政策的意见》(中发〔2005〕1号)精神,加强退牧还草工程的实施管理,推进工程项目组织实施管理制度化、规范化,提高工程项目的质量和投资效益……
水利部关于水权转让的若干意见	部门规范性文件	2005年1月	为进一步推进水权制度建设,规范水权转让行为。
水权制度建设框架	部门规范性文件	2005年1月	为理清水权制度的基本内容,提高对水权制度的认识,推进水权制度建设,现对水权制度建设提出如下意见。
农业部关于进一步做好退牧还草工程实施工作的通知	部门规范性文件	2003年10月	为深入贯彻实施《草原法》和《国务院关于加强草原保护与建设的若干意见》,进一步做好退牧还草工程实施工作,确保年度计划目标和任务的完成,加快我国草原生态环境的保护和建设,现就有关事宜通知如下。
国务院关于进一步做好退耕还林还草试点工作的若干意见	国务院规范性文件	2000年9月	为了明确责任,严格管理,推动试点工作的健康发展,根据国务院总理办公会议的决定,并经今年七月中西部地区退耕还林还草工作座谈会讨论,现就进一步做好退耕还林还草试点工作作出以下规定。

基于对上述内容的归纳,国家层面具体领域生态保护补偿规范性文件的立法(制定)目的要义如下:第一,贯彻落实党中央、国务院、国家领导人的精神或上位法规定;第二,完善具体领域的生态保护补偿机制,推进具体领域生态保护补偿(试点)工作,强化管理并提升资金使用效益;第三,加快某一领

域生态环境的保护和建设;第四,完善某一具体领域生态保护补偿制度,规范该类活动或者行为;第五,保护具体领域因实施生态保护补偿活动丧失发展机会者的合法权益,解决其生存发展问题,稳定并促进农民增收;第六,巩固具体领域生态保护补偿成效;第七,促进具体自然资源的节约、保护和优化配置,保护生态环境,推进生态文明建设;第八,促进城乡区域协调发展,统筹经济社会协调发展;第九,保障国家生态安全。

在诸多目的中,国家具体领域生态保护补偿规范性文件均确立了多元化生态保护补偿目的,且各有不同侧重。

第三,基于涉及生态保护补偿内容的规定探寻立法目的。

当前,我国生态保护补偿的规范性体系为:以《环境保护法》中的生态保护补偿基本制度为统领,以各资源领域专门法中的保护补偿规范为补充,以国务院《条例》为专门指导,以其他有关行政法规性文件、部门规章为衔接,以地方性法规、地方政府规章相互配合的制度体系。具体言之,国家层面有关生态保护补偿规范性文件及相关规定详见表6-3。从下列国家层面有关生态保护补偿的规定内容看,相关制度规定并未直接谈及立法目的。根据一般文义解释,可以根据制度规定涉及的补偿主体、内容和客体进行类推解释。法律中有关生态保护补偿的规定,详见前述表1-1。

表 6-3 国家层面法律以外含生态保护补偿内容的文件规定

法规与政策	效力等级	制定/最后修改时间	与生态保护补偿相关内容
林业改革发展资金管理办法	部门规范性文件	2021年6月	森林资源管护支出用于天然林保护管理和森林生态效益补偿,湿地等生态保护支出用于湿地保护与恢复、退耕还湿、湿地生态效益补偿等湿地保护修复。
关于落实《政府工作报告》重点工作部门分工的意见	国务院规范性文件	2019年3月	自然资源部、生态环境部、水利部、国家林草局、国家发展改革委等按职责分工负责健全生态保护补偿机制。
关于海域、无居民海岛有偿使用的意见	部门规范性文件	2018年7月	制定海洋生态保护补偿制度
关于深入推进生态环境保护工作的意见	部门规范性文件	2018年7月	健全生态补偿政策,加大对生态功能区的转移支付力度,实施新一轮草原生态保护补偿政策,建立长江流域全面禁捕补偿政策,提高国家级公益林补偿标准,加强湿地生态效益补偿。

（续表）

法规与政策	效力等级	制定/最后修改时间	与生态保护补偿相关内容
自然保护区条例	行政法规	2017年10月	自然保护区核心区内原有居民确有必要迁出的，由自然保护区所在地的地方人民政府予以妥善安置。
关于进一步加强渤海生态环境保护工作的意见	部门规范性文件	2017年5月	建立健全海洋开发利用活动生态补偿制度。
关于进一步加强区域合作工作的指导意见	部门规范性文件	2015年12月	完善对重点生态功能区的生态保护补偿机制，支持地区间建立横向生态保护补偿制度。
关于贯彻实施国家主体功能区环境政策的若干意见	部门规范性文件	2015年7月	加大对禁止和限制开发区环境保护资金投入、财政转移支付、生态补偿力度；制定和落实科学的生态补偿制度和专项财政转移支付制度，将生态保护补偿机制建设工作纳入地方政府的绩效考核；推进实施生态保护补偿及监测考评机制。
关于加快推进渔业转方式调结构的指导意见	部门工作文件	2016年5月	建立健全渔业生态补偿机制。
风景名胜区条例	行政法规	2016年2月	对风景名胜区内的土地、森林等自然资源和房屋等财产的所有权人、使用权人的损失给予补偿；风景名胜资源有偿使用费。
湿地保护管理规定	部门规章	2013年3月	工程建设征收或者占用湿地补偿、临时占用湿地的生态修复措施。建立湿地生态补水协调机制。
关于加强国家重点生态功能区环境保护和管理的意见	部门规范性文件	2013年1月	在中央财政要继续加大对国家重点生态功能区的财政转移支付力度的同时，探索建立地区间横向援助机制。
关于大力实施促进中部地区崛起战略的若干意见	国务院规范性文件	2012年8月	支持在丹江口库区及上游地区、淮河源头、东江源头等开展生态补偿试点。鼓励新安江、东江流域上下游生态保护与受益区之间开展横向生态环境补偿。

(续表)

法规与政策	效力等级	制定/最后修改时间	与生态保护补偿相关内容
重点流域水污染防治规划(2011—2015年)	部门工作文件	2012年5月	在海河流域推进建立流域跨省生态补偿机制,在黄河中上游流域强化退牧还草等生态保护措施,提高水源涵养能力,试点实施生态补偿机制。
全国主体功能区划	国务院规范性文件	2010年12月	建立省级生态环境补偿机制,加大对重点生态功能区的支持力度。对重点生态功能区因加强生态环境保护造成的利益损失进行补偿。
蓄滞洪区运用补偿暂行办法	行政法规	2000年5月	为保障蓄滞洪区的正常运用,确保受洪水威胁的重点地区的防洪安全,合理补偿蓄滞洪区内居民因蓄滞洪遭受的损失;规定了补偿对象、范围、标准、程序等。

通过对上述两个表格内容进行推理和归纳,从实然视角看,国家层面的生态保护补偿规定,既体现了生态受益者对生态保护者或建设者投入成本或者丧失发展机会的补偿,也体现了通过财政等资金机制对生态保护区域或者某一类重点领域生态环境要素的投入性保护,还体现了对单一或者综合性生态保护补偿机制的推动或政策落实。由此,通过推理,国家层面涉及生态保护补偿内容的规定目的有三:第一,使国家或生态受益区域补偿因生态保护而丧失发展机会或者积极投入生态建设的生态保护地区和生态保护者;第二,保护、恢复区域生态环境或者某一领域的生态要素;第三,促进或完善某一领域或综合性的生态保护补偿相关机制、政策,或提供具体制度。

2. 地方层面立法(制定)目的规范性考察

我国的生态保护补偿工作在地方几乎都是自上而下地层层安排与实施的,涉及具体补偿规定的文件浩如烟海。由此,本部分仅着重分析体现地方立法创造性的地方层面综合性生态保护补偿规范性文件立法目的。通过对省级及以下地方生态保护补偿立法与政策文件的类别进行分析,可以发现:地方制定与生态保护补偿相关的地方性法规、规章或政策中,数量最多的是在综合性环境与资源保护法规与政策中规定生态保护补偿条文;其次是对森林、流域生态保护补偿领域的实施规定;再次是自然保护区、海洋以及矿产资源开发生态保护补偿领域的实施规定。此外,还有一些省市地方人民政府或主管部门在文件中涉及了湿地、农业、土壤、防治沙化和荒漠化、水资源保护和草原生态保护补偿规定。

由于地方层面涉及生态保护补偿内容的规范性文件规定均为贯彻落实国家层面的规定,因此,地方层面涉及生态保护补偿内容的规定目的与实然视角下国家层面的生态保护补偿规定目的具有同构性,只不过因规范性文件的空间效力范围不同,而呈现出一定的地域性特点。概括起来,地方层面涉及生态保护补偿内容的规定目的有三:第一,让生态受益地区补偿丧失发展机会或者积极投入生态建设的生态保护地区和生态保护者;第二,保护地区生态环境或者所辖区某一领域的生态要素;第三,贯彻落实国家有关规定,或完善地方某一领域或综合性生态保护补偿相关机制、政策。

目前,直接规定生态保护补偿立法目的的地方立法,仅有无锡、苏州的条例和广东、南京的办法。涉及生态保护补偿规范性文件中立法目的的内容,主要体现在省、市政府制定的生态补偿或者生态保护补偿实施办法。实施办法中的目的表述大体相似,以下仅就代表性的进行列表(见表6-4):

表6-4 地方层面综合性生态保护补偿规范性文件立法(制定)目的

文件名	效力等级	制定/最后修改时间	立法(制定)目的表述
南京市生态保护补偿办法	地方政府规章	2021年10月	为了进一步完善生态保护补偿机制,保护和改善生态环境,提升生态文明建设水平,根据《国务院办公厅关于健全生态保护补偿机制的意见》等有关规定,结合本市实际,制定本办法。
无锡市生态补偿条例	设区的市地方性法规	2019年4月	为了推进生态补偿制度化、规范化,促进生态保护和治理,提升生态文明建设水平,根据有关法律、法规,结合本市实际,制定本条例。
成都市人民政府办公厅关于健全生态保护补偿机制的实施意见	地方规范性文件	2018年10月	为贯彻落实《国务院办公厅关于健全生态保护补偿机制的意见》(国办发〔2016〕31号)和《四川省人民政府办公厅关于健全生态保护补偿机制的实施意见》(川办发〔2016〕109号)精神,加快推进生态文明建设,结合成都实际,现就进一步健全我市生态保护补偿机制提出如下实施意见。

(续表)

文件名	效力等级	制定/最后修改时间	立法(制定)目的表述
北京市人民政府办公厅关于健全生态保护补偿机制的实施意见	地方规范性文件	2018年5月	为深入贯彻落实《国务院办公厅关于健全生态保护补偿机制的意见》(国办发〔2016〕31号)等文件精神,进一步健全生态保护补偿机制,高质量、高水平推进首都生态文明建设,经市政府同意,现提出以下实施意见。
武汉市人民政府办公厅关于进一步规范基本生态控制线区域生态补偿的意见	地方规范性文件	2018年4月	为贯彻落实《国务院办公厅关于健全生态保护补偿机制的意见》(国办发〔2016〕31号)精神,推动《武汉市基本生态控制线管理条例》的有效实施,促进生态环境保护,保障城市生态安全,经市人民政府同意,现就进一步规范基本生态控制线区域生态补偿提出如下意见。
海南省人民政府关于健全生态保护补偿机制的实施意见	地方规范性文件	2017年12月	为贯彻落实《国务院办公厅关于健全生态保护补偿机制的意见》(国办发〔2016〕31号),根据国家和省相关政策法规,就进一步健全海南省生态保护补偿机制,提出以下实施意见。
陕西省人民政府办公厅关于印发健全生态保护补偿机制实施意见的通知	地方规范性文件	2017年8月	为贯彻落实《国务院办公厅关于健全生态保护补偿机制的意见》(国办发〔2016〕31号)精神,进一步健全完善我省生态保护补偿机制,加快推进全省生态文明建设,经省政府同意,制订以下实施意见。
西藏自治区人民政府办公厅关于健全生态保护补偿机制的实施意见	地方规范性文件	2017年2月	为深入贯彻落实《国务院办公厅关于健全生态保护补偿机制的意见》(国办发〔2016〕31号),进一步健全完善我区生态保护补偿机制,加快推进美丽西藏建设,经自治区人民政府同意,结合我区实际,提出如下实施意见。
广东省生态保护补偿办法	地方规范性文件	2014年10月	为进一步完善我省生态保护补偿机制,加强生态环境保护,加快推进主体功能区建设,逐步建立生态文明制度体系,制定本办法。
苏州市生态补偿条例	设区的市地方性法规	2014年5月	为了完善生态补偿机制,促进生态环境保护,提升生态文明建设水平,根据有关法律、法规,结合本市实际,制定本条例。

基于上述内容的归纳,地方层面综合性生态保护补偿规范性文件的立法(制定)目的要义如下:第一,提升生态文明建设水平;第二,进一步完善生态保护补偿机制;第三,推进生态补偿制度化、规范化,逐步建立生态文明制度体系;第四,促进生态保护和治理,保护和改善生态环境;第五,保障城市生态安全;第六,统筹区域协调发展;第七,贯彻落实国家层面或者上级文件精神。

3. 对规范性文件中立法目的之归纳与反思

综合国家层面与地方层面各类规范性文件中的生态保护补偿立法目的,可以归纳出我国制度文本层面的生态保护补偿立法目的大多采用多元化立法目的。在应然制度设计时,立法目的宜涵盖如下内容:

第一,贯彻落实党中央、国务院的决策部署以及环境保护法中的生态保护补偿制度等要求。

第二,通过生态受益地区补偿丧失发展机会或者积极投入生态建设的生态保护地区和生态保护者,调动各方积极性,使生态保护经济外部性内部化。

第三,明确界定生态保护者与受益者权利义务,对生态保护者给予合理补偿。

第四,进一步完善生态保护补偿机制,推进生态补偿制度化、规范化。

第五,提升生态文明建设水平。

第六,促进生态保护和治理,保护和改善生态环境,促进人与自然和谐发展。

第七,保障生态安全。

第八,促进城乡区域协调发展,统筹经济社会协调发展,促进欠发达地区和贫困人口共享改革发展成果。

上述文件中涉及各种各样的立法目的,就其可供条例立法的借鉴而言,还存在诸多难题需要解决。

其一,从立法技术角度考量,在条例首条目的条款制定时,不可能全部吸收上述规范文件中的目的。生态保护补偿可能的立法目的具有多重复杂性,不同目的之间在内容上有着迥然差异,很难实现相互之间的圆满协调。就我国行政法规实践而言,含有四个以上立法目的的条款内容几乎没有。在形式理性层面,立法时必然涉及多重目的的取舍和选择。

其二,不同的立法目的体现了不同的价值取向,在立法目的条款制定时,不可能不加选择地吸收。现有生态保护补偿的立法目的有的相对抽象,有的相对宏观,有的政治色彩强,有的技术色彩强,有的站位高,这给条例的取舍和进一步整合带来困难。

其三,现有各类规范性文件中的立法目的归纳表达科学性不足。由于我国尚未出台专门的立法法层面的生态保护补偿立法,上述立法目的仅存在于少数专门行政规范性文件中,特别是目的归纳总结更多地基于不同层面的生态保护补偿政策表达。其是否直接适用于国务院行政法规层面的立法目的表达,在理论上和实践上有待进一步考证。比如,目的一"贯彻落实党中央、国务院的决策部署以及环境保护法中的生态保护补偿制度等要求",该表述应当进一步精细化和有针对性。又如,目的六"促进生态保护和治理,保护和改善生态环境,促进人与自然和谐发展",几个并列语句具有相似性,而立法目的条文表述大多简洁、明了且具有一定概括性,这些意思相近的表述需要整合和调试。再如,目的三"明确界定生态保护者与受益者权利义务,对生态保护者给予合理补偿",其中出现的权利义务是否适合在目的中出现,以及合理补偿是否科学,均有待明确。

4.《条例》立法目的之解读与思考

《条例》第1条规定了立法目的:"为了保护和改善生态环境,加强和规范生态保护补偿,调动各方参与生态保护积极性,推动生态文明建设,根据有关法律,制定本条例。"不难发现,立法目的采取了多元价值取向,一定程度上借鉴了现有的规范成果。鉴于生态保护补偿制度是生态文明体系的重要组成部分,良好的生态环境是最普惠的民生福祉。所以,立法根本目的是保护和改善生态环境,推动生态文明建设。如果生态受益者和生态保护者履行了义务,就能促进根本目的,所以加强和规范生态保护补偿,调动各方参与生态保护积极性也是重要目的。

然而,该立法目的存在三方面不足:一是立法目的不完整,未充分借鉴各规范性文件中的多重立法目的;二是未能充分反映生态保护补偿制度的本质特点;三是各目的之间逻辑关系不清晰。该条先表述了宏观的生态环境目的,接着表述相对微观的加强和调动之目的,又谈到更宏观的生态文明建设,违背了从微观到中观再到宏观目的的一般认识规律,立法目的之逻辑先后有待调整。短期内来看,《条例》修改不现实。从应然的角度考量,有必要本着负责的态度,在未来《条例》修改或者颁布《生态保护补偿法》时,设计更为合理的立法目的条款。

综合以上对我国现有规范性文件中的生态保护补偿立法目的的分析与归纳,提供了可供借鉴的立法选择。《条例》在借鉴规范成果的同时,还存在一些不足,有必要进行科学的立法目的描述,并随着立法的完善适时修改。

(三) 生态保护补偿立法目的之再完善:体系化建构和设计

生态保护补偿立法目的条款完善,应首先明确立法目的界定的基本要求,再结合规范和理论层面的经验、共识,在立法目的具体展开时予以逐一分析。

1. 界定生态保护补偿立法目的的基本要求

第一,明确体现宪法和法律的专门依据。

我国现行《宪法》第26条有"国家保护和改善生活环境和生态环境,防治污染和其他公害"的规定。现行《环境保护法》第4条指出,"保护环境是国家的基本国策。国家采取有利于节约和循环利用资源、保护和改善环境、促进人与自然和谐的经济、技术政策和措施,使经济社会发展与环境保护相协调"。第31条明确要求,"国家建立、健全生态保护补偿制度。国家加大对生态保护地区的财政转移支付力度。有关地方人民政府应当落实生态保护补偿资金,确保其用于生态保护补偿。国家指导受益地区和生态保护地区人民政府通过协商或者按照市场规则进行生态保护补偿"。据此,《宪法》"保护和改善生活环境和生态环境"的总原则为生态保护补偿立法提供最基本的宪法依据。同时,结合《立法法》的相关要求,国务院根据《环境保护法》中的生态保护补偿这一基础制度,可以制定可操作的行政法规,这是实施基本法基本制度的系统说明。为此,生态保护补偿条例的具体立法目的界定,充分尊重宪法和法律依据,是对环境基本法中生态保护补偿制度的细化。从立法技术角度考虑,宪法要求不易直接体现。至少应当体现《环境保护法》中的生态保护补偿制度。遗憾的是,《条例》立法目的仅规定了"根据有关法律",忽略了《环境保护法》的重要价值。此外,《条例》制定的直接法律依据并非仅有环境基本法,还包括森林、草原、湿地等领域的法律,以及其他重要的规范性文件,因涉及法律文件较多且分散,在立法目的表述时可以省略,比如可以规定为:根据《环境保护法》等,制定本条例。

第二,充分反映生态保护补偿制度的本质特点。

生态保护补偿立法的使命是构建绿水青山和金山银山并存的协调机制,这是生态保护补偿制度的特色,生态保护补偿立法目的必须符合这个特点。立法目的应当体现经济发展与生态环境保护相协调的基本要求,这也为新时期绿色发展提供了标准。那么,在处理人与自然关系上,应当以人与自然关系的协调为基本准则。人与自然的协调可以说是生态保护补偿的立法理念,这个理念决定了整个立法和制度体系的定位。人与自然的协调理念决定了生态保护补偿是促进新时代发展的激励制度,其能够内在激发生态保护者和受益者形成积极的互动关系。只有形成良性互动机制,方能促进生态产品价值的积极转化。生态保护补偿立法目的应致力于体现新时代协调发展的内涵,以激励生态保护者内在的保护动力为出发点,以此来指导生态保护补偿立法目的之展开。

第三,积极借鉴规范成果,合理吸收理论共识。

结合第二部分的讨论,现有生态保护补偿规范性文件包含八个方面目的。具体如下:其一,贯彻党中央、国务院及国家领导人的相关政策、决定,并落实《环境保护法》中的生态保护补偿制度;其二,通过生态受益地区补偿丧失发展机会或者积极投入生态建设的生态保护地区和生态保护者,调动各方积极性,使生态保护经济外部性内部化;其三,明确界定生态保护者与受益者权利义务,对生态保护者给予合理补偿;其四,进一步完善生态保护补偿机制,推进生态补偿制度化、规范化;其五,提升生态文明建设水平;其六,促进生态保护和治理,保护和改善生态环境,促进人与自然和谐发展;其七,保障生态安全;其八,促进城乡区域协调发展,统筹经济社会全面协调发展,促进欠发达地区和贫困人口共享改革发展成果。以上目的可在理念的指引下整合为三个层次:第一个层次是根本目的,包含理念指引和最根本的目标;第二个层次是直接目的,即与生态保护补偿立法关系最密切、最紧迫的目的,相对于根本目的而言,其属于手段和工具;第三个层次属于其他目的,包括其他目的和通过实施直接目的手段达到的效果等。除了三个层次目的外,还需具备多数行政法规立法的基本依据,即上位法依据,主要是根据哪些法律制定本条例。

根据第三部分的分析,生态保护补偿旨在规范生态保护者和受益者之间的正外部性行为,排除了生态损害和破坏的内容。这一基本共识有必要在立法目的中体现。另外,正外部性补偿中基于发展权受限的观点具有较强的科学性,也应当适当吸收。

根据以上规范性文件整理的三大类基本要求和科学的理论共识,可初步归纳为三个子目的。第一,根本目的为保护和改善生态环境,推动生态文明建设。第二,直接目的为引导受益者履行义务,激励保护者保护生态环境。第三,其他目的包括:厘清生态保护补偿的基本范围,实现生态保护者和受益者的良性互动,促进经济社会可持续发展。

2. 生态保护补偿立法目的之展开

首先,立法的根本目的是保护和改善生态环境,推动生态文明建设。这一方面在《条例》中已有体现,如前所述,只是逻辑顺序有待调整。生态保护补偿从其称谓和制度实践而言,在保护生态环境这一根本目的上,并无争议,这也是实践和理论层面的共识。实践层面暴露的问题,也最终指向如何通过立法更好地解决现实困难。实施生态保护补偿是调动各方积极性、保护好生态环境的重要手段,是生态文明制度建设的重要内容。随着生态文明建设的进程不断加快,生态保护补偿机制在理论上借鉴其他国家优秀经验,作为生态保护的制度安排和解决生态问题的重要手段,能够有效维护生态系统的稳定,已成为推动生态文明建设的重要组成部分。结合我国各地区的生态保护补偿情况来看,各地都在积极展开试点实践,但在实施过程中不可避免地遇到了一些问题,例如生态保护补偿资金使用不够精准,部分地区仍存在农牧民生产生活方式转变慢、地方保护投入力度不够等问题,上下游地区诉求不同、协调困难,导致仅靠同级政府自主协商难以达成共识等等。由于缺乏统一的法律指引,各主体间容易发生摩擦,权益不能得到充分法律保障。因此,生态保护补偿工作的推进,除了需要丰富的理论知识,也依赖于相应的法律制度。

为集中解决以上难题,《条例》将生态保护补偿各项工作纳入法治化轨道,进一步规范补偿机制建立、补偿机制实施、市场参与路径等关键流程,为生态受益地和生态保护地二者主体的行为提供法律指引以及法制支持,保障了生态文明建设目标的实现。《条例》拟通过适当的体制设计压实各级职能部门环境治理责任,设立适当激励,推进生态保护补偿权、责、利的细化,为生态保护补偿实践工作提供更为精准的政策指引。这不仅衡平了生态保护地和生态受益地的经济利益与生态利益,更维护了我国的生态安全和生态公平,为完善环境法制体系和创新生态保护领域的法治实践发挥了重要作用。当下的生态保护补偿并没有形成空间溢出效应,环境治理成效对周边地区没有形成带动作用,表明当前的政策缺乏区域间协同。只有鼓励行政区域间通过协商谈判等方式建立生态保护补偿机制,方能实现生态保护和治理的成本共担、合作共治、效益共享,构建跨区域的环境治理体制和环境治理制度,有助于改善我国生态文明建设领域的统筹协调。

生态文明建设是关系中华民族永续发展的根本大计。良好的生态环境是最公平的公共产品,是最普惠的民生福祉。[①] 生态文明是人与自然、人与人和谐相处的文明形态,以经济、社会、资源可持续利用为目标,具有时间上的延续性和空间上的广泛性。建立科学的生态保护补偿制度,让生态保护者的外部性行为内部化,能够有效约束对生态环境的过度消费。实际上,在新时代背景下,生态文明建设是解决当下我国人民日益增长的美好生活需要同发展不平衡、不充分这一主要矛盾的关键。为了解决这一矛盾,党中央和国务院基于当前的生态文明建设现状,提出了一系列生态保护发展措施,生态保护补偿制度无疑是最能体现并有力助推生态文明建设的方式之一。党的

---

① 中共中央宣传部编:《习近平总书记系列重要讲话读本》,学习出版社、人民出版社 2014 年版,第 123 页。

十八大以来,以习近平同志为核心的党中央把生态文明建设纳入"五位一体"总体布局,将生态保护补偿机制作为落实生态文明战略的重要举措,作出了一系列重大部署和安排。党的十八届三中全会提出实行资源有偿使用制度和生态补偿制度。党的十九届四中全会提出在生态文明建设领域要"实行最严格的生态环境保护制度",全面落实生态补偿制度。党的十九届五中全会作出关于"生态文明建设"的重大战略决策,提出要完善市场化、多元化生态补偿。2019年,习近平总书记主持召开中央财经委员会第五次会议时,明确指出要全面建立生态补偿制度,健全区际利益补偿机制和纵向生态补偿制度。近年来,我国生态保护补偿制度建设取得了较大进展,但其成果在分布上呈现出碎片化、局部化、特殊化的特点。《条例》致力于巩固现有的生态保护补偿机制建设成果,全面系统总结各领域生态保护补偿的成熟经验,将经过实践验证、行之有效的政策制度上升到行政法规层面予以固定和强化,稳定生态保护各方预期,推动生态文明建设再上新台阶。

生态文明建设以及环境治理体系的构建完善,是推进我国国家治理体系和治理能力现代化的重要内容。《条例》的制定是国家治理体系和治理能力现代化在生态环境保护领域的具体体现,是保护和改善生态环境、促进区域协调发展的重要支撑,是建设美丽中国、推动生态文明建设实现新进步的制度保障。

其次,立法的直接目的是引导生态受益者尽义务,并激励生态保护者。生态保护补偿立法的直接目的是引导生态受益主体履行补偿义务,激励生态保护主体保护生态环境。《条例》在这方面仅规定了"调动各方参与生态保护积极性",不够完备和精确。

生态保护补偿实施区域广泛,大多位于限制和禁止开发区,涉及众多农牧民等主体的生产生活。生态保护补偿立法将保护生态保护者的权益作为重要立法目的之一,同时明确要求直接涉及生态保护者限制开发利用的补偿均需要签订协议。协议的签订对于政府而言,是一种法定的强制性义务,而不是可有可无的。实践表明,多是政府等公权力主体和公众不签订或者不规范签订生态保护补偿协议,导致广大农牧民权益受损。为此,强化政府的缔约义务十分必要。这不仅是引导生态受益者依法履行义务的基本前提,也是全面保障生态保护者基本权利的重要举措。在很多生态环境脆弱、生态环境重要区域,生态保护者获得生态保护补偿缺乏稳定、强制的制度后盾,导致生态保护补偿缺乏可持续性的保障。生态保护补偿立法的重要使命就是要明确国家有在重要领域建立完善生态保护补偿制度的义务。同时,在一些重要的生态区域和流域,全面理顺了各级政府应当履行的生态保护补偿职责,如界定了国务院有关部门和地方政府的财政补助职责、区域或流域的政府合作义务,规范了国家和政府搭建补偿市场主体交易平台等职能。通过上述举措,将政府应当履行环境职责的生态保护补偿领域和事项详尽确定下来。

我国很多政策文件将生态保护补偿定位为各类生态投入和生态建设,导致对生态保护者权利的忽视。而生态保护补偿的产生背景是,生态保护者为保护生态作出牺牲,却难以通过受益者获得公平补偿,进而影响生态保护的可持续性,这就需要通过稳定的补偿机制来激励生态保护者的积极性。为此,生态保护补偿价值目标应以保障生态保护者权益为出发点,以实现可持续的生态保护目标。而我国政府的财政补偿机制缺乏可持续的制度保障,易造成生态保护者权益受损。我国作为一个生态环境较为脆弱的国家,贫困地区与生态脆弱、敏感地区高度耦合,地理位置的交叠使得这些地区很容易陷入"生态脆弱—诱发贫困—掠夺资源—生态恶化—贫困加剧"的"生态贫困陷阱",贫困和环境问题高度重叠,给当地的社会发展带来巨大的挑战。生态保护补偿是一套系统的激励制度,通过直接激发生态保护者的积极性,进而实现良好生态环境的目标。生态保护补偿专门立法,将改变传统的环境管制模式,通过内在的激励实现生态保护补偿的杠杆效益。激励机制将更能获得生态保护者的内心认同,增强其保护生态环境的主动性,通过非外在压力的形式更能实现保护生态的目标,有利于迅速脱贫。生态保护补偿专门立法就是要将激励机制科学配置,不断激发保护者的自愿行为,实现可持续的生态文明建设。

中国在长期社会主义建设实践中探索出一条独具特色的发展道路,不仅植根于中国基本国情,而且吸收了西方的优秀经验,形成了以人民为中心、以新发展理念为指导的可持续发展观,具有严密的逻辑结构和务实的可操作性。"以人民为中心"是中国新发展观的核心要义,只有始终坚持将人民置于发展首位,才不会偏离发展方向和落脚点;"新发展理念"是中国长期发展遵循的原则,坚持创新、协调、绿色、开放、共享的理念,旨在实现可持续发展。[1]

最后,还应包含其他立法目的。

第一,厘清生态保护补偿的基本范围。生态保护补偿立法的其他目标之一为厘清生态保护补偿活动的基本范围,以厘清和生态损害赔偿等行为的区别。简言之,生态保护补偿旨在规范生态保护者和生态受益者的权利义务关系。其中,生态保护者主要是发展权受限地开发使用自然资源的主体,因其行为导致享受良好生态环境的主体为生态受益者。这一界定可以回应当前

---

[1] 韩逸、赵文武、郑博福:《推进生态文明建设,促进区域可持续发展——中国生态文明与可持续发展 2020 年学术论坛述评》,载《生态学报》2021 年第 3 期。

理论研究层面的主要问题。

如前所述,在以往的法律法规文件中,"生态保护补偿"的概念有多种表述形式,各地的行政规章亦如是,不仅容易造成含义上的混淆,在实施过程中也容易因概念不清而导致资金使用混乱进而引发行政纠纷不断。既有的国内法规政策发展以及国内外概念理论中的一致性内涵要旨均表明,生态补偿是产生环境正外部性行为的总称,包括生态保护、生态建设以及各种对环境有利的积极影响。本书应当对其作进一步限缩解释,以说明生态保护补偿的特殊性。生态保护补偿作为环境资源开发利用过程中人与自然关系、人与人矛盾关系的产物,是后工业文明时代的产物。传统农耕社会甚至游牧民族时代,虽然存在这类单纯生态建设情况,但并不涉及深刻的利益冲突与矛盾。而在现代文明中,因社会的发展,一种利益的实现依托现有的法律一般强制标准下的利益分配模式无法实现时,不得不需要建立在对另一种利益的限制甚至剥夺的基础上,从而引发公民对于财产权安全的社会关注,进而产生一种新的协调模式来重新配置既有利益格局,生态保护补偿制度便应运而生。所以,生态保护补偿的范围在一定程度上是狭义上的,仅体现对特殊利益牺牲者财产权受限的弥补。

生态保护补偿的基本原则为"受益者补偿",这一点已具备足够的说服力。但是,范围应进一步缩小为仅仅是因资源使用权受限所惠及的生态环境受益者。"资源使用权受限"是前置条件,决定了生态保护补偿仅仅约束资源使用行为。使用权受限者以及因此而享受良好生态服务的主体中,前者为生态保护补偿中的保护者,后者为生态保护补偿中的受益者。我国各领域广泛存在的生态保护补偿实践表明,生态保护者与受益者之间的直接权利义务关系最终以各类协议形式予以明确和规范。协议主要分为两种形式:一种是公权力主体之间的协议,另一种是公权力与私权利主体间的协议,这些协议均是在自愿、平等的基础上形成的。从被限制的权利客体属性看,补偿目的是对自然资源生态功能有影响的各种使用行为从使用强度、时间、范围、方式等作出全面约束,其结果还涉及不动产的灭失等等。实践中可能在退耕还林还草、退耕还湿和自然保护区划定时,特定区域的不动产会灭失或需要搬迁。生态保护补偿往往通过或者应当通过具有物权处分性质的协议,以约定形式明确生态受益者与生态保护者的权利义务关系。资源使用权限制,既是逻辑起点,也是补偿基础。财产权限制的正当性体现在与补偿的外部关系中,即以弥补不低于财产权受限的利益体现限制之公平,以及作为一种利益再分配机制,以纠正由于财产权受限而导致的区域或者个体保护者的利益不公正,通过利益再配置,实现对财产权限制的公平弥补。其次,财产权限制的正当性体现为实质正义的哲学伦理观,体现了一种特殊的利益安排,即为了避免将来更大的环境利益损害,或者使现在已经逐渐发生的损害不至于变得更坏,而限制当下的资源使用权,其结果是一种合意干预下的"实质正义"。①

《条例》在后续完善时有必要从过往的生态保护补偿实践中吸取经验,明晰生态保护补偿旨在解决发展受限的生态保护者和受益者的权利义务关系,并给生态保护补偿工作划定统一的标准以及具体的补偿对象,为解决生态受益者和生态保护者的纠纷提供法律依据,真正落实"谁受益、谁补偿"的原则,以达到保护和改善生态环境、推动经济可持续发展的目的。

第二,构建生态受益主体和保护主体良性互动关系。生态保护补偿所要解决的核心问题是生态服务在供给和消费过程中存在的外部性。生态服务是一种典型的跨区域性生态产品,具有公共外部性、单向外部性和空间外部性的特征。当生态保护者的行为改善了生态系统的服务功能,就会出现正外部性效应。然而,这些措施在保护和改善生态环境的同时,客观上也造成了各主体功能区间发展权和自身利益发展的不均衡,导致该地区承担了沉重的生态保护直接成本和发展机会成本,进一步加剧了各区域间的利益失衡。一般而言,我国重要的生态功能区域、生态敏感、脆弱区域基本上属于贫困地区。一直以来,这些地区经济发展落后,人民生活水平较低。当被限制或禁止开发生产活动后,经济来源被阻断,贫困状况可能愈加严重。如果这些牺牲得不到合理的补偿,当地政府和居民为了区域发展和基本的生存需求,就不会再积极投入生态保护中来,进而可能造成环境的进一步恶化。当然,若一味地对生态保护地进行"输血式"补偿,也容易激发该地区的惰性,不利于生态保护补偿工作的顺利开展。因此,为协调各主体功能区间生态保护成本的分摊与生态效益的共享,减少各区域间的矛盾冲突,发展并完善生态保护补偿机制是解决这一问题的有效途径。但在生态保护补偿工作开展过程中,生态保护者和生态补偿者都需要有充分的参与权。同时,考虑到不同地区的异质性,国家或地区在实施补偿政策时,更要因地制宜,不能"一刀切"。

近年来,各地区、各有关部门有序推进生态保护补偿机制建设,取得了阶段性进展。但总体看,生态保护补偿的范围仍然偏小、标准偏低,而且忽视了不同区域间的异质性,牺牲自身利益来保护生态环境的生态保护者对参与项目缺乏积极性,一定程度上影响了生态环境保护措施行动的成效。究其原因,是各地区在制定政策时,没有充分考虑到生态保护者的利益诉求,也没有形成双方共同参与制定政策的平台。尤其是在政府对个人进行生态保护补

---

① 潘佳:《我国生态保护补偿概念的法学界定——基于历史的分析进路》,载《吉首大学学报(社会科学版)》2017年第4期。

偿时,生态保护者往往只能被动接受政策安排,保护者和受益者良性互动的体制机制尚不完善。因此,明确生态保护者和生态受益者的利益损失和权益获得,根据不同地区不同阶段主体的利益诉求来签订生态保护补偿协议,是生态保护补偿机制有效实施的关键所在,也是现阶段补偿工作中最易被忽视的环节。

国务院办公厅在 2016 年发布《意见》,提出"权责统一、合理补偿"的基本原则,即"谁受益、谁补偿",科学界定保护者与受益者权利义务,推进生态保护补偿标准体系和沟通协调平台建设,加快形成受益者付费、保护者得到合理补偿的运行机制。[1] 资源环境是人类生存发展的物质条件和物质基础。然而,每一代人在做决策时都难以跳出"个人中心主义"和"本代中心主义"的枷锁,导致这些决策在实施时,产生了一些环境资源不公正现象。比如"谁开发谁保护,谁受益谁补偿"这一原则设立的初衷是为了维护公正价值诉求,但是其更多的是出于宏观和整体的考量,对于局部地区和个人利益的照顾却不能兼顾。针对这一问题,《条例》细分了生态保护补偿对象,指出补偿对象包括开展生态保护的地方各级人民政府、村民委员会、居民委员会、农村集体经济组织及其成员以及其他依法应当获得补偿的单位和个人,并且鼓励地方各级人民政府结合实际,在中央补助基础上进一步加大生态保护补偿力度,让保护生态的地方和人民不吃亏、能受益,严守生态文明建设的公正价值底线。生态保护补偿的支付主体是代表受益者的中央与地方各级人民政府,以及企业、公众等生态受益者。要将生态保护补偿列入各级政府预算,切实履行支付义务,确保补偿资金及时足额发放,还要完善生态保护成效与资金分配挂钩的激励约束机制,坚持政府主导与市场运作相结合,按照权责一致、分类分级的方式开展,做好各类型、各层级生态保护补偿政策的衔接配合。

开展生态保护补偿并不同于以往单纯的对生态保护者的补偿,并不是直接补偿、毫无条件的补偿,而是有条件、有限制的补偿。同时,科学合理的生态保护补偿制度可以激励生态环境保护行为,可以让生态环境保护的收益内部化,使保护者得到补偿与激励,实现生态环境保护行为的自觉自愿自利,可持续地坚持下去,避免搭便车的现象发生,还可以增强生态产品的生产和供给能力。因此,要更倾向于发挥出该机制的激励性作用,引导生态受益者履行补偿义务,激励生态保护者保护生态环境,更有效率地调动全社会资源参与到环境治理中去,构建生态受益主体和保护主体良性互动关系。

---

[1] 《国务院办公厅关于健全生态保护补偿机制的意见》,中国政府网,2016 年 4 月 28 日,http://www.gov.cn/zhengce/content/2016-05/13/content_5073049.htm,访问日期:2024 年 9 月 10 日。

第三,明确经济发展与生态环境的关系,推动经济社会可持续发展。习近平总书记强调,要全面把握新发展阶段的新任务新要求,坚定不移贯彻新发展理念、构建新发展格局,坚持稳中求进工作总基调,统筹发展和安全,把保护生态环境摆在更加突出的位置,推动经济社会高质量发展、可持续发展。

"可持续发展"一词在国际文件中最早出现于1980年国际资源和自然保护联合会制定的《世界自然资源保护大纲》。当前,可持续发展主要涵盖以下五类属性:其一,自然属性,即生态持续性。国际生态学协会和国际生物科学联合会将其定义为"保护自然和加强环境系统的生产和更新能力"。人们认为可持续发展是寻求一种最佳的生态系统以支持生态的完整性和人类愿望的实现,使人类的生存环境得以持续。其二,社会属性。国际自然及自然资源保护联盟、联合国环境规划署和世界自然基金会共同发表的《保护地球—可持续生存战略》将其定义为"在生存于不超出维持生态系统涵容能力的情况下,提高人类的生活质量"。这既强调了人类的生产方式与生活方式要与地球承载能力保持平衡,保护地球的生命力和生物多样性;同时,又着重论述了可持续发展的最终落脚点是人类社会,即提高人类的生活质量,创造美好的生活环境。其三,经济属性。可持续发展的核心是经济发展,爱德华·巴比尔(Edward B. Barbier)在《经济、自然资源、不足和发展》中将其定义为在保护自然资源的质量和其所提供服务的前提下,使经济发展的净利益增加到最大限度。然而,其中的经济发展并非传统的以牺牲资源和环境为代价的发展,而是在不过度利用自然资源和损害生态环境的前提下的发展。其四,科技属性。有的学者从技术角度出发,将其定义为转向更清洁、更有效的技术,尽可能接近"零排放"或"密闭式"工艺方法,尽可能减少能源和其他自然资源的消耗。在他们看来,环境污染并不是不可避免的结果,而是技术差、效益低的表现。其五,可持续性。国际社会普遍接受的定义是布伦特兰夫人在联合国世界与环境发展委员会上给出的定义,即既满足当代人的需要,又不损害后代人满足需要的能力的发展。中共十九届五中全会提到,坚持新发展理念是"十四五"时期经济社会发展必须遵循的原则之一,构建社会—生态系统新发展格局,实现更高质量、更有效率、更加公平、更可持续、更为安全的发展,明确了我国经济发展过程中必须控制对自然资源的占用和消耗,走绿色低碳的发展道路。

在当前的社会发展中,存在着经济效益与生态效益相互冲突的问题。因为人类进入工业文明时代以后,传统的生产生活方式给生态环境带来了巨大的破坏,甚至是不可逆的损害,不再适应时代的发展。一直以来,经济增长和生态环境的关系备受人们关注,学者们对二者之间的关系看法总体可以分为两种观点。第一种观点认为经济社会和生态环境之间是相互对立的关系,二者之间存在不可化解的矛盾,经济增长必然带来生态环境的破坏,生态保护是制约经济增长的因素;第二种观点认为经济社会和生态环境二者是相辅相成、相互依存、相互促进的关系,经济增长为生态保护提供资金、技术支持,良好的生态环境能够促进经济社会持续健康发展。但是经济发展与生态和谐共生的状态并不是自发的,必须进行人为调控,在经济发展过程中主动进行生态补偿与环境改善,才能实现和谐目标。① 因此,要想实现经济社会的可持续发展,就必须转变为坚持可持续发展原则的新发展理念,平衡好经济发展与生态保护两个目标。与传统的以牺牲资源为代价换取经济效益的模式不同,可持续发展被注入了自然属性,坚持生态可持续原则,注重追求保护和加强生态环境的生产和更新能力。不仅追求提升经济社会的发展水平,相应地,也要关注环境能力的再生水平,要求人们合理利用生态资源,维护生态系统,达到生态效益、社会效益和经济效益的统一,实现人与自然的和谐共生。随着经济社会的发展,人们的生活水平不断提高,人类的需求不再局限于简单的衣、食、住、行,由追求生存层面上升到了对良好环境的需要。但是因为资源、技术等因素的限制,环境权与发展权的维护处于矛盾的对立面。生态区群众的发展权与非生态区群众的发展权是平等的。国家为追求宏观上经济、社会和生态效益的最大化,规划了不同的功能区,并分别制定了相应的优化开发、重点开发、限制开发、禁止开发的政策。保证功能区规划落到实处,需要设计相应的生态保护补偿制度。如果没有合理制度安排,限制开发、禁止开发区域就会选择"博弈"行为,导致"限、禁"失效。《条例》制定的价值动因,就是要协调环境与发展之间的利益冲突,在资源可持续利用的基础上,推动经济社会可持续发展。

《条例》应当将推动经济社会可持续发展作为立法的直接目的,不再将经济的快速发展作为唯一目标,更加关注经济发展的全面性、均衡性、可持续性,在维护生态利益、资源利益和经济利益三者之间寻求平衡,以实现经济发展、社会进步、生态良好的多元发展目标,促进城乡区域协调发展,统筹经济社会协调发展,尤其关注生态环境脆弱的地区。通过生态保护补偿政策,兼顾解决生态保护和扶贫脱贫的双重难题,将扶贫开发与生态保护有机结合,由"输血式"生态补偿模式向"造血式"生态补偿模式转变,促进欠发达地区和贫困人口共享改革发展成果。这样既符合当代发展的根本利益需要,又不损害后代的发展能力,维持经济的可持续增长,实现财富在区域间和代际间

---

① 胡娟、李臻、郝颖:《政府调控下经济增长与生态质量的和谐路径——兼论中国生态补偿制度的再设计》,载《中南财经政法大学学报》2021年第2期。

的公平分配。

3.《条例》立法目的后续调适建议

根据上述分析,本书建议未来修法之时,将《条例》第 1 条生态保护补偿立法目的调整为:为践行"绿水青山就是金山银山"理念,保护和改善生态环境,推动生态文明建设,引导生态受益者履行补偿义务,激励自然资源使用受限的生态保护者保护生态环境,形成生态受益者和保护主体良性互动关系,促进经济社会可持续发展。根据《环境保护法》等制定本条例。

本条建议的详细依据为前述内容,此处仅对条文进行简要释义。立法目的条文由理念、子目的和法律依据构成。理念为践行"绿水青山就是金山银山"理念。子目的中的根本目的是保护和改善生态环境,推动生态文明建设。子目的中的直接目的是引导生态受益者履行补偿义务,激励自然资源使用受限的生态保护者保护生态环境。其他目的包括:条例旨在规范自然资源使用受限的生态保护者和享受良好环境的生态受益者之间的权利义务,形成生态受益者和保护主体良性互动关系,促进经济社会可持续发展。法律依据为《环境保护法》等。

(四) 总结

通过系统研究生态保护补偿立法目的,期待为科学认知立法目的及合理评价《条例》中的立法目的条款提供参考。具体而言,主要得出以下结论:

第一,生态保护补偿立法目的研究具有重要意义。立法目的条款是立法者以"为了"或者"为"作为标识语,用规范化的语句开宗明义表达整个立法文本之目的的特定法条形式。生态保护补偿立法目的条款具有独特的根据、功能定位、规范结构和表述技术,对中国特色生态保护补偿法治建设具有重要价值。生态保护补偿立法目的是《条例》法律文本内在价值的根本体现,也是立法的价值导向。

第二,国家与地方层面各类规范性文件中的生态保护补偿立法目的表述具有多元性,但在具体借鉴时需要解决一些难题。

综合国家层面与地方层面各类规范性文件中的生态保护补偿立法目的,可以看出,我国制度文本层面的生态保护补偿立法目的大多采用多元化立法目的。具体而言,可供条例制定时借鉴的实然层面的立法目的涵盖八方面内容:其一,贯彻落实党中央、国务院、国家领导人的精神、决定和环境保护法中的生态保护补偿制度;其二,通过生态受益地区补偿丧失发展机会或者积极投入生态建设的生态保护地区和生态保护者,调动各方积极性,使生态保护经济外部性内部化;其三,明确界定生态保护者与受益者权利义务,对生态保护者给予合理补偿;其四,进一步完善生态保护补偿机制,推进生态补偿制度化、规范化;其五,提升生态文明建设水平;其六,促进生态保护和治理,保护和改善生态环境,促进人与自然和谐发展;其七,保障生态安全;其八,促进城乡区域协调发展,统筹经济社会协调发展,促进欠发达地区和贫困人口共享改革发展成果。

上述立法目的就可供条例立法的借鉴而言,还存在诸多难题需要解决:其一,从立法技术角度考量,立法目的条款制定时,不可能全部吸收上述规范文件中的目的;其二,不同的立法目的体现了不同的价值取向,在立法目的条款制定时,不可能直接不加选择地任意吸收;其三,现有各类规范性文件中的立法目的归纳表达,在具体条文设计时有待提升科学性,应如何选择,还面临进一步转化为立法目的的条款的难题,有必要结合学理认识,全面考察,并理性借鉴。

第三,生态保护补偿应然的立法目的需符合界定要求,进行科学的逻辑展开。

《条例》的具体立法目的应然界定,应有充分的宪法和法律依据。宪法要求不宜直接摘录,至少应当体现贯彻《环境保护法》中的生态保护补偿制度。生态保护补偿立法涉及法律文件较多且分散,在立法目的表述时可以省略,比如可以规定为:"……根据《环境保护法》等,制定本条例。"生态保护补偿立法目的界定还应合理吸收现有理论共识以及生态保护补偿立法目的的规范成果。

根据规范性文件整理的三大类情况和理论共识,可以初步归纳为三个子目的:根本目的、直接目的和其他目的。生态保护补偿根本目的是保护和改善生态环境,推动生态文明建设。直接目的是引导受益者尽义务,激励保护者保护生态环境。其他目的是:厘清生态保护补偿基本范围;构建生态保护者和受益者良性互动关系;明确经济发展与生态保护的关系,推动经济社会可持续发展。但是,《条例》关于立法目的之设计,还存在一定不足。

六、《条例》的定位、重点任务和目标

(一) 基本定位

第一,《条例》是调整生态保护补偿活动的基础性、专门性行政法规。《条例》不仅可以指导具体的环境资源领域建立专门的补偿规定,还有助于某一补偿具体事项的规范化,如可根据《条例》制定生态保护补偿资金使用的专门规定。鉴于基础性行政法规具有指导性与纲领性功能,旨在为生态保

护补偿提供体系性路径,而非专项领域专门问题的具体对策。因此,由《条例》的基本定位决定,其规范性文本中的法律用语及修辞必然具有一定的原则性与概括性。

第二,《条例》是普遍问题与特殊问题结合调整的规范体系。《条例》既要对各领域补偿共性问题,如生态保护补偿的定义、原则、主体、补偿标准、资金方式等作出一般规定,又要兼顾重点领域补偿、流域补偿、区域补偿的特殊性。譬如当前的流域补偿更多地体现为地方政府自主开展的上下游补偿和国家引导的大流域补偿,而重点领域补偿应重视基于意思自治的协议机制等。

(二) 重点任务

结合笔者前期参与立法的经验,《条例》通过总结既有制度经验和实践经验,明确了重点任务有四个方面:

第一,厘定指导生态保护补偿各领域普遍存在的最基础性、最一般性问题。为此,生态保护补偿立法实施的根基问题,如立法目的、定义、适用范围、基本原则、国务院部门职责和地方职责等均有待规范。《条例》的立法目的是保护和改善生态环境,加强和规范生态保护补偿,调动各方参与生态保护积极性,推动生态文明建设。生态保护补偿定义将着重界定补偿对象为因开展生态保护活动而受到损失的单位和个人,补偿原因源于规定或者约定开展生态保护,补偿方式包括资金补偿、对口协作、产业转移、人才培训、共建园区、购买生态产品和服务等;制度定位是激励制度。基本原则力求突出中国共产党的领导,坚持政府主导、社会参与、市场调节相结合,坚持激励与约束并重,坚持统筹协同推进,坚持生态效益与经济效益、社会效益相统一。国务院部门职责旨在明确国家层面生态保护补偿政策制定和统筹管理的机构和部门分工。地方职责旨在确定省级地方政府对生态保护补偿的统一组织和协调功能,以及省级以下政府的贯彻落实机制。

第二,明确了财政纵向补偿制度。我国政府主导生态保护补偿的现状决定了国家财政补助机制是生态保护补偿制度实施的关键。《条例》立足于国家财政补助机制的一般要求,着重规范森林补偿、草原补偿、湿地补偿、荒漠补偿、渔业资源保护补偿、耕地补偿、农民转变土地利用方式补偿,以及重点生态功能区补偿。在一般规定中,主要强调国家、国务院有关部门和地方政府在各生态系统补偿财政补助方面的责任和职责,并对补偿协议作出了规范。在各类自然生态系统补偿方面,既吸收了自然资源专门法的规定,也将实施较好的国家法规政策纳入进来,如森林生态效益补偿规定、退牧还草和草原补奖中的禁牧补助政策、耕地补偿政策中的轮作休耕规定、沙化土地封禁保护制度、休渔禁渔补偿政策、退耕还林草政策、湿地生态效益补偿制度等。本部分明确要求，在中央财政分类补偿的基础上，按照中央与地方财政事权和支出责任划分原则，有关地方人民政府可以结合本地区实际建立分类补偿制度，对开展重要生态环境要素保护的单位和个人加大补偿力度。对于重点生态功能区的制度设计，旨在突出补偿区域划定和央地的财政转移支付义务，以稳定资金来源。对于自然保护地补偿，要求国家建立健全以国家公园为主体的自然保护地体系生态保护补偿机制。中央财政和地方财政对开展自然保护地保护的单位和个人分类分级予以补偿，根据自然保护地类型、级别、规模和管护成效等合理确定转移支付规模。此外，还对地方政府使用生态保护补偿资金进行了规范。

第三，强化地区间横向补偿制度。地区间横向补偿制度对于推动重要江河、重要湖泊、重要水源工程方面的可持续保护意义重大。首先，拟通过一般规定确立区域间政府开展生态保护补偿合作的一般规则，界定在推动地方合作中的国家、国务院主管部门和地方政府的责任，围绕协议这一促成区域合作的关键机制，对协议签订、协议内容、协议实施评价和监督等方面予以系统规范。其次，对于重要江河、重要湖泊、主要水源工程，因这些领域关涉国家的生态安全，由宪法层面的国家环境保护义务及法律要求所决定，明确国家应当在这些领域给予指导和财政支持。再次，为推进重要流域、主要湖泊区域、大型引调水工程受水区和水源区补偿的顺利实施，要求相关政府签订流域补偿协议，通过明确权利义务和资金机制，以保证补偿的实施有章可循。另外，也考虑到建立常态化的区域补偿有助于推动区域环保合作，调节发展差距，促进区域公平。

第四，完善市场补偿机制。国家和政府在促进生态保护补偿市场主体交易上应积极搭建平台和合理引导市场主体。促进社会主体交易的市场机制主要涉及购买生态产品和服务、环境资源等权利交易、发展生态产业和建立市场化基金等。购买生态产品和服务侧重于引导企业按照市场化规则开展生态保护补偿。环境资源等权利交易旨在通过健全碳排放权、排污权、用水权、碳汇权益等交易机制，激励企业积极参与生态环境保护。发展生态产业重在强调国家建立相关体系或交易机制，并突出国务院主管部门的引导和支持作用，不断培育市场主体，提高生态产品价值。建立市场化基金目的是拓展生态保护补偿资金来源，减少政府压力。

（三）目标

《条例》坚持以习近平生态文明思想和习近平法治思想为指导，全面贯彻党的十八大以来有关生态保护补偿的重要会议规定和文件精神,总结生态保护补偿实施的成功经验,梳理存在的制度问题,为新时代不断巩固和发展生态保护补偿实践成果,为实现良好生态环境这一最普惠的民生福祉贡献中国智慧。制定《条例》的总体目标在于厘清法律关系,确定各方的权利义务,分配利益主体的合法利益,推进生态环保合作并维护良好的环境资源利用秩序。具体目标任务如下:

其一,巩固成效与鼓励探索并行。对生态保护补偿实践中普遍且成熟的经验和积极成效进行吸纳和提炼,通过具体制度予以确立。对于局部地区或某领域刚开始探索的生态保护补偿活动,虽不纳入制度调整范围,但为其改革创新留出空间,接受实践检验。

其二,推动国家统筹协调与地方自主实践。一方面,对于自然生态系统、重点生态功能区和重要流域补偿,要求国务院及其主管部门引导、协调、建立各领域补偿制度和标准,明确地方政府的贯彻落实和协议签订义务;另一方面,鼓励地方政府自主协商谈判建立生态保护补偿机制,实现生态保护和治理的成本共担、合作共治、效益共享。

其三,促进政府主导和多元市场主体参与相结合。既凸显相关政府及部门在引导市场化补偿建立和搭建市场参与平台方面的职责,又注重激励个人、企业和其他组织积极融入市场化补偿交易,激发社会主体参与的积极性并鼓励竞争。

其四,确立普遍性与特殊性结合的制度模式。《条例》不仅是调整生态保护补偿活动的基础性、专门性的行政法规,也是规范各生态保护补偿领域普遍性与特殊性相结合的规范体系,既要对补偿共性问题作出一般规定,又要兼顾自然生态系统、水流、区域以及市场化补偿的特殊性。

七、国外相关立法实践及启示

生态保护补偿在国外多被称为"生态系统服务付费"(Payment for Ecosystem Services, PES),其内涵与我国对于生态保护补偿的认识基本一致,均强调生态受益者对生态保护者的补偿。国外在直接规范生态保护补偿的立法政策经验和成功实践中,具体实施模式有政府主导和市场主导两种。

(一)政府主导模式下的立法政策实践

美国 1956 年通过的《美国农业法》规定了土壤保护储备计划,该计划指出,出于植树保护的目的,农场主把一部分土地长期退出耕种,同时每年从政府那里取得补贴。① 1981 年美国颁布的《统一保护地役权法》规定了"保护地役权",即国家、地方政府、公益组织及企业(作为保护地役权人)通过与自然资源权利人(作为供役地人)签订保护地役权合同,由供役地人负责实现自然资源的生态功能,由地役权人支付报酬的制度。

英国于 1985 年开始实施《保护生物多样性的北约克摩尔斯农业计划》,该计划相当于英国政府向私有土地主购买生态服务。农场主和国家公园主管机关按照自愿参与原则达成协议,长久保护农业风光与生态。②

根据《巴西森林法》,亚马逊流域的土地要保持 80%的森林覆盖率;③为提高土地的利用率,政府允许违反法律规定的农户向森林覆盖率在 80%以上的农户购买森林,以使得整个地区森林覆盖率保持在 80%的水平。④ 在哥斯达黎加,从 1969 年起《森林法》便开始实施森林生态效益补偿制度。该制度要求设立国家森林基金,专门负责管理和实施森林生态效益补偿。在短短十几年时间里,哥斯达黎加的森林覆盖率提高了 26%。⑤ 日本是亚洲地区最早实施森林补偿制度的国家。日本《森林法》建立了保安林制度、林地占用补偿制度。一旦被指定为保安林,森林所有人处置森林的权利将会受到限制,国家要补偿森林所有人因此所受到的损失。⑥

(二) 市场主导模式下的立法或实践

欧盟于 1992 年发布了关于欧共体生态标签授予计划的第(EEC)880/92号理事会法规。根据其内容,获得生态标签的产品,须符合欧盟标准。由于绿色产品比普通产品价格高出 20%—30%,这部分超额利润可作为对生产者的激励。在法国,最大的天然矿物质水制造商毕雷(Perrier)矿泉水公司于 20 世纪 80 年代与当地农民签订协议,向流域腹地奶牛场提供补偿,条件是农民必须控制奶牛场的规模,减少杀虫剂使用。⑦ 美国水禽协会成立于 20 世纪 90 年代初,协会与农场主协商,向农场主付租金;协会组织环境保护者自愿承包沼泽地,协会会员和动植物保护者负责承担沼泽地野鸭繁殖环境保护工

---

① 《1933 年以来美国主要农业立法的内容简介》,新浪财经网,2008 年 8 月 26 日,https://finance.sina.com.cn/j/20080826/14365238256.shtml,访问日期:2024 年 7 月 1 日。
② 于升峰、王春莉:《国外生态补偿的实践、机制及其启示》,载《中共青岛市委党校学报、青岛行政学院学报》2018 年第 6 期。
③ 《亚马逊热带雨林为什么还没有被砍完,是巴西人不会开荒种地吗?》,搜狐网,2017 年 4 月 28 日,https://www.sohu.com/a/136983342_730063,访问日期:2022 年 8 月 10 日。
④ 王世进、焦艳:《国外森林生态效益补偿制度及其借鉴》,载《生态经济》2011 年第 1 期。
⑤ 任世丹、杜群:《国外生态补偿制度的实践》,载《环境经济》2009 年第 11 期。
⑥ 梁增然:《发达国家森林生态补偿法律制度分析与借鉴》,载《郑州大学学报(哲学社会科学版)》2015 年第 4 期。
⑦ 任世丹、杜群:《国外生态补偿制度的实践》,载《环境经济》2009 年第 11 期。

作;协会资金主要来自民众捐款。①

澳大利亚为了应对新南威尔士州土地盐渍化的问题,实施了生态补偿计划。通过签订协议,由马奎瑞河食品和纤维协会向新南威尔士州林业部门支付费用,以用于其上游植树造林,固定土壤中的盐分,解决新南威尔士州土地的盐渍化问题。此外,《京都议定书》和各国政府制定的节能减排目标催生了碳排放交易市场和排放许可证交易市场。例如,美国政府为环境容量和自然资源用户规定了使用限量标准和义务配额,超额或者无法完成配额,可以通过市场买卖来自行调节。②

从国外案例可以看出,不论是哪种生态服务的支付类型,大多都通过实施具体项目将某一生态保护补偿法律条款、政策、计划落到实处,并且项目具备延续性。

(三) 启示

从制度借鉴的意义看,考虑到公有制下我国政府主导生态保护补偿的特殊性,国外的案例启示我们:生态保护补偿要加快专门立法及其制度建设,尽快建立长效机制。在专门立法和法典化塑造中,要凸显政府责任和激励效能,同时注重政府及部门在引导市场化补偿机制建立和搭建市场参与平台方面的职责,鼓励个人、企业和其他组织积极融入市场化补偿交易,激发社会主体参与热情并鼓励竞争。

第二节 《条例》解读及其评述

《条例》包括总则、财政纵向补偿、地区间横向补偿、市场机制补偿、保障和监督管理、附则等六章,共33条,自2024年6月1日起施行。《条例》总则部分内容不多,覆盖了生态保护补偿活动的普遍性问题,如立法目的、定义、原则、管理体制等。总则指导着生态保护补偿具体制度的制定,影响生态保护补偿具体制度的运行。总则以外的分则各章关注的重点是影响生态保护补偿实效的各领域具体制度。我国生态保护补偿制度实践的多年经验表明,生态保护补偿取得实效的关键有三个:一是政府角色和功能得到有效发挥;二是合理的生态保护补偿标准得到确立和落实;三是生态保护者的权益得到

---

① 于升峰、王春莉:《国外生态补偿的实践、机制及其启示》,载《中共青岛市委党校学报、青岛行政学院学报》2018年第6期。
② 吴越:《国外生态补偿的理论与实践——发达国家实施重点生态功能区生态补偿的经验及启示》,载《环境保护》2014年第12期。

保障。第一个方面有待于建构清晰的央地生态保护补偿财权事权制度,《条例》较好地实现了预期目标;第二个方面需要对争议较大的生态保护补偿标准问题进行科学规定;第三个方面有待于确立完备的生态保护补偿协议制度。《条例》针对上述问题的解决进行了不同程度的努力,但对后两个问题的回应尚存遗憾。

一、《条例》总则述评

(一)总则制定的基本思路

《条例》的总则共7条,通过明确总则的调整范畴,发挥对其他章节的引领和指导作用。根据通常的立法惯例和技术,总则主要涉及共性问题,如立法目的、适用空间、定义、原则、管理体制和法律关系主体等。《条例》在总则部分明确了生态保护补偿的立法目的、适用空间、定义、基本原则、管理部门及分工、表彰和奖励等内容。

(二)总则规定的立法诉求

第一,《条例》立法目的和价值追求宜彰显层次性,并体现本土需求。生态保护补偿的最终目的是保护生态、追求更好的环境,直接目的是保障生态保护者的权益。如前所述,后续立法完善时,宜将立法目的表述为:为践行"绿水青山就是金山银山"理念,保护和改善生态环境,推动生态文明建设,引导生态受益者履行补偿义务,激励环境资源使用受限的生态保护者保护生态环境,形成生态受益者和保护主体良性互动关系,促进经济社会可持续发展,根据《环境保护法》等法律法规,制定本条例。

第二,厘清概念内涵与外延,定分止争。生态保护补偿的定义是立法和政策实践中争议最大之处。定义的界定既要明确内涵和外延,又要方便操作,特别是要体现出补偿的领域、范围以及谁补偿给谁等内容。《条例》将概念界定为:通过财政纵向补偿、地区间横向补偿、市场机制补偿等机制,对按照规定或者约定开展生态保护的单位和个人予以补偿的激励性制度安排。生态保护补偿可以采取资金补偿、对口协作、产业转移、人才培训、共建园区、购买生态产品和服务等多种补偿方式。这一界定具有积极意义,但更合理的做法是积极回应概念界定的几个问题。如前所言,后续立法完善时可修改为:本《条例》所指生态保护补偿是指以生态系统的可持续服务为最终目标,在综合考虑生态保护成本、发展机会成本和生态服务价值的基础上,采取财政转移支付或市场交易等方式,由生态受益者对因保护生态导致环境资源使用权受限的生态保护者给予合理补偿的激励性制度安排,包括重点领域补偿、区域补偿、流域补偿、市场化补偿等。

第三,基本原则力求体现立法目的,并指导分则,原则规定较为完善。首先,坚持中国共产党的领导、政府主导、公众参与不仅是我们长期坚持的成功经验,更是社会的广泛共识。其次,发挥市场机制作用,是深化生态保护补偿制度改革的重点。市场调节是生态保护补偿的手段之一,有助于调动更多主体参与。生态保护补偿本质上是一套系统的激励机制。在激励机制内部,尤其要突出约束效能。作为激励机制的生态保护补偿制度,更是一种约束导向的激励机制。所以,生态保护补偿也是一套约束机制。再次,生态保护补偿制度的统筹协同推进,主要体现在主体层面、参与形式层面和协调立法层面。生态保护补偿的实际推进注重兼顾不同层次的立法和文件要求,统筹各类规定的实施。最后,生态保护补偿政策制定和贯彻落实始终坚持三个效益的统一。实践表明,单纯追求生态效益无法实现可持续的生态效益目标。生态保护补偿政策就是从生态效益、经济效益、社会效益相统筹的方向出发,进行制度设计和执行。由此,《条例》第3条规定:"生态保护补偿工作坚持中国共产党的领导,坚持政府主导、社会参与、市场调节相结合,坚持激励与约束并重,坚持统筹协同推进,坚持生态效益与经济效益、社会效益相统一。"

第四,淡化管理色彩,对组织管理和部门分工做出一般规定。在总则的立法设计中,不乏有人提出设定复杂、详细管理体制的建议。实际上,这易造成《条例》是生态保护补偿行政管理条例的错觉。生态保护补偿激励性制度的定位决定了其应当是一部以生态保护者权利为本位的法。生态保护者的权益保障和激励措施越到位,越有利于生态目标的实现。根据现行《环境保护法》,中央政府更多地体现为引导,地方政府之间、生态保护者与受益者之间应当逐步发展为自主自愿的补偿方式。对于管理体制,不同领域有不同的考虑,无须统一。在生态保护补偿实际工作中,最主要的阻力还是政出多门,这就需要明确分工和协调,总则在这方面点到为止即可。为此,《条例》总则在第4、5、6条规定了各级政府的组织管理、国务院部门职责、地方政府督促职责和部门分工。略有遗憾的是,原征求意见稿中的第五章保障机制中的协调机制规定被《条例》取消了,这无疑是对既有经验的固化,也不利于既有经验的推广。

第五,突出对生态保护补偿工作积极结果的激励。《条例》第7条规定,对在生态保护补偿工作中作出显著成绩的单位和个人,按照国家有关规定给予表彰和奖励。该条有助于激励生态保护补偿工作参与的不同主体,也落实了《环境保护法》第11条"对保护和改善环境有显著成绩的单位和个人,由人民政府给予奖励"的规定。

二、《条例》其他章主要内容评价

（一）总则外各章主要内容

第二章是财政纵向补偿。本章包括一般要求、分类补偿、补偿力度加大和资金落实、重点生态功能区转移支付、自然保护地体系生态保护补偿、生态保护补偿资金的规范使用等内容。近年来，我国重要生态系统的政策实践取得了积极成效，但也存在一些突出问题，亟待通过《条例》固化经验并化解矛盾。基于上述考虑，在第 8 条一般规定中，条文内容强调了国家在财政纵向补偿方面的一般义务和职责，明确了纵向补偿包括重要生态环境要素补偿和重点生态功能区、生态保护红线、自然保护地等生态功能重要区域补偿。在各类纵向补偿方面，既吸收了自然资源专门法的规定，也将实施较好的国家法规政策整合进来，如森林生态效益补偿规定、退牧还草和草原补奖中的禁牧补助政策、耕地补偿政策中的轮作休耕规定、沙化土地封禁保护制度、休渔禁渔补偿政策、退耕还林还草政策、湿地生态效益补偿制度等。对于重点生态功能区的制度设计，旨在突出补偿区域划定和央地的财政转移支付义务，以稳定资金来源。第 10 条是补偿力度加大和资金落实，要求有关地方人民政府可以结合本地区实际建立分类补偿制度，对开展重要生态环境要素保护的单位和个人加大补偿力度，而且要按照上级规定及时落实资金。第 11 条是重点生态功能区转移支付，根据本条，中央财政安排重点生态功能区转移支付要结合财力状况逐步增加转移支付规模，在重点生态功能区转移支付中实施差异化补偿。第 12 条是自然保护地体系生态保护补偿机制，强调国家建立健全有关机制的义务，中央财政和地方财政应对其分类分级予以补偿，合理确定转移支付规模。第 13 条规定了生态保护补偿资金的规范使用，要求地方对于生态保护补偿资金应当按照规定用途使用，及时补偿给开展生态保护的单位和个人，优先用于自然资源保护、生态环境治理和修复等，稳步推进不同渠道生态保护补偿资金统筹使用，提高生态保护整体效益。

第三章是地区间横向补偿。本部分涵盖了一般规定、地区间横向补偿开展的区域、财政支持、横向补偿协议的规定内容及资金使用、协议履行和争议处理、协议续签等内容。在第 14 条一般规定中，条文内容确立了区域间政府地区间横向补偿的一般要求，突出了在推动建立横向补偿中的国家和上级政府的责任。有鉴于江河流域上下游、左右岸、干支流所在区域，重要生态环境要素所在区域以及其他生态功能重要区域，重大引调水工程水源地以及沿线保护区等关涉国家生态安全，第 15 条要求相应区域开展横向补偿。第 16 条强调中央财政和省级财政可以给予跨区域横向补偿引导支持,国家层面有关部门可以对横向补偿成效显著的给予支持,以体现激励效能。第 17 条是横向补偿协议的规定内容及资金使用,该条旨在规范横向补偿协议的签订,明确双方权利义务,更好地规范生态保护补偿活动开展,给横向补偿协议签订方稳定的预期,同时理性考量协议签订的各种因素并保证资金用于既定用途。第 18 条是协议履行和争议处理,这为履约和争议提供了解决渠道与方法。第 19 条是协议的续签,针对实践中普遍存在的协议到期后怎么处理的问题,为继续履约还是变更约定提供了依据。

第四章是市场机制补偿。如果说,第二章是通过规范政府的纵向财政补助机制的建立来激励政府和生态保护者建立补偿机制,第三章是促进政府和政府开展横向区域补偿活动,那么第四章则强调通过国家和政府作用的发挥来激励各类社会主体参与市场化补偿。第 20 条突出了国家在建立市场化补偿中的作用。第 21 条强调对生态产品和服务市场化购买方式的鼓励。第 22 条要求国家在环境资源等权益交易机制的建立健全中要发挥积极效用。第 23 条共 3 款分别规定了生态产业发展中的国家义务、农村集体经济组织和农村居民参与方式的完善以及地方政府的义务。第 24 条是对建立市场化运作的生态保护补偿基金的鼓励。总之,《条例》第 20—24 条规定了市场机制补偿制度,旨在减轻政府财政压力,使政府在承担经济补偿义务时将资金用于急需支付的领域,力求推动全国生态保护补偿市场的健全和完善,尽快发挥市场在生态保护补偿相关领域中的决定性作用。

第五章是保障和监督管理。其中,第 25—29 条规定了政府的补偿资金落实义务、提供技术支撑义务以及完善经济政策、绿色体系和宣传的义务。第 30 条是对生态保护补偿工作和资金的监督。第 31 条、第 32 条确立了义务主体的法律责任。此外,关于生态保护补偿标准,《条例》第 26 条仅规定了国家完善生态保护补偿标准体系。总之,规定相对原则化,缺少动态化的适用性。第六章附则是《条例》的实施时间。

(二)《条例》总则外各章的不足及展望

总体而言,《条例》的颁布使得生态保护补偿活动有了专门的行政法规进行规范,具有里程碑式的意义。《条例》的颁布使得各领域生态保护补偿活动的开展有了相对明确和直接的规范依据,在厘清各领域政府生态保护补偿财政事权、完善生态保护补偿协议制度、构建市场化生态保护补偿制度等方面均进行了积极尝试。遗憾的是,对实践普遍关注且关涉生态保护者权益的两个关键制度规定得较少,还不完善:一是生态保护补偿标准制度;二是生态保护补偿协议制度。

1. 《条例》生态保护补偿标准制度内容存在的问题及细化

生态保护补偿标准是涉及生态保护补偿制度公平建立与实施的重要技术支撑,理应在《条例》中较好地回应。关于补偿标准的研究目前多从环境科学、环境经济学等视角探讨生态保护补偿标准的核算或支付方法,如支付意愿法、总成本核算法、生态系统服务价值法,以及流域补偿领域的水资源价值法或水质水量保护目标核算法等。① 这些研究为补偿标准制度在政策与立法方面的制定提供了科学借鉴。为此,我们有必要认真考虑理论成果,进行理性的制度评价和展望。

《条例》关于生态保护补偿标准制度的规定,仅通过一条概括规定,原则性地描述了生态保护补偿标准问题。《条例》第26条规定:"国家推进自然资源统一确权登记,完善生态保护补偿监测支撑体系,建立生态保护补偿统计体系,完善生态保护补偿标准体系,为生态保护补偿工作提供技术支撑。"该条仅仅是国家履行生态保护补偿义务在生态保护补偿标准体系方面的体现,并未涉及生态保护补偿标准的形成、执行、评估及调整等诸多方面的现实议题,缺乏现实指导意义,为制度实践乃至后续实施细则的制定带来更多挑战。

关于生态保护补偿标准制度的具体构建,一是可以通过综合性或各领域实施细则予以具体规定;二是可以通过《条例》未来的修改,充实生态保护补偿标准内容。修改立法需要根据专门立法的实施情况适时推进。短期来看,较为合理的是采取第一种思路。具体而言,生态保护补偿标准制度的构建,未来可从如下方面进行。

首先,明确生态保护补偿标准设定的原则立场。2021年印发的《关于深化生态保护补偿制度改革的意见》对不同领域的生态保护补偿设定了科学的、不同的补偿标准原则立场。该意见针对环境要素的重点领域补偿,规定"健全以生态环境要素为实施对象的分类补偿制度,应综合考虑生态保护地区经济社会发展状况、生态保护成效等因素确定补偿水平,对不同要素的生态保护成本予以适度补偿"。该意见针对重点生态功能区、自然保护地、横向等区域补偿,规定"坚持生态保护补偿力度与财政能力相匹配、与推进基本公共服务均等化相衔接,按照生态空间功能,实施纵横结合的综合补偿制度,促进生态受益地区与保护地区利益共享"。该意见针对市场化补偿,规定"合理界定生态环境权利,按照受益者付费的原则,通过市场化、多元化方

---

① 饶清华、林秀珠、陈芳:《基于排污量分配的流域生态补偿标准研究》,载《中国环境科学》2022年第6期。

式,促进生态保护者利益得到有效补偿,激发全社会参与生态保护的积极性"。以上立场综合起来,包括适度补偿原则、与财政能力相匹配且与推进基本公共服务均等化相衔接的补偿原则、市场化补偿原则,这些原则可能会覆盖适度补偿、公平补偿、全面补偿等不同要求,为此,生态保护补偿标准的原则立场可以模糊处理,以体现其广泛的指导价值。未来可有两种立法技术供选择,一种采用简单化处理,直接规定"予以补偿",并再将原则立场具体化;另一种则是概括加列举的方式,即采用适度补偿、与财政能力相匹配且与推进基本公共服务均等化相衔接的补偿、市场化补偿等原则。

其次,建立多领域、体系化的多层级生态保护补偿标准制度体系。在现有国家层面赋权建立生态保护补偿标准等规范内容的基础上,增加地方政府建立生态保护补偿标准制度等内容的条款。基于环境要素的重点领域补偿,建议规定由县级以上人民政府发展改革委、财政主管部门会同自然资源、生态环境、水行政、住房和城乡建设、农业农村、林业草原等主管部门在各自职责范围内分别制定具体的生态保护补偿管理办法,明确各级地方财政的补偿标准和方式等内容。

再次,规定差异化的区域生态保护补偿标准。有学者基于我国民族地区45个文献案例,得出结论,认为单位面积湿地生态系统服务功能价值量呈现出由云贵高原地区向青藏高原地区、蒙新高原地区依次递减趋势;湿地生态系统服务功能价值总量呈现出由青藏高原地区向蒙新高原地区、云贵高原地区依次递减趋势。云贵高原地区、蒙新高原地区、青藏高原地区湿地生态系统服务功能价值总量与我国民族地区的年平均占比分别为11.47%、16.78%、71.75%。同时,湿地生态系统是一个复杂并且具有动态变化的复合系统,决定其服务功能价值的因素有很多。[①] 由此,宜全面考虑不同地域的生态保护标准影响因素,建立差异化的生态保护补偿标准调整制度。国家应当根据生态效益外溢性、生态功能重要性、生态环境敏感性和脆弱性等,在重点生态功能区、自然保护地等重要生态区域探索建立差异化补偿机制。

最后,增加动态化的生态保护补偿标准调整机制,以增强适应性和激励效果。建议规定如下:重点领域补偿中,县级以上自然资源主管部门会同生态环境、水行政、住房和城乡建设、农业农村、林业和草原主管部门建立补偿效果监督评估机制。评估结果应当作为调整生态保护补偿标准等内容的基本依据。重要生态区域补偿中,国家探索建立补偿资金与破坏生态环境相关

[①] 胡运禄、张明善:《我国民族地区湿地生态价值核算与生态补偿标准研究》,载《青海民族研究》2022年第2期。

产业的逆向关联机制,对生态功能重要地区发展破坏生态环境相关产业的,适当降低生态保护补偿标准。省级以上自然资源主管部门会同生态环境、水行政、住房和城乡建设、农业农村、林业和草原主管部门建立补偿效果监督评估机制。评估结果应当作为调整重要生态区域的生态保护补偿标准等内容的基本依据。横向区域补偿的开展,应当综合考虑生态产品价值核算结果、生态产品实物量及质量等因素动态变化。

2.《条例》对于协议制度法治内涵的诠释及可能的完善

《条例》的重要使命之一是落实生态保护补偿协议制度。构建完备的生态保护补偿协议制度,不仅可以有效提升生态保护补偿协议实践的法治内涵,更有助于充分保障生态保护主体的合法权益,稳定广大农牧民的发展预期,充分贯彻"绿水青山就是金山银山"的重要理念。生态保护补偿实践通过自上而下的政策驱动,基于森林、草原等自然领域的政府和私人间补偿协议以及政府间流域或区域补偿协议来推动落地。《条例》关于生态保护补偿协议的规定,位于第三章地区间横向补偿部分。如前所述,该章通过第17条、第18条、第19条三个条款相继规定了横向补偿协议的内容,包括资金使用、协议履行、争议处理和协议续签,较好地解决了横向补偿协议实践中的依据不足问题。遗憾的是,《条例》并未规定政府和私人间补偿协议内容,取消了此前征求意见稿中在林草领域生态保护者个体签订协议的规定,不利于生态保护者个体权益的保护。

生态保护补偿公私协议在履行中,存在的最大问题是政府和生态保护者不签订协议,导致广大农民等主体受损,无法稳定对生态保护补偿的预期。在退耕还林等领域,存在政府和农民、村委会和农民不签订协议的现象,造成广大"靠山吃山,靠水吃水"的农民无法利用自然资源,且因为没有协议而难以获得补偿。譬如,在退耕还林实践中,有些村委会要么仅和退耕还林农民口头约定,要么没有任何协议,如果出现村委会截留农民受偿金,农民寻求救济难以获取证据。又如,我国生态保护补偿案例"石某三北防护林"补偿纠纷中,村民石某曾承包大面积荒地后,政府出台政策将其承包地划为了禁止砍伐的防护林区域,但没有签订任何补偿协议。石某应获补偿几千万元,但向政府索偿时,政府却迟迟未给予资金,植树贷款一千多万元亦无法偿还。过了十几年,当地县政府按照省领导批示才根据核实的承包面积对石某支付了生态效益金。

关于生态保护补偿协议制度的完善,一是可以通过综合性或各领域实施细则在未来予以具体规定;二是通过《条例》日后的修改,充实生态保护补偿公私协议制度。短期来看,较为合理的是采取第一种思路。具体而言,生态保护补偿协议制度的完善,未来可进行如下补充。

为将生态保护补偿协议行为全面纳入法治化轨道,首先,应全面提高对生态保护补偿协议制度的价值认识。生态保护补偿得以有效存续的关键在于激励每一个生态保护者个体的行为,只有个体权益保障和激励到位了,才有人愿意长期地从事生态保护补偿活动,进而保证良好生态环境的永久存在。完备的协议制度正是解决生态保护者后顾之忧的最有力乃至唯一保障。其次,通过未来的立法细化或者修改来明确哪些情形下应当签订生态保护补偿公私协议。公私协议方面,建议规定在森林、草原、湿地、荒漠、海洋、水环境、水生物生态、自然保护地等重要自然生态系统中,县级以上地方人民政府或者法律法规及规章授权的组织,应当与自然资源所有权人和使用权人签订生态保护补偿协议。已有相关自然资源使用合同的,按照合同确定实际参与生态保护补偿活动的自然资源使用权人,该自然资源使用权人为生态保护补偿主体的,由其接受生态保护补偿资金。以上规定,既申明了签订公私协议是地方政府的法定职责,还有助于从根本上杜绝政府或者村委会截留本应属于生态保护者补偿资金的现象。协议的履行期限不得少于五年。

如前所述,生态保护补偿公私协议制度系实然公法属性、应然私法属性。笔者提出两套协议制度供选择,当然更提倡选择后者。

首先,作为行政协议来对待。

在各类重要自然生态系统领域中,生态保护者和政府签订生态保护补偿协议,适用行政协议的有关规定。理由在于:生态保护补偿旨在实现国家的环境管理职能和良好生态环境这一目标;补偿协议一方为行政机关或者法律法规及规章授权的组织,另一方是作为行政系统外部关系的公民、法人或者其他组织;政府和生态保护受偿主体的权利义务具有明显的不对等性,政府有单方变更、解除乃至监督制裁相对方的特权,内容实质为行政法上的权利义务关系。

生态保护补偿协议坚持生态保护主体自愿、政府引导的原则,政府应当充分尊重和保护农民的土地承包经营权益,不得违反法定职责作出约定。县级以上政府主管部门或者其委托单位,应当积极与生态保护者签订生态保护补偿协议,明确环境资源使用权限制的范围、期限,补助方式、政府法定职责、双方的违法与违约责任等。

协议方对协议理解有争议的,第三方在争议处理时应当兼顾生态环境保护和生态保护者的权益保障。政府为了环境公共利益的需要,有权单方变更或者解除协议,但是应当及时弥补生态保护主体的损失。上级地方人民政府监督下级地方人民政府签订并落实生态保护补偿协议,发现协议内容不完整或者违法的,应当及时纠正并依法处理。

其次,作为民事合同来对待。

《条例》后续完善时宜将补偿协议界定为民事合同,并设定规则。

建议在后续完善《条例》时涵盖如下要点:第一,为提高生态环境质量,政府依法在特定区域实施生态保护补偿,政府应当公平、及时给付补偿金。其中,被限制发展的个人、组织等,因对生态保护作出了积极贡献,是生态保护者。政府作为实施权利限制的主体,因代表公众受益于良好的生态环境,是生态受益者。第二,生态保护补偿的启动,既可以由政府提出,也可以由潜在的生态保护者提出请求。涉及集体所有的土地等自然资源的,需和村集体经济组织签订合同,并附村集体同意的证明。第三,政府在给予补偿前有必要通过独立的第三方来核算补偿标准和具体金额,补偿应当能够弥补权利人的预期直接经济损失和生态保护投入成本。第四,政府与生态保护者个体开展生态保护补偿活动,均应当与其签订民事合同。合同坚持平等、自愿、公平原则。行政主体不得强制生态保护者签订合同,不得因其不签订合同使其承担责任或遭受不公正待遇,公职人员违反规定时将被依法追究责任。第五,生态保护补偿合同要点包括:合同订立和履行原则、合同标的、生态保护者和受益者的权利义务、违约及损害赔偿责任承担、合同争议时依照《民法典》和《民事诉讼法》处理。其中,生态保护者的主要民事权利包括:自愿选择是否接受合同;有权就补偿标准充分协商,根据约定使用自然资源并足额、及时、顺利获得补偿金;了解生态保护补偿有关法律、政策、协议履行情况。生态受益者的主要民事义务包括:足额、及时将补偿金支付于生态保护者;为生态保护者合理使用自然资源和保护生态创造便利,如设置围栏、界碑、信息服务、排除第三人的非法干扰等。第六,生态保护补偿的实施,涉及自然资源附着不动产征收的,适用征收补偿的法律规定。

第三节 生态保护补偿制度的法典化塑造

在环境立法集约化的发展趋势下,尽快颁布环境立法领域的专门法典已成为强烈共识。2024年4月,全国人大常委会法工委发言人会议指出,扎实推进生态环境法典编纂工作,形成高质量的生态环境法典草案,力争年内提请审议。作为《环境保护法》的关键制度的主要实现路径,生态保护补偿纳入法典实属必然。生态保护补偿是生态受益者对生态保护者因保护生态环境付出的成本和投入给予补偿的激励性制度安排。生态保护补偿的法典化,就是要按照理性化和系统化方式,将相应条款合理融入环境立法领域专门法典的相关编章。然而,如火如荼展开的生态保护补偿法学研究,鲜有基于法典背景的体系化考量。随着法典化步伐的加快,生态保护补偿入典仍需回应一系列重大议题:于目的论层面,生态保护补偿为何写入环境立法的专门法典?于方法论层面,生态保护补偿主要制度怎样融入环境立法的专门法典,在法典中何以安放,如何看待法典内部规定之间以及法典规定与外部立法的体系关联?于规范论层面,哪些生态保护补偿规定需要入典,入典后如何展开?基于此,本节将直面生态保护补偿的入典诉求,就上述问题一一展开讨论。

一、生态保护补偿的法典化需求

法典化是合乎逻辑地制定法的过程①。在一系列观念和事实条件得到满足的情况下,法典编纂才可能实现立法者所欲实现的目的②。

(一) 法典是尊重自然生态保护基础制度的最高形式

2019年,习近平总书记在主持召开的中央财经委员会第五次会议上强调全面建立生态补偿制度,党的十九届四中全会要求落实生态补偿制度,我国《环境保护法》第31条确定了生态保护补偿作为基础性自然保护制度的地位。生态保护补偿通过生态受益者补偿生态保护者,促进生态产品价值实现,提供可持续的生态服务③。

但遗憾的是,生态保护补偿这一基础性制度没能获得应有的法律地位。生态保护补偿制度实践以自上而下的部门和地方政策调控为主,一些原则性规定散见于为数不多的单项资源类法律中。囿于环境立法体系的碎片化、矛盾多、冗杂疏漏等弊端,生态保护补偿制度亦缺乏系统性、衔接性和稳定性④。适用范围局限于单个自然领域且协调性差,弱化了生态保护补偿的基础性环境制度地位。

《条例》颁布后,生态保护补偿制度纳入法典化更显得必要和迫切。生态保护补偿早已纳入环境基本制度并作为生态文明体系的重要组成部分,生态保护补偿制度理应被赋予法典化内涵。法典化的生态保护补偿制度是充分夯实顶层设计的基础,是稳定生态保护补偿作为自然生态保护基础制度的

---

① 何勤华、朱晓喆、陈颐等:《大陆法系与西方法治文明》,北京大学出版社2014年版,第211页。
② 朱明哲:《法典化模式选择的法理辨析》,载《法制与社会发展》2021年第1期。
③ 欧阳志云、郑华、岳平:《建立我国生态补偿机制的思路与措施》,载《生态学报》2013年第3期。
④ 吕忠梅:《中国环境法典的编纂条件及基本定位》,载《当代法学》2021年第6期。

根本遵循。以法典化的制度形式调整生态保护补偿活动将成为夯实这一基础制度的关键。

法典是法形式的最高阶段，[①]可有效提升生态保护补偿依据的效力位阶。法典化的生态保护补偿制度，不仅较之于即将颁布的生态保护补偿行政法规效力更高，还充分体现出人大民主立法的优势。法典化的生态保护补偿规范与大环保目标相一致，消解了政府开展活动高位阶依据不充分的问题，消除了《条例》仍需要服从单行资源法的尴尬境遇。

就法典化的制度名称而言，相较于当前仍为一些规范性文件使用的"生态补偿"一词，采用"生态保护补偿"称谓更为科学。理由在于：首先，"生态补偿"的内涵和外延始终存在很大争议和不确定性，不少文件将生态环境损害赔偿、自然资源使用付费等各类环境负外部性行为的负担都纳入进来，背离了制度的应然定位；其次，"生态保护补偿"已经为《环境保护法》和《条例》等主要法律、法规所明确使用；最后，生态保护补偿作为一种激励自然生态保护的正外部性环境经济制度获得了各界普遍认同，"生态保护补偿"概念更为确定、合理，而且该制度与下文拟讨论的所在篇章内容逻辑更为明确。

生态保护补偿入典有利于协调环境法的核心制度，实现整体科学化，补充制度缺漏。[②] 法典编纂是单行法进行同步"立改废"的过程，[③]各主要环境单行法将归入一部法律。[④] 整合编纂污染防治、自然资源和生态保护等单行立法，有助于实现法律规范的综合协调。[⑤] 生态保护补偿制度难以独善其身，融入法典是实现环境法律体系内在的一致性、清晰性、可预见性的必经之路。[⑥]

（二）新时代提出了生态保护补偿法典化的新诉求

法典是每个时期法律制度文明的缩影和主要表征。[⑦] 法典的精神能最为充分地反映出其所属的时代。[⑧] 编纂法典是一个国家、一个民族走向繁荣

[①] 封丽霞：《法典编纂论——一个比较法的视角》，清华大学出版社2002年版，第25页。
[②] 薛军：《中国民法典编纂：观念、愿景与思路》，载《中国法学》2015年第4期。
[③] 王雷：《民法典适用衔接问题研究动态法源观的提出》，载《中外法学》2021年第1期。
[④] 王起超：《粗放和精细：论立法技术的秩序建构路径》，载《河北法学》2021年第5期。
[⑤] 于文轩、牟桐：《生态文明语境下环境法典的理性基础与法技术构造》，载《湖南师范大学社会科学学报》2020年第6期。
[⑥] 石佳友：《民法典的法律渊源体系——以〈民法总则〉第10条为例》，载《中国人民大学学报》2017年第4期。
[⑦] 周旺生：《法典在制度文明中的位置》，载《法学论坛》2002年第4期。
[⑧] 石佳友：《治理体系的完善与民法典的时代精神》，载《法学研究》2016年第1期。

强盛的象征。① 生态保护补偿融入法典,充分契合了新时代的法治诉求。

生态保护补偿的法典化是对新的环境立法思想和法律价值观的确认过程。② 2020年中共中央办公厅、国务院办公厅印发了《关于构建现代环境治理体系的指导意见》。环境立法的法典化无疑是推进现代环境治理体系构建的最优方式。2021年《关于深化生态保护补偿制度改革的意见》在指导价值层面明确提出"进一步深化生态保护补偿制度改革,加快生态文明制度体系建设"。由此,环境立法的专门法典必然肩负起通过生态保护补偿制度入典来全面助力生态文明制度体系建设的重任。

生态保护补偿制度的法典化是有效巩固新时代实践经验,尽显中国制度成就的伟大创举。我国多元化的生态保护补偿机制基本形成,相关领域经过长期实践,已经积累了相对成熟的经验。编纂法典是法的现代化过程。③ 法典化通过统一法律秩序,确立新的法律秩序。④ 随着生态保护补偿向更高的层次迈进,将相关制度成果尽快巩固于法典这一彰显生态文明建设新高度的集大成体系,尤为迫切。只有将森林、草原、湿地等重点领域补偿实践成果,流域和区域补偿等实践,充分固化为高位阶的法典智慧,方能为提炼行之有效的举措赋予最充分的法律依据。中国生态保护补偿的法典化有利于为各国提供顶层的中国智慧和中国方案。

生态保护补偿制度的法典化将为政府机制、市场机制与社会机制的协调发展提供最坚强后盾。目前,国家财政投入还不能满足地方生态保护补偿需求,统一的生态保护补偿国内市场还没有形成,生态保护补偿的法典化有利于稳定国家投入机制,引导多元主体参与生态保护补偿交易,实现"交互性"治理。⑤

二、生态保护补偿编纂入典的体系逻辑

对生态保护补偿制度进行系统化设计,形成法典内部协调一致的整体,需要兼顾内外部逻辑。内部逻辑界定生态保护补偿主要制度在法典何处章节安置,解决专门章节内部制度之间及与外部编章的联系。外部逻辑解决入典后怎样调和与外部相关立法的逻辑关联。就环境立法法典化编纂的名称

---

① 王晨:《关于〈中华人民共和国民法典(草案)〉的说明》,2020年5月22日在第十三届全国人民代表大会第三次会议。
② 夏凌:《欧洲环境法的法典化运动及其启示》,载《欧洲研究》2008年第6期。
③ 朱广新:《民法典编纂:民事部门法典的统一再法典化》,载《比较法研究》2018年第6期。
④ 石佳友:《解码法典化:基于比较法的全景式观察》,载《比较法研究》2020年第4期。
⑤ 〔法〕让—皮埃尔·戈丹:《何谓治理》,钟震宇译,社会科学文献出版社2010年版,第28页。

来看,有必要在立法技术上提出能够统摄污染防治、自然生态保护、绿色低碳发展相关立法的法典名称。以"生态环境法典"作为环境立法的专门法典名称,具备宪法依据。以"生态环境法典"命名,既能彰显生态文明时代特色,又能契合可持续发展目标价值,还能标识本质的基石概念,是最佳选择。①

(一) 生态保护补偿宜安放于自然生态保护编中的资金章

生态环境法典采取"总则+分则"结构,符合大多数国家的立法惯例。②将生态保护补偿制度安放于自然生态保护编的资金机制章,具备科学性,这是由制度属性决定的,符合制度路径依赖规律与功能实践要求,并且顺应法源体系特性。

1. 面向自然生态保护的经济激励制度定位

我国环境法律规范可分解为污染防治、自然资源保护和生态保护等子系统③,污染防治和自然生态保护已然成为核心体系内容,应当整合形成污染防治编和自然生态保护编。④ 自然生态保护⑤,是指以保护生态系统平衡或防止生物多样性破坏为目的,对一定的自然区域与流域、野生生物及其生境实行特殊保护并禁止或限制对环境的利用。⑥ 生态保护补偿作为一种旨在实现自然生态保护的经济性激励制度已获普遍认同。生态保护补偿激励机制突破了地方各自为政的管理样态⑦,是不同主体为解决跨域公共问题走向协调合作的过程,在制度实践中尽可能地调动利益相关者的积极性。生态保护补偿制度作为一种整体上的自然生态保护激励制度,由激励目标、激励方式和激励对象三方面构成。

生态保护补偿制度是国家治理体系和治理能力现代化的重要体现之一,根本面向为保护和改善自然生态环境,充分诠释出良好的生态环境是最普惠的民生福祉。⑧ 生态保护补偿的法治目标是实现环境利益分配正义⑨,背景

---

① 吕忠梅:《中国环境立法法典化模式选择及其展开》,载《东方法学》2021年第6期。
② 王灿发、陈世寅:《中国环境法法典化的证成与构想》,载《中国人民大学学报》2019年第2期。
③ 徐以祥:《论我国环境法律的体系化》,载《现代法学》2019年第3期。
④ 竺效:《环境法典编纂结构模式之比较研究》,载《当代法学》2021年第6期。
⑤ 也有表述为生态保护法、生态法、自然保护法等,本书使用"自然生态保护"一词,既包含了传统的自然要素保护,还涉及综合性自然地域和生态系统保护,更为全面。
⑥ 汪劲:《环境法学》(第四版),北京大学出版社2018年版,第228页。
⑦ 周雪光、程宇:《通往集体债务之路:政府组织、社会制度与乡村中国的公共产品供给》,载《公共行政评论》2012年第1期。
⑧ 中共中央宣传部编:《习近平总书记系列重要讲话读本》,学习出版社、人民出版社2014年版,第123页。
⑨ 吕忠梅主编:《环境法原理》,复旦大学出版社2007年版,第389页。

在于生态保护者和生态受益者的权利义务不匹配导致利益分配不均衡,进而引入新的利益配置模式,使得生态保护者保护生态的成本得到补偿,发展机会更加公平。通过合理的资金支付,在生态保护者、受益者之间达到分配正义,进而实现环境目标。

生态保护补偿的激励方式为经济激励,含财政转移支付、政府专项资金、市场交易等形式,在我国以财政转移支付为主,包括中央对地方的一般和专项转移支付,省以下转移支付及同级政府间的横向转移支付。[①] 早期政府专项资金多为单项自然要素领域地方生态保护补偿政府基金,现已拓展为地方政府统筹的综合性生态保护补偿基金。市场交易补偿是通过生态效益和产品的市场化提供与购买实现的。

生态保护补偿的具体制度类型多样,存在个性化差异,但依然无法改变其作为一种激励自然生态保护的整体经济制度的本质。我国在实践中形成了上下级政府财政转移支付补偿、政府间横向补偿、政府和私主体之间的协议补偿及市场化补偿四类行为模式。任何一种模式均希冀最大程度地提供符合生态保护者和受益者双向需要的内在刺激,以激励不同主体基于理性实现合作。[②]

2. 运用资金制度助力自然生态保护的功能实践

资金机制是为保护自然生态筹集和使用各类资金的一系列制度。基于制度史考察,生态保护补偿普遍呈现出运用资金机制助推自然生态保护的发展脉络。

我国生态保护补偿可追溯至20世纪50年代退耕还林地方实践。1999年国家层面开始统筹大规模的退耕还林(草)政策工程。实施20多年来已覆盖25个省(市、自治区)5亿多亩耕地,为防治水土流失和沙化、促进农民增收和推动精准扶贫作出了独特贡献。[③] 2000年后,国家相继实施了退牧还草、休耕和草原生态保护补助奖励政策、新一轮三北防护林政策和公益林政策、退耕还湿政策、禁牧制度、野生动植物补偿、自然保护区生态补偿制度等,补偿的资金逐渐覆盖到所有单项自然生态要素或区域。2018年后,生态保护补偿开始向市场化、综合性补偿延伸。

---

① 潘佳:《生态保护补偿中政府角色的法律定位》,载《中国行政管理》2018年第7期。
② 黄彬彬、王先甲、胡振鹏等:《基于随机过程的流域水资源利用冲突博弈分析》,载《武汉大学学报(工学版)》2010年第1期。
③ 《〈中国退耕还林还草二十年(1999—2019)〉白皮书》,国家林业和草原局官网,2020年6月30日,http://www.forestry.gov.cn/main/216/20201001/114936702969433.html,访问日期:2024年4月17日。

在相关依据方面,2004年《湖库富营养化防治技术政策》提到"鼓励针对退耕还湖(林、草)、休耕(养、捕)等开展农业生态保护补偿政策研究"。2005年《国务院实施〈中华人民共和国民族区域自治法〉若干规定》指出:"通过财政转移支付、项目支持等措施,对……生态环境保护方面作出贡献的民族自治地方,给予合理补偿。"2008年《关于2009年促进农业稳定发展农民持续增收的若干意见》要求"启动草原、湿地、水土保持等生态效益补偿试点"。此后,生态补偿朝向了区域精准扶贫与生态保护目标相结合的实践路径。① 激励机制规定了国家治理的轨迹、选择和后果。② 考虑到我国贫困地区与国家重点生态功能区空间上高度吻合③,为配合《主体功能区规划》落实,激励生态优势向经济优势转化,2010年后国家每年都实施重点生态功能区转移支付。2016年、2017年原农业部和国家海洋局相继要求建立渔业和海洋补偿制度。考虑到政府失灵时市场作用的范围④,2018年后,国家先后印发《建立市场化多元化生态保护补偿机制行动计划》《生态综合补偿试点方案》《关于深化生态保护补偿制度改革的意见》等重要文件,在坚持政府资金激励自然生态保护的同时,进一步强化了市场化的自然生态保护及同碳达峰、碳中和的衔接。

较于其他的生态要素领域补偿,涉及水环境和水资源的流域补偿在我国出现较晚。流域补偿旨在构建上中下游齐治的整体空间保护格局,将生态效益由供给区向受益区进行空间传输⑤,这与自然生态保护的价值不谋而合。2008年修订的《水污染防治法》规定了水环境补偿,即"国家通过财政转移支付等方式,建立健全对位于饮用水水源保护区区域和江河、湖泊、水库上游地区的水环境生态保护补偿机制"。本规定一直沿用到现行的《水污染防治法》。一国之法律不可能与其历史文化、价值观念和实践经验分割开⑥,水环境补偿制度源于当时流域和区域水生态整体恶化而又缺乏国家财政激励的现实情况,其并不关注流域要素污染和污染源防控,而是聚焦流域、重要湖泊

---

① 史玉成:《生态扶贫:精准扶贫与生态保护的结合路径》,载《甘肃社会科学》2018年第6期。
② 周雪光、程宇:《通往集体债务之路:政府组织、社会制度与乡村中国的公共产品供给》,载《公共行政评论》2012年第1期。
③ 胡振通、王亚华:《中国生态扶贫的理论创新和实现机制》,载《清华大学学报(哲学社会科学版)》2021年第1期。
④ 吕忠梅:《沟通与协调之途——论公民环境权的民法保护》,中国人民大学出版社2005年版,第60页。
⑤ Raul-Uwe Syrbe and Ulrich Walz, "Spatial Indicators for the Assessment of Ecosystem Services: Providing, Benefiting and Connecting Areas and Landscape Metrics", *Ecological Indicators*, 2012(21): 80-87.
⑥ 黄忠:《论民法典后司法解释之命运》,载《中国法学》2020年第6期。

或水域的环境与生态质量整体提高,致力于调和流域上下游生态保护与经济发展之间的矛盾。① 2008年后,渭河、新安江、九洲江、汀江—韩江等流域先后确定了流域补偿政策框架并签订补偿资金协议。2018年后,国家层面相继出台了支持长江、黄河、洞庭湖与鄱阳湖的水环境生态保护补偿经济政策。根据历年《中国生态环境状况公报》,2006—2011年全国地表水总体为中度或者轻度污染。2020年全国国控断面地表水质总体优良基本实现,Ⅰ—Ⅲ类断面比例为83.4%。② 流域补偿需要综合考虑水量与水质对水生态环境的整体影响③,当前的流域补偿已肩负起水环境改善和水量均衡分配的双重功能。义乌市和东阳市、平顶山市和新密市、永定河上游、内蒙古水权盟市间等水权交易相继成功探索。流域补偿提供了生态系统服务在流域间的空间转移机制④,鼓励上游在水质、水量等多方面提升流域的生态可持续性⑤,已成为颇具中国特色的保护特定水环境区域的自然生态资金机制典范。

3. 融合资金与自然生态保护规范的法源体系

国内外生态保护补偿主要立法和实践,皆从资金视角对不同领域的自然生态保护予以规范。我国的生态保护补偿在国家层面使草原、森林、耕地、水流域、水环境、野生动物、海洋、渔业、自然保护区、风景名胜区等多个自然生态领域和区域有法可依(参见前述表)。地方层面,除了海南、苏州、无锡等地制定了专门地方性法规外,几乎所有的省份均颁布了落实生态保护补偿的具体意见。

国外的生态保护补偿主要基于市场化的生态系统服务付费(Payment for Ecosystem Services, PES)⑥或保护地役权,与我国的生态保护补偿制度诉求趋同,均运用资金方式激励自然生态保护。在政府补偿方面,美国《1956年农业法》规定了"土地银行计划",鼓励农场主退耕一部分土地,由政府给予补偿。1981年美国《统一保护地役权法案》规定了"保护地役权"。根据英国1990年开始实施保护生物多样性的北约克摩尔斯农业计划,基于自愿协议,

---

① 刘春芳、王佳雪、许晓雨:《基于生态系统服务流视角的生态补偿区域划分与标准核算——以石羊河流域为例》,载《中国人口·资源与环境》2021年第8期。
② 《中国生态环境状况公报》,生态环境部官网,http://www.mee.gov.cn/hjzl/sthjzk/zghjzkgb/,访问日期:2024年4月18日。
③ 杜群、杜寅:《水保护法律体系的冲突与协调——以入河排污口监督管理为切入点》,载《武汉大学学报(哲学社会科学版)》2016年第1期。
④ HM. Serna-Chavez and CJE. Schulp, "A Quantitative Framework for Assessing Spatial Flows of Ecosystem Services", *Ecological Indicators*, 2014(39): 24-33.
⑤ 秦天宝:《跨界河流水量分配生态补偿的法理建构和实现路径——"人类命运共同体"的视角》,载《环球法律评论》2021年第5期。
⑥ 也表述为生态环境/服务补偿(Compensation for Ecological / Environmental Services, CES)等。

由国家公园主管机关对促进自然价值的农场主提供补偿资金。此外,哥斯达黎加和日本《森林法》都规定了和我国相同的森林生态效益补偿制度。市场化补偿方面,欧盟自 1992 年至 2017 年多次修订欧共体生态标签制度。为减少杀虫剂和解决土地盐渍化,法国毕雷(Perrier)公司和农民、澳大利亚马奎瑞河食品纤维协会和新南威尔士林业部门签订了补偿资金交易协议。不同于我国特殊的自然资源公有制国情,国外尚不存在国家主导的大规模生态保护补偿政策实践,没有专门立法的社会基础。在已颁布环境专门法典的国家中,尚无该类制度入典的立法例。

制度的法典化定位,要避免用主观臆想来构筑法律体系和结构[1],应符合法典编章布局设置的客观规律。将生态保护补偿置于自然生态保护编最为妥当。本书建议,将自然生态保护编中的生态保护补偿所在章命名为"自然生态保护资金",生态保护税费和生态保护补偿分别作为自然生态保护资金章的两节予以纳入。其中,生态保护税费侧重筹集用于自然生态保护修复、治理和预防破坏的各类资金;生态保护补偿重在规范资金使用,即由生态受益者将补偿资金支付给因保护自然生态丧失发展机会并投入成本的生态保护者。

(二) 自然生态保护资金章中的生态保护补偿内部逻辑

法典是在原有法律文件基础上制定的新法律文件。生态保护补偿编纂入典的关键,是确定哪些条文写入"自然生态保护资金"章中的"生态保护补偿"节。

内部制度体系既对生态保护补偿共性制度作出一般规定,还兼顾自然生态系统、水流等区域以及市场化补偿的特殊性。能否从纷繁复杂的社会生活中抽象出统一的法规范,是法典编纂面临的现实难题。[2] 实质型适度编纂是现阶段在追求环境规范体系化过程中的理性选择[3],各编内部章节应采用同一划分标准。对此,可按照一般规定、纵向补偿、横向补偿、协议补偿、市场补偿五个条文予以展开。

一般规定对生态保护补偿各领域的普遍性关键要素作出总体规范,统领其他条文。纵向补偿、横向补偿、市场补偿分属生态保护补偿的不同方式,协议补偿属于纵向补偿和横向补偿的实现途径。其中,纵向补偿涉及森林、草

---

[1] 翟勇:《我国生态环境法治能力建设进程》,载《环境与可持续发展》2020 年第 1 期。
[2] 王万华:《我国行政法法典编纂的程序主义进路选择》,载《中国法学》2021 年第 4 期。
[3] 张忠民、赵珂:《环境法典的制度体系逻辑与表达》,载《湖南师范大学社会科学学报》2020 年第 6 期。

原、湿地、荒漠、渔业、耕地、自然保护区等多个自然要素和生态系统领域自上而下的补偿资金支付。横向补偿主要涉及不同区域、流域政府间补偿资金横向转移或对流域、区域整体的补偿资金支付。市场补偿是激励自然生态产品的市场化资金交易机制。

内部制度设计兼顾国家统筹与地方自主探索。纵向和横向补偿条款,均强调国务院及其主管部门引导、协调并建立各领域补偿制度和标准,在协议补偿条文中明确地方政府的贯彻落实和协议签订义务。鉴于法的安定性不是法律必须实现的唯一价值,它还需要满足合目的性和正义的要求①,生态保护补偿的发展仍需为地方自主探索预留空间,为此,有必要引导地方政府通过自主协商谈判建立生态保护补偿机制,鼓励地方开展生态综合补偿,以合作共治和共享生态与经济效益为目的。内部制度展开坚持以政府主导和多元市场主体参与相结合。强调市场、社会、政府的共同参与,是可持续发展的永恒要义。② 法典编纂更需要社会生活和法治实践为其提供生生不息的动力和资源。③ 生态保护补偿制度不仅需要厘清相关政府及部门在引导市场化补偿建立和搭建市场参与平台方面的职责,还应激励各类主体积极参与市场化补偿交易,激发社会主体参与竞争。

社会的发展及其需要是推动法典化立法的重要基础。④ 国家统筹的生态保护补偿为我国首创,国际上没有专门立法和法典化先例。中国生态保护补偿法典化,是引领全球实现可持续发展目标的必然选择。

(三) 资金章中的生态保护补偿制度与法典其他编章之衔接

立法科学化是环境治理现代化的重要前提⑤,法典体系的科学化首先是内部法教义学的科学化⑥,追求法典的逻辑自洽性与价值一致性。⑦ 按照前述要求,生态保护补偿制度要处理好与法典其他编章之关联,包括自然生态保护编的总则章、生态环境法典总则编及与生态保护补偿有关的法律责任。

---

① 〔德〕G.拉德布鲁赫:《法哲学》,王朴译,法律出版社2005年版,第128页。
② 诸大建:《用国际可持续发展研究的新成果和通用语言解读生态文明》,载《中国环境管理》2019年第3期。
③ 王理万:《中国法典编纂的初心与线索》,载《财经法学》2019年第1期。
④ 周光权:《法典化时代的刑法典修订》,载《中国法学》2021年第5期。
⑤ 封丽霞:《高品质立法与国家治理现代化》,载《中国领导科学》2020年第1期。
⑥ 雷磊:《法教义学能为立法贡献什么?》,载《现代法学》2018年第2期。
⑦ 王利明:《中国民事立法体系化之路径》,载《法学研究》2008年第6期。

1. 筛选自然生态保护编总则章生态保护补偿涵摄条款

体系性是部门法法典的灵魂和生命。[1] 在自然生态保护编第一章总则规定自然生态保护相关涵摄条款,是生态环境法典中生态保护补偿制度体系完备的必要条件。截至 2023 年年底,在《生态环境法典专家建议稿》(以下简称建议稿)中,第 464 条规定了自然生态保护投入机制。该条款目的是建立以财政为主、社会共同参与的多元化生态保护投入机制。该条第 2 款侧重于稳定国家和地方的生态保护财政来源和支出,第 3 款要求各级政府将生态保护经费纳入财政预算。前述两款足以覆盖政府主导的生态保护补偿制度。第 4 款规定国家建立多渠道多元化投资、融资、募资机制,鼓励各参与主体进行生态保护投入等。该规定亦能指导生态保护补偿交易的开展和多元主体参与。在笔者看来,不妨再规定一款"国家建立健全生态保护补偿资金机制",以彰显该制度的重要性。因该款位于自然生态保护编第一章中的投入机制条款,不存在与其他编章的不相容问题。

2. 明示生态环境法典总则编生态保护补偿抽象规定

生态环境法典总则专门设定统领性和全局性的基本制度和基本原则。[2] 总则具有足够的抽象性以满足对各分则的整合功能[3],需要专门条文涵摄自然生态保护投入机制,进而覆盖自然生态保护编中的生态保护补偿具体制度。根据建议稿,总则编中一般规定的第 6 条第 6 款指出国家建立健全生态保护补偿制度。结合目的与文义解释,生态保护补偿规定在总则编中,对于凸显该制度重要性并指导分编展开具有重要作用。

然而,以功能定位和价值期待观之,生态保护补偿制度并不适宜单独位列总则章,理由有二:其一,生态保护补偿是自然生态保护领域的基本制度,尚未达到统领整个环境法典的核心制度高度。法典更加强调立法的科学性和体系性[4],需要严密的框架设计[5]。一些特殊制度出于完备性考量而被纳入法典,可能会与其他制度产生冲突。[6] 生态环境法典总则包含的应是环境法典中最具概括性和稳定性的法理知识,提供超越个别问题的一般原理。[7] 其二,通过解释和完善总则编一般规定中的保障引导机制完全可以覆盖各类自然资源保护投入机制。第 6 条"保障引导机制"第 1 款规定,政府应当建立

---

[1] 王利明:《体系创新:中国民法典的特色与贡献》,载《比较法研究》2020 年第 4 期。
[2] 张梓太:《论我国环境法法典化的基本路径与模式》,载《现代法学》2008 年第 4 期。
[3] 李艳芳、田时雨:《比较法视野中的我国环境法法典化》,载《中国人民大学学报》2019 年第 2 期。
[4] 孙宪忠:《论民法典贯彻体系性科学逻辑的几个要点》,载《东方法学》2020 年第 4 期。
[5] 朱涛:《民法典编纂中的立法语言规范化》,载《中国法学》2017 年第 1 期。
[6] 石佳友:《解码法典化:基于比较法的全景式观察》,载《比较法研究》2020 年第 4 期。
[7] 吴凯杰:《论环境法典总则的体系功能与规范配置》,载《法制与社会发展》2021 年第 3 期。

并完善经济激励机制,保障生态环境保护工作顺利进行。第4款规定,各级人民政府应当加大对改善环境、保护生态、防治环境污染、生态破坏及其他公害的财政投入力度,提高财政资金的使用效益,以实现可持续发展。上述两款足以指导市场化以外的生态保护补偿等资金投入活动。可在总则编增加"鼓励市场化的保护生态和防治环境污染资金机制"的类似描述,以应对第6条的市场化适用不足。

3. 理顺生态保护补偿法律责任配置谋篇安排

法典编纂是一种技术①,涉及法律规范如何编纂以及如何适用的科学技术逻辑②。生态环境法典法律责任有两种编排技术:一种是将自然生态等单编责任放在本编内部,采用这一模式的如《法国环境法典》《哥伦比亚环境法典》;另一种是将所有分编法律责任都单独设置在法典最后,采用这一模式的有《哈萨克斯坦共和国生态法典》《瑞典环境法典》等。两种方式无实质差异,本书青睐前者,这种编排方式能够凸显违法行为所受法律制裁的后果,体现各编对不同行为模式和法律义务的对应性,维护生态环境法典各编在制裁规则方面的关联性和一致性。③

法律规范的逻辑结构包括构成要件和法律后果,立法者应按照构成要件与法律后果的结构提取公因式。④ 为体现法典提取公因式和集约化的效益,可以对资金机制方面共同规定一条法律责任,分设两款,一款是对违反生态保护补偿与税费管理规定相对人的行政责任,另一款是对公权力主体的行政处罚。生态保护补偿与税费管理活动中相对人的违法行为多种多样,以指引方式规定,是合理处理法典和单行法关系的做法。生态保护补偿有些行为契约性质明显,会触及约定责任。生态保护补偿与税费管理活动中公权力主体违法行为主要包括玩忽职守、滥用职权、徇私舞弊三大类,以指引方式进行规定,是妥善处理法典与单行法关系的有效途径。此外,通过概括性的"违法""依法"表述来阐释违法情形和处理依据,能够全面涵盖违法行为及其责任。具体条文建议如下:

第 X 条[违反生态保护补偿与税费规定的法律责任] 生态保护补

---

① 彭峰:《法典化的迷思——法国环境法之考察》,上海社会科学院出版社2010年版,第20页。
② 孙宪忠:《中国民法典国家治理职能之思考》,载《中国法律评论》2020年第6期。
③ 汪劲:《论中国环境法典框架体系的构建和创新——以中国民法典框架体系为鉴》,载《当代法学》2021年第6期。
④ 朱庆育:《法典理性与民法总则 以中国大陆民法典编纂为思考对象》,载《中外法学》2010年第4期。

偿与税费管理活动中自然人、法人和非法人组织有违法违约情形的,依法依约追究责任。相关部门及其工作人员在生态保护补偿与税费管理工作中有玩忽职守、滥用职权、徇私舞弊等情形的,依法追究责任。

综上,体系是理性建构的规则整体,是将各部分组织成相互关联的意义整体。① 如前所述,总则编中的生态保护补偿抽象规定、自然生态保护编总则章中的生态保护补偿涵摄规定、自然生态保护编中的生态保护补偿具体制度以及法律责任,共同构成了完整的法典体系,形成了一个内在的阶层秩序。在法典内部,生态保护补偿的总则编规定、自然生态保护编总则规定和自然生态保护编资金章之间存在一般规定和特别规定的适用关系,应遵循特别规定优于一般规定的规则。

(四) 生态环境法典之生态保护补偿制度与单项立法的关联

生态保护补偿融入法典,需要明确不同法律的衔接和配合。② 单行法具有灵活性,可以及时回应社会诉求③,环境法典应兼顾开放性以实现此目标。④ 较为理想的治国理政法治模式是法典与单行法相结合、综合法与专门法相结合的模式。⑤ 我国环境法典应采用法典与其他单行法共存模式。⑥

法典化的生态保护补偿立法,较之《条例》,具有更强的体系性和集约性特征。法典中的制度展开应当充分整合彰显生态保护补偿最重要任务和最本质功能的精华内容,对基础性、关键性范畴进行分类归纳。较之《条例》,法典的调整范围更集中,且能够涵摄《条例》整体制度,可视为对专门行政法规的公因式提取。

法典可以提升法律的可预测性、确保安定性、降低内部复杂性。⑦ 生态保护补偿的法典化,通过整合专门行政法规和单项生态保护补偿法律规定的核心理念、共性制度,将克服分散立法与政策调控带来的传统弊病,塑造具备

---

① 谢鸿飞:《民法典与特别民法关系的建构》,载《中国社会科学》2013 年第 2 期。
② 全国人大常委会法制工作委员会组织编写:《中国特色社会主义法律体系学习读本》,新华出版社 2011 年版,第 98 页。
③ 黄明儒、项婷婷:《我国金融犯罪立法模式的选择——向"独立型附属刑法模式"的最终转变》,载《人民检察》2017 年第 11 期。
④ 吕忠梅、田时雨:《环境法典编纂何以能——基于比较法的背景观察》,载《苏州大学学报(法学版)》2021 年第 4 期。
⑤ 何勤华:《法典化的早期史》,载《东方法学》2021 年第 6 期。
⑥ 张梓太:《论我国环境法典化的基本路径与模式》,载《现代法学》2008 年第 4 期。
⑦ 陈爱娥:《法体系的意义与功能——借镜德国法学理论而为说明》,载《法治研究》2019 年第 5 期。

普遍包容性和综合调控性的基础制度框架,使环境管制从分散走向协调一致。① 在一个稳定运行的社会里,法治的发展呈现渐进和改良特征②,法典化仍有必要保留更为具体的生态保护补偿行政法规以及具体领域规范,实现一般引导和可操作相结合,高位阶立法与灵活的政策相结合,国家立法和地方立法相统一。我们通过适时修改法典以外的规范性文件,可以生态保护补偿实践发展导致的法典滞后与僵化。

法典的主要任务是促进现行生态保护补偿立法体系的科学化。环境法体系的完备性存在缺陷③,主要问题是结构性欠缺④。生态保护补偿的法典化,既要对各单项法中普遍未明确的关键性问题予以规定,又要通过高度概括的条文最大限度地抽象出主要条款。通过高位法可以理顺整个环境法律体系,简化和协调相互间关系⑤,消解与不同部门法规范之间的效力冲突⑥。

开放与封闭的调和是法典运用中难以解决的理论与实践难题。⑦ 生态保护补偿的法典化规定系统但不封闭。法典要构建稳定的结构,同时又能够通过种种渠道与其他法律良好地沟通。⑧ 理想的生态保护补偿规范系统是:以生态环境法典中的生态保护补偿制度为指导,以《条例》为重要支撑,以部门规章为补充,以地方性专门法规与地方政府规章为依托。⑨ 未来,只有建构多元、互补的生态保护补偿规则体系,才能保障生态保护补偿机制有效运行。⑩

三、生态保护补偿具体制度的法典化表达

生态保护补偿制度主要呈现于生态环境法典自然生态保护编总则章的"生态保护补偿"节。其法典化表达,是将具体制度集中融入专门章节。良好的法典立法技术要达到破题界定概念、排列逻辑一致等状态。⑪ 按照该目

---

① 吕忠梅、窦海阳:《民法典"绿色化"与环境法典的调适》,载《中外法学》2018 年第 4 期。
② 张新宝:《侵权责任编:在承继中完善和创新》,载《中国法学》2020 年第 4 期。
③ 吕忠梅:《论环境法的沟通与协调机制——以现代环境治理体系为视角》,载《法学论坛》2020 年第 1 期。
④ 张梓太、李传轩、陶蕾:《环境法法典化研究》,北京大学出版社 2008 年版,第 193 页。
⑤ 张璐璐:《德国环境法法典化失败原因探究》,载《学术交流》2016 年第 6 期。
⑥ 刘文文:《论领域法学:一种立足新兴交叉领域的法学研究范式》,载《政法论丛》2016 年第 5 期。
⑦ 陈金钊:《民法典意义的法理诠释》,载《中国法学》2021 年第 1 期。
⑧ 茅少伟:《寻找新民法典:"三思"而后行——民法典的价值、格局与体系再思考》,载《中外法学》2013 年第 6 期。
⑨ 预期的生态保护补偿制度体系没有纳入专门法律中的生态保护补偿规定。参见吕忠梅:《中国环境法典的编纂条件及基本定位》,载《当代法学》2021 年第 6 期。
⑩ 王清军:《法政策学视角下的生态保护补偿立法问题研究》,载《法学评论》2018 年第 4 期。
⑪ 杨鹏:《立法技术的现状与愿景》,载《行政法学研究》2021 年第 3 期。

标,生态保护补偿的法典化表达,涵盖一般规定、纵向补偿、横向补偿、市场交易补偿、补偿协议等具体制度群。其中,一般规定既有宏观指导效果,又具有概念解释功能。

相较于之前章节中重点领域补偿、流域补偿、区域补偿、市场化补偿的分类,法典化制度表达中的类型似乎不尽相同。实际上,纵向补偿、横向补偿、市场化补偿的分类是在之前分类基础上的进一步集约化与抽象化,上述分类已在不同领域的分析中有所体现。此前的制度分析被置于单一领域的正当性和制度构造框架之下,以凸显论证的精细化。法典化的制度设计,在具体领域和相应制度的讨论基础上,应当更为凝练。依此逻辑,纵向补偿由重点领域补偿和区域补偿中的纵向区域补偿构成;横向补偿包括流域补偿和其他横向区域补偿;市场化补偿与此前的分类类型相同。由于补偿协议是生态保护补偿诸多领域实施的关键制度保障,因此,应单独列出予以规范。

(一) 生态保护补偿的一般规定

一般条款的意义在于应对法典规制技术的不足。[①] 自然生态保护编资金章中的生态保护补偿一般规定,着重对所有领域的生态保护补偿特性进行揭示,指引具体制度展开并定分止争。对此,条文设计立足于资金视角,突出核心主体、补偿款的来源和去向以及补偿方式。

生态保护补偿作为一种激励性资金制度,整体上宜从资金视角进行抽象解读。本条既可视为生态保护补偿制度的抽象概括,亦可解释为生态保护补偿的一般概念。毕竟,生态保护补偿的定义一直以来具有很多的争议。条文应兼顾制度指引和概念解释的二元导向。

一般规定的任务之一是明确生态保护补偿主体和受偿主体。生态保护补偿的出现源于生态保护者被限制发展却难以得到应有的利益弥补,于是需要生态受益者对其进行经济补偿。主体的界定意义在于,通过一般规定指示生态受益者要把资金最终给付给真正的生态保护者,而不是被截留或挪作他用。重构与平衡相关主体之间的生态环境利益,是通往生态保护补偿目的价值的桥梁。[②]

因补偿领域众多且补偿标准不一,一般规定试图"曲线救国",列举出决定补偿标准设定的基础因素:生态保护成本、发展机会成本和生态服务价值。补偿标准的实际制定,是否尊重以及在多大程度上尊重以上关键要素,会在

[①] 卢谌:《〈德国民法典〉的规制技术、语言和体系》,载《德国研究》2008 年第 3 期。
[②] 李依林:《论生态补偿制度的价值体系》,载《浙江工商大学学报》2020 年第 5 期。

根本上影响补偿资金的给付水平。好的法律应该有助于达到实体正义。①从激励可持续的生态保护行为出发,生态保护者获得的补偿资金至少不应低于限制发展的机会成本。为此,条文以"公平"来彰显规制立场,也回应了各领域补偿资金普遍不高的现实。

一般规定既固化补偿方式经验,又不限制地方探索。我国在森林、草原、湿地等要素领域以及流域和区域开展了大规模的财政转移支付实践,在用能权、用水权等市场交易补偿方面也卓有成效。生态保护补偿的手段是公平配置经济利益②。因此,上述生态保护补偿手段无疑会写入一般规定。此外,飞地经济、实物补偿、政策补偿等也颇具特色,以"等方式"载入有助于鼓励地方探索。结合前述理由,建议将生态保护补偿一般规定表述如下:

> 第 X 条[生态保护补偿一般规定] 为激励生态保护行为,在综合考虑生态保护成本、发展机会成本和生态服务价值的基础上,生态受益者采取财政转移支付或市场交易等方式,对生态保护者给予公平补偿。

(二) 纵向补偿

通过自上而下的财政转移支付机制,我国针对森林、草原、湿地、荒漠、海洋、水流、渔业资源、耕地等重要自然生态要素以及关键区域,实施了单项生态保护补偿制度。此类补偿统称为纵向补偿。纵向补偿制度涵盖重点领域补偿以及纵向的区域补偿两方面内容。

纵向补偿的法典化布置有三方面的支撑理由。首先,国家建立健全生态保护补偿制度,是党中央、国务院的一贯要求,该制度兼具国家环境保护义务的宪法依据和多部法律依据。因此,需先明示国家推动生态要素和重要区域补偿的义务。其次,国家层面已经实现了生态保护补偿定期工作部际联席会议制度,有必要将其纳入法典,并指引制定不同领域的补偿办法。最后,为优化中央与地方关系,平衡权、责、利配置③,理应引导地方加大补偿力度。为提高生态补偿资金使用整体效益,应鼓励地方开展综合补偿实践。

结合以上诉求,重点领域补偿和区域纵向补偿规定为三款:第 1 款申明

---

① 〔美〕诺内特、塞尔兹尼克:《转变中的法律与社会:迈向回应型法》,张志铭译,中国政法大学出版社 2004 年版,第 82 页。
② 潘佳:《我国生态保护补偿概念的法学界定——基于历史的分析进路》,载《吉首大学学报(社会科学版)》2017 年第 4 期。
③ 陈志广:《是中央控制,还是地方独立——政治影响下的财政分权检验》,载《当代经济科学》2016 年第 1 期。

国家有建立健全纵向生态保护补偿的义务;第2款授权国家发展和改革委员会牵头,根据不同生态要素领域或区域需要,同有关部门共同建立具体领域生态保护补偿办法;第3款鼓励地方积极探索高于国家标准的补偿标准,开展生态综合补偿。具体条文内容建议如下:

> 第X条[纵向补偿] 国家建立健全森林、草原、湿地、荒漠、海洋、水流、渔业资源、耕地等重要生态要素以及重点生态功能区、自然保护地等重要生态区域的生态保护补偿制度。
>
> 国务院发展改革部门会同财政、自然资源、生态环境、水行政、住房和城乡建设、农业农村、林业和草原等主管部门在各自职责范围内制定具体的生态保护补偿管理办法,明确中央财政的补偿范围、对象、标准和方式等。
>
> 鼓励地方在中央补助基础上进一步加大生态保护补偿力度。鼓励地方开展生态综合补偿。

(三) 横向补偿

横向补偿制度不同于上下级政府间的纵向补偿,它是以资金奖惩为激励模式,由跨行政区政府基于上级决定或文件的规定开展的生态保护补偿活动,或者是跨行政区政府间自主开展的生态保护补偿活动。为破解行政区域分割与区域生态保护整体之间的矛盾,法典化的横向补偿需要及时提炼横向治理经验,落实跨区域各方的义务、权利和责任,使不同群体在利益分化的格局中仍能各得其所、和谐相处。①

只有存在某种内在的严格秩序和逻辑结构,才能被称为真正的法典。② 以此为遵循,横向补偿条款的法典化缘由和愿景是:对于跨多个省(市、自治区)和大流域、重要区域的补偿,因涉及政府众多且关涉国土安全,中央政府应当统筹协调并给予财政支持;实施横向补偿离不开各级政府的组织协调,且地方政府对区域生态环境质量负责是法定义务,在重要区域只有强制建立生态保护补偿机制,方能走出生态保护者受偿资金不足的困局;省内补偿是贯彻大尺度生态保护补偿的关键,且随着区域生态日趋完善,立法应当鼓励自主协商设定更高生态环境目标,这也是考虑到地方政府具有信息优势,能

---

① 张文显:《法治与国家治理现代化》,载《中国法学》2014年第4期。
② 王利明:《民法典体系研究》(第二版),中国人民大学出版社2012年版,第8页。

够更好地提供公共物品和服务。①

上述法典化需求在《支持长江全流域建立横向生态保护补偿机制的实施方案》《支持引导黄河全流域建立横向生态补偿机制试点实施方案》《长江保护法》《关于加快建立流域上下游横向生态保护补偿机制的指导意见》《南水北调工程供用水管理条例》《太湖流域管理条例》中已有明确依据。横向补偿条文的法典化构造包括：一是突出对国家生态安全有重要影响的跨省域、流域在建立生态保护补偿中的国家组织和财政支持作用；二是要求地方政府负责本区域内生态保护补偿工作，在必要区域承担建立生态保护补偿的义务；三是推进大流域省份内部生态保护补偿，并鼓励地方自主达成更高环境目标的横向补偿协议。具体条文内容建议如下：

> 第 X 条[横向补偿] 国家加强对建立长江、黄河等重要江河、大型引调水工程和重要湖泊所在地生态保护补偿机制的统筹协调，并给予中央财政支持。
>
> 地方各级人民政府负责所辖区域生态保护补偿机制建立的组织协调工作。地方各级人民政府应当在生态功能重要、生态环境问题突出的领域，建立区域间生态保护补偿制度。
>
> 鼓励重要江河和大型引调水工程所在省份完善省内生态保护补偿机制建设；鼓励上下游或不同区域地方政府在满足国家或地方环境质量标准的基础上，自主协商推进更高环境质量目标的区域间生态保护补偿。

（四）市场化补偿

生态保护需要政府与市场共同发挥作用②，不能忽视市场调节功能在生态保护补偿领域的作用和价值③。探索建立市场化、多元化生态保护补偿机制，一直是近年来国家政策文件强调的重点。相关规范性依据包括：2021年《国务院关于加快建立健全绿色低碳循环发展经济体系的指导意见》、2021年《关于建立健全生态产品价值实现机制的意见》、2021年《完善能源消费强度和总量双控制度方案》、2018年《建立市场化、多元化生态保护补偿机制行动计划》、2016年《水权交易管理暂行办法》、2016年《国务院办公厅关于建

---

① 舒旻：《论生态补偿资金的来源与构成》，载《南京工业大学学报（社会科学版）》2015年第1期。
② 吕忠梅、窦海阳：《民法典"绿色化"与环境法典的调适》，载《中外法学》2018年第4期。
③ 张钧、王燚：《生态补偿法律制度的理论考察与二元架构》，载《晋阳学刊》2014年第4期。

立统一的绿色产品标准、认证、标识体系的意见》、2013 年《中国银监会办公厅关于绿色信贷工作的意见》等。

生态保护补偿市场交易机制仍有两方面难题亟待解决：一方面，各类政策文件中的市场化领域界定过于宽泛，试图囊括所有生态保护的市场化方式，使得生态保护补偿体系不堪重负，市场化方向不再明朗；另一方面，生态保护补偿市场交易多为政府参与的局部实践，统一、多元主体参与的全国市场推进仍面临诸多挑战。

在此背景下，市场交易补偿条款的法典化愿景是：理性框定生态保护补偿的市场化领域，凸显国家在统一国内市场方面的平台搭建和促进功能，顺应现代环境治理体系主张的多元共治模式。① 这决定了市场交易条文规定的四个要点：第一，国家有义务建立统一的资源使用权交易国内市场；第二，国家有义务健全统一的绿色产品发展体系；第三，国家制定完善绿色经济政策；第四，加快推动建立符合现代环境体系的生态产品价值实现机制。具体条文内容建议如下：

> 第 X 条 [市场化补偿] 　国家探索建立用水权、用能权等资源使用权市场化交易机制，健全统一的绿色产品标准、认证、标识体系，完善绿色采购制度和信贷政策，加快形成政府主导、企业和社会各界参与、市场化运作的生态产品价值实现形式。

（五）补偿协议

补偿协议是落实纵向补偿与横向补偿的根本。各领域纵向与横向补偿的实践，无不依托森林、草原等纵向领域的政府和私人间补偿协议以及流域或区域横向领域的政府间补偿协议来推动落地。构建完备的生态保护补偿协议制度，突出个体利益的调节②，将提升协议实践的法治内涵，稳定生态保护者的发展预期。

根据一般法理，财产权的社会义务通常无须补偿，包括基于"特别牺牲理论"的财产权普遍性限制以及"期待可能性理论"的财产权轻微限制。③ 生

---

① 秦天宝、段帷帷：《我国环境治理体系的新发展——从单维治理到多元共治》，载《中国生态文明》2015 年第 4 期。
② 杜群、车东晟：《新时代生态补偿权利的生成及其实现——以环境资源开发利用限制为分析进路》，载《法制与社会发展》2019 年第 2 期。
③ 张翔：《机动车限行、财产权限制与比例原则》，载《法学》2015 年第 2 期。

态保护补偿往往涉及财产权中的一项或几项权能①,符合特定者的特别牺牲时,应给予补偿。② 为此,2016年《退耕还林条例》第24条规定:"县级人民政府或者其委托的乡级人民政府应当与有退耕还林任务的土地承包经营权人签订退耕还林合同。退耕还林合同应当包括……(五)资金和粮食的补助标准、期限和给付方式……"2016年《探索实行耕地轮作休耕制度试点方案》要求实施单位和部门与农户签订轮作休耕协议或禁牧、休牧、轮牧合同书,明确各方权利、义务和责任。2016年《关于加快建立流域上下游横向生态保护补偿机制的指导意见》提出"补偿基准、补偿方式、补偿标准、联防共治机制等,应通过流域上下游地方政府签订具有约束力的协议等方式予以明确"。

根据笔者的前期调研,尽管补偿协议不存在制度空白,但其在实践中矛盾突出,具体包括:政府或村委会和农户不签约导致生态保护者财产权益受损;补偿资金用途的重点不明确,难以真正激励生态保护者;签订补偿协议的规范所适用的领域有限,未能全面覆盖林、草、湿、海等所有生态要素和区域;跨流域和重要湖泊的补偿协议签订不到位,还存在企图通过约定逃避区域环境质量达标义务的风险。

国家和社会发展的终极目标是个人的福祉和尊严。③ 鉴于区域发展权被整体性剥夺最终会导致所在区域的个体、组织等财产权受限④,完备的协议制度必然承担起充分保障财产权的重任。入典后的协议补偿条文力求调和以上矛盾,具体举措有:其一,指出在纵向要素补偿中,行政主体必须与生态保护者个体缔结生态保护补偿协议,以发挥"对个体利益设置一般性保护规范"的效能⑤;其二,强调建立补偿机制的大流域、区域政府需要签订生态保护补偿协议,协议不能逃避区域环境质量达标的政府义务;其三,表明资金用途的规范立场,以真正发挥其激励作用。具体条文内容建议如下:

第X条[协议补偿] 补偿对象为耕地、林地、草地等权利人的,县级以上地方人民政府或者其委托单位应当与权利人签订生态保护补偿行政协议,明确各方的权利义务,约定违约责任。

长江、黄河等重要江河沿线相邻省级人民政府,大型引调水工程受

---

① 杜仪方:《财产权限制的行政补偿判断标准》,载《法学家》2016年第2期。
② 金俭、张先贵:《财产权准征收的判定基准》,载《比较法研究》2014年第2期。
③ 王利明:《民法的人文关怀》,载《中国社会科学》2011年第4期。
④ 潘佳:《流域生态保护补偿的本质:民事财产权关系》,载《中国地质大学学报(社会科学版)》2017年第3期。
⑤ 李世刚:《法律行为内容评判的个案审查比对方法——兼谈民法典格式条款效力规范的解释》,载《法学研究》2021年第5期。

水区和水源区所在地省级人民政府,以及重要湖泊所在的地方各级人民政府应当签订生态保护补偿协议。协议产生的纠纷,由有关地方人民政府协商解决;协商不成的,由上一级人民政府或其指定部门协调解决。

生态环境质量未达到国家和地方标准的,不得以违约责任取代法定责任。

生态保护补偿协议的资金履行应当主要用于补偿因保护生态环境而发展利益受损的地方政府、企业和个人等主体。

生态兴则文明兴。[①] 生态保护补偿的法典化是顺应生态文明时代立法系统化的必然选择。在法典化塑造的特定历史进程中,生态保护补偿仍面临以何种逻辑理路入典的新挑战。为回应法典化难题,生态保护补偿必须正视为何入典、如何处理入典制度的内外体系以及入典主要制度何以展开这三个关键议题。

于目的论层面,生态保护补偿的法典化融入将夯实其作为自然环境保护基础制度的地位,从根本上回应新时代生态保护补偿入典的诉求。于方法论层面,对生态保护补偿制度进行系统化的法典编排,需要兼顾内外部逻辑。在内部逻辑视域,将生态保护补偿置于自然生态保护编中的自然生态保护资金章最为妥当,这是由其制度属性所决定的,符合运用资金助力自然生态保护的功能实践,顺应国内外融合资金与自然生态保护规范的法源体系发展趋势。法典内部的生态保护补偿体系化展开,不仅要在专门章节制度设计中统筹考量普遍和特殊、国家与地方、政府及市场等范畴,还要兼顾协调关涉生态保护规定的其他编章体例布局。在外部逻辑视域,法典化的生态保护补偿制度有待融合与外部相关立法的逻辑关联。于规范论层面,生态保护补偿的法典化目的是构筑适度、严谨、完整的制度体系,实现内部一般规定与具体规定的协同配合。按此目标,生态保护补偿的制度构造涵盖一般规定、纵向补偿、横向补偿、市场化补偿和补偿协议等关键内容。

本 章 小 结

《条例》颁布后,需要进行科学的解读和理性审视。只有按照立法规律和立法诉求,遵循生态保护补偿的制度原理和基本法理,方能进行科学的立法评价和制度诠释。

---

① 习近平:《生态兴则文明兴——推进生态建设 打造"绿色浙江"》,载《求是》2003 年第 13 期。

首先,通过对生态保护补偿专门立法的客观情况进行科学评价,可以看出生态保护补偿的立法条件在《条例》颁布之际已经成熟。第一,生态保护补偿专门立法具有重要性和可行性;第二,生态保护补偿的立法形势可观;第三,生态保护补偿的立法时机已经成熟且预期效益明显;第四,《条例》有明确的定位、重点任务与目标。

其次,客观地评价《条例》,总则部分较好地规范了一般性问题,明确了生态保护补偿的立法目的、适用空间、定义、基本原则、管理和部门分工、表彰和奖励等内容。其他章节在厘清各领域政府生态保护补偿财政事权、规范横向补偿协议制度、构建市场化生态保护补偿制度等方面均进行了积极尝试。遗憾的是,《条例》对生态保护补偿标准制度和协议制度的规定尚不完善。短期内可通过综合性或各领域实施细则予以具体化,长期看则可以通过《条例》未来的修订来充实相应内容。

最后,在法典化时代,生态保护补偿制度的法典化融入是大势所趋。生态保护补偿的法典化指的是按照理性化和系统化的方式,将相应条款列入环境立法专门法典相关编章的路径选择。生态保护补偿入典有其特定的法治背景和时代诉求。生态保护补偿的法典化诠释需依附于科学的内外部逻辑。内部逻辑面临的疑问是:如何看待生态保护补偿主要制度所处的编章位置?怎样处理专门编章内部生态保护补偿制度之间以及内部制度与其他编章的关系?外部逻辑关注的焦点在于:法典中的生态保护补偿制度何以调和与外部单项立法的亲疏关系。从生态保护补偿的制度定位、功能实践、法源体系可知,生态保护补偿主要制度安放于生态环境法典之自然生态保护编中的自然生态保护资金章最为妥当。对于该章内部的生态保护补偿制度安排,应当统筹考量普遍和特殊、国家与地方、政府及市场等范畴,兼顾与关联编章的衔接。按照适度、严谨、完整的法典化愿景,生态保护补偿的主要制度将涵盖一般规定、纵向补偿、横向补偿、市场化补偿和补偿协议等内容。

结　　语

习近平生态文明思想包含丰富的内容,"绿水青山就是金山银山"的绿色发展观是其重要组成部分,生态保护补偿制度一直以推动绿色发展为初心和使命。党的二十大报告明确提出站在人与自然和谐共生的高度谋划发展,生态保护补偿制度恰是推动人与自然和谐共生的重要路径。本书立足于生态保护补偿的法学原理剖析,统筹制度和政策实践,通过生态保护补偿规范的历史发展与概念再界定、政府在生态保护补偿中的法律定位、生态保护补偿规范的法律属性、生态保护补偿制度的正当性、生态保护补偿的法律关系主体及其权义结构及生态保护补偿专门立法述评与法典化发展六方面内容,对生态保护补偿的法理阐释与制度构造给予充分关注。其中,前四部分侧重于基础理论层面的法理探讨,后两部分聚焦于法律构造论的阐明。具体而言,结论如下。

第一,经过不同时期的法规政策变迁和理论发展,规范文本和研究中的生态保护补偿概念在补偿范围、原则等方面的认识已经趋于一致,均强调对"正外部性"生态保护活动的补偿。但是,这一认知忽略了生态保护补偿是基于环境资源使用权受限而引发的利益弥补这一特性。本书认为,《条例》未来修订时,可将生态保护补偿的概念界定为:以生态系统的可持续服务为最终目标,在综合考虑生态保护成本、发展机会成本和生态服务价值的基础上,采取财政转移支付或市场交易等方式,由生态受益者对生态保护者因保护生态导致环境资源使用权受限而给予合理补偿的激励性制度安排,包括重点领域补偿、区域补偿、流域补偿、市场化补偿等。

第二,生态保护补偿规范存在的依据,需要先从价值层面明确其正当性。制度正当性是生态保护补偿规范体系得以存续与实施的根本。在进行生态保护补偿制度的正当性分析时,宜先从制度整体出发,对生态保护补偿的正当性进行一般探讨。生态保护补偿制度涉及不同的领域,只有进一步探究不同领域的正当性,才能系统透视整个生态保护补偿制度的正当性。生态保护补偿的正当性分析采用总分路径,在对制度整体正当性分析的基础上,逐一探讨重点领域补偿制度的正当性依据、流域补偿制度的正当性根据、区域补偿制度的正当性基础。

第三,生态保护补偿的核心制度运行已呈现出实然的私法性质。对于公法色彩相对浓厚的生态保护补偿实然实践,将其解释为应然的私法属性更为合理。生态保护补偿公私协议基于五要素标准判断,虽呈现出了实然的行政协议属性,但不是应然的最优选择。其既未发挥替代行政的外部功能且有违比例原则,还难以消除漠视生态保护者财产权的内在缺陷。由此,将生态保护补偿公私协议解释为应然的民事合同更合理。该界定有助于更好地实现环境保护目的,也具备理论依据。

第四,政府角色的清晰界定需要理顺三个深刻关系:公众与政府、中央政府与地方政府、政府与市场。生态保护补偿法律关系在不同的语境下,在实然状态下表现为民事法律关系、经济法律关系和行政法律关系。政府在生态保护补偿中具有双重身份,就应然角色而言,是补偿资金的筹集和支付者,也是补偿工作的行政管理者。政府在我国生态保护补偿中的权力来源具有一定正当性,但也存在瑕疵,生态保护补偿亟待依靠制度推进央地权力界分。同时,要加快推动政府引导、市场调节以及公众积极参与的新时代生态保护补偿格局的形成。

第五,厘清生态保护补偿的法律构造,核心在于梳理出生态保护补偿的法律关系主体及其权利义务结构。这是理解生态保护补偿专门立法的枢纽。基于单项生态要素领域、区域、流域的生态保护补偿典型实践分析,可梳理各领域的生态保护补偿法律关系,在此基础上归纳生态保护补偿主体及其权利义务结构的一般构造模型。由于政府在生态保护补偿中具有主导作用,有必要单独提炼出政府的角色及应然权义结构。

第六,《条例》的颁布具有现实性和可行性,生态保护补偿的立法形势较为乐观。《条例》出台之际立法时机已经成熟且预期效益明显,有明确的立法定位、重点任务与目标。国外有一些生态保护补偿的立法政策经验和成功实践,可供参考。《条例》未来的细化和完善,要着重聚焦影响生态保护补偿制度实效的要害问题。法典化时代,生态保护补偿制度法典化融入是大势所趋。生态保护补偿的法典化指的是按照理性化和系统化方式,将相应条款列入环境立法专门法典相关编章的路径选择。生态保护补偿入典有其特定的法治背景和时代诉求。生态保护补偿的法典化诠释依附于科学的内外部逻辑。从生态保护补偿的制度定位、功能实践、法源体系可知,将生态保护补偿主要制度安排在生态环境法典之自然生态保护编中的自然生态保护资金章较为妥当。生态保护补偿的核心制度将涵盖一般规定、纵向补偿、横向补偿、市场交易补偿和补偿协议等关键内容。

当前,中国特色生态保护补偿事业进入快速发展期,《条例》的颁布和实施,昭示着生态保护补偿法治化时代的到来。本书将为我国生态保护补偿专门立法的理解和规范实施提供系统的重要法理与制度支撑,从核心制度切入,提供有效的法理支持。本书深刻反思了生态保护补偿的理论和制度难题,有利于推动国家治理体系和治理能力现代化,不断巩固中国经验,助推绿色治理,彰显大国担当。中国特色的生态保护补偿制度成果的完善,是深入贯彻"绿水青山就是金山银山"理念的途径,我国生态保护补偿的制度发展和理论发展也将为更多国家借鉴生态文明经验提供中国智慧。